上海市教委本级财政项目成果

区域心理健康教育
特色课程建设

基于市级共享的视角

主　编　杨彦平

副主编　倪京凤　钟向阳　吴俊琳　钱　锦　蔡素文

华东师范大学出版社
·上海·

图书在版编目(CIP)数据

区域心理健康教育特色课程建设:基于市级共享的视角/杨彦平主编;倪京凤等副主编.—上海:华东师范大学出版社,2021

ISBN 978 - 7 - 5760 - 2248 - 3

Ⅰ.①区… Ⅱ.①杨…②倪… Ⅲ.①心理健康-健康教育-课程建设-中小学 Ⅳ.①G444

中国版本图书馆 CIP 数据核字(2021)第 225235 号

区域心理健康教育特色课程建设

基于市级共享的视角

主　　编　杨彦平
副 主 编　倪京凤　钟向阳　吴俊琳　钱　锦　蔡素文
责任编辑　彭呈军
特约审读　王叶梅
责任校对　丁　莹　时东明
装帧设计　刘怡霖

出版发行　华东师范大学出版社
社　　址　上海市中山北路 3663 号　邮编 200062
网　　址　www.ecnupress.com.cn
电　　话　021 - 60821666　行政传真 021 - 62572105
客服电话　021 - 62865537　门市(邮购)电话 021 - 62869887
地　　址　上海市中山北路 3663 号华东师范大学校内先锋路口
网　　店　http://hdsdcbs.tmall.com

印 刷 者　上海锦佳印刷有限公司
开　　本　787×1092　16 开
印　　张　13.75
字　　数　244 千字
版　　次　2022 年 1 月第 1 版
印　　次　2022 年 1 月第 1 次
书　　号　ISBN 978 - 7 - 5760 - 2248 - 3
定　　价　54.00 元

出 版 人　王　焰

(如发现本版图书有印订质量问题,请寄回本社客服中心调换或电话 021 - 62865537 联系)

序　言

桑标

　　上海目前有 16 个区建立了学生（未成年）心理健康辅导中心，均开通了 24 小时心理服务热线，为 150 万中小学生的心理健康发展保驾护航。2016 年经上海市教育评估院组织专家评审，上海的黄浦、静安、浦东、杨浦 4 个区的学生心理辅导中心被评为上海市心理健康教育示范中心，都形成了各自的特色，杨彦平博士主编的《区域心理健康教育特色课程建设》就是对 5 个区（2020 年宝山区参与区域心理健康教育特色课程建设）近几年的区域心理特色课程建设的总结与反思。

　　在本书中，5 个区分别从不同的视角探索、总结了各自区域心理健康教育的特色课程。浦东新区从班主任的视角入手，探索班主任如何开展班级心理辅导，从辅导的案例、具体方法和途径等方面进行了阐述，对中小学班主任如何开展班级心理健康教育具有很好的启发和借鉴价值；杨浦区以学生情绪智力培养为主线，探索了小学、初中和高中各学段学生的情绪智力课程开发的过程与案例，为学校开展学生情绪辅导提供了很好的素材和方案；黄浦区以积极心理学为指导，创建学生的幸福课程，分设了不同主题与教学案例，将心理健康教育与学生的幸福教育密切结合，为本土化的心理健康教育作了卓有成效的尝试；静安区从青春期教育出发，抓住男生、女生身心发育过程中应该培养的关键品质，着重探索"阳光男孩、花样女孩"培养的路径与方法，总结了具有代表性的主题与课程方案，使学校青春期教育的视野有了新突破；宝山区从家庭心理健康教育指导的角度出发，总结亲子沟通的方法与策略、家庭维护孩子心理健康的途径与技术等，为当前家庭教育和家庭心理辅导提供了可参考、可借鉴与可操作的范例。总体来说，这 5 个区通过区域心理健康教育特色课程的打造与实践，不但使得本区的心理健康教育工作有了辐射和影响力，而且对上海其他区乃至全国心理健康教育的可持续、有特色的发展提供了示范和参考。

1

本书虽然涉及不同的主题或对象,但并不意味着各个区的心理健康教育工作仅限于这些主题或内容。希望这几个心理健康教育示范区在打造品牌与特色的同时,也要关注时代的发展,不要囿于当前的特色,结合网络心理健康教育,通过微信公众号、微课、微视频等方式,打造内容丰富、形式多样的市级心理健康教育共享课程,辐射到更多的群体,使心理健康教育的效能最大化。

当然,本书也是一个阶段探索的产物。前不久党中央、国务院出台了"双减"文件,教育部办公厅也发布了《关于加强学生心理健康管理工作的通知》(教思政厅函〔2021〕10号),体现了国家对减轻学生课业负担、提高身心发展水平的高度重视。要减轻学生过重课业负担,关键在于提高教学效率,重视学生身心发展规律,加强家校合作,持之以恒地开展心理健康教育。所以在当前"双减"背景下,如何进一步探索和思考学生心理健康教育工作的新要求与新思考,还需要这5个区继续努力。

本书是上海市教委每年本级财政项目实施的成果,彰显了上海市教委对学生心理健康教育工作的高度重视。本书虽然是当前这5个区特色心理健康教育课程的阶段性成果总结,但其他区也一直在做卓有成效的探索。希望通过本书的出版,也对其他区的心理健康教育工作有所启发和参考。

在后疫情时代和常态化防疫背景下,学校的心理健康教育工作也面临新的问题与挑战,比如如何提升学生心理健康水平、应对心理危机的发生、提高学生的心理弹性、开展医教结合与家校社协同等都需要做认真的思考和探索。上海市政府与上海市教委都非常重视学生的心理健康,目前也通过"学生关爱"项目、全员导师制等项目的实施,为学生的健康成长保驾护航。我也希望本书的项目团队,能够继续为上海市学生的心理健康教育工作和相关市级共享课程建设作出努力。

是为序。

(序言作者系上海市教育科学研究院院长、上海市教育学会副会长)

前 言

本书是上海市教委本级财政项目的研究成果。从2017年开始,参与本书项目组的静安、浦东、杨浦、黄浦和宝山五个区每年受到上海市教委本级财政的支持,用于推进和打造上海区域心理健康教育特色课程的建设,拟形成相关的市级共享课程,并进一步辐射到全市其他区乃至全国,最终让学生受益,促进他们的身心健康发展。

经过近五年的探索与实践,这五个区在区域心理健康教育特色课程建设过程中形成了初步的成果:杨浦区针对小学、初中和高中学生的情绪智力课程已经正式出版并在区域层面进行实践;黄浦区基于学生积极心理品质培养的幸福课程也有了区本课程与特色成果;静安区以青春期教育为抓手,之前就出版过"花样女孩"与"阳光男孩"系列课程,在近五年有了进一步深化;浦东新区通过针对班主任心理辅导这一方向,总结班主任心理辅导中的关键方法与技术,也即将出版这方面的成果;宝山区虽然在2020年才加入到区域特色课程建设项目中,但已经出版了针对家长的"心爸心妈"系列家庭心理健康教育漫画书,在区域推进家庭心理健康教育指导方面作了有效的探索。

区域心理健康教育特色课程建设,以本区的心理健康教育中心的心理教研员为主要骨干力量,本区的心理中心主任或德育主任也积极指导和协调区域的研究力量,并有本区各学校的心理骨干教师参与其中,在实践研究与探索的基础上,使得本区的心理特色课程每年都有不同的发展与提升,为本书的出版提供实践与案例的证据和依据。

本书是对区域心理健康教育特色课程从学生情绪智力的培养、积极心理品质的养成、青春期男生女生教育这几个方面进行的实践总结,也是对班主任心理辅导技术和家长开展孩子心理健康教育的有效尝试。在成果总结与梳理的过程中,整个项目组主要骨干力量倪京凤、钟向阳、钱锦、吴俊琳、蔡素文等定期开展讨论与协商,各区的心理中心主任或德育主任等也对项目给予人力上的大力支持。上海市教委德育处江伟鸣调研员对本项目的推进高度重视，保障每年项目经费的专门落实，并亲临每年的项目总结研讨会进行指导，使得区域心理健康教育特色课程建设的顶层设计更加清晰。上海学生心理健康教育发展中心副主任沈之菲教授通过专业视角，对项目的推进给予指导和支持。正是因为领导专家的支持和团队成员的共同努力，才使得本项目有了阶段性成果，得以总结和出版。

本书的写作定位，是基于对本区心理健康教育特色课程的实践总结，但不限于本区范围的思考，而是从"市级共享"的角度，能够为其他区和同行提供可借鉴的经验与参考。本书第一章对整个区域心理健康教育特色课程建设的意义和背景做了介绍，也对区域特色课程建设的路径与机制做了分析和思考。第二章到第六章，是五个区分别从各自的区域特点与区域课程建设的实际出发，对各自承担的市级共享心理特色课程从背景、方法、案例、推进、研究等方面做了中观与微观层面的介绍与分享。杨彦平对整个书的框架进行了设计，并最终统稿。

本书的出版一方面是对项目组承担的上海市教委委托的本级财政项目"区域心理健康教育特色课程建设"的成果总结和思考，也意在通过本书将五个区的区域特色课程建设的经验、成果与案例向全市、乃至全国进行推广与辐射。所以在推进过程中除了文本资料的整理和总结外，各区组织骨干团队就各自承担的"市级共享"课程，分设不同的主题制作成"微课""微视频"，通过相关的途径进行分享或共享，如杨浦区制作的心理特色课程的部分微视频还在"学习强国"APP进行播放和交流。

尽管本书在写作与出版过程中所参考的国内外同行的相关成果与理论观点，已尽可能在各个章节标明出处，但难免有疏漏，一方面对文献作者表示感谢，另一方面，如果有疏漏的地方请批评指出。另外，项目组成员虽然是尽了最大的努力，旨在将"区域特色心理健康教育的特色课程"做出真实和规范的梳理和总结，但限于研究视角和水平，在区域心理健康教育特色课程建设的理论总结、案例呈现、主题设计等方面还存在不足，请各位同行与读者不吝指教，我们将在后续研究中加以改进和完善。

杨彦平

2021 年 10 月 10 日

目　录

第一章　市级共享心理健康教育特色课程建设概述[①]

第一节　市级共享心理健康教育特色课程建设的设计

一、市级共享心理健康教育特色建设的背景

（一）以共享课程建设，推进区域心理健康教育特色的打造

上海共有 16 个行政区，当前每个区都建立了学生（未成年人）心理健康教育发展（辅导）中心（以下简称"区心理中心"）。2016 年经上海市教育评估院组织专家评审，有 4 个区的心理中心（黄浦、静安、浦东、杨浦）被评为上海市的心理健康教育示范中心。这 4 个区心理中心均以区域心理特色课程建设为抓手，成为促进学生心理健康成长的发展途径之一，而且这 4 个区均申报了区级的特色心理课程建设。2020 年开始宝山区心理中心推广家庭心理健康教育指导课程，形成了一定的成果。对这 5 个区域开发的心理健康教育特色课程进行梳理、评估和管理，使得区域心理健康教育特色课程体系化、常态化，形成有特色的区域心理教育课程方案，输出授课名师与特色主题课程。

经过近几年的实践探索与总结，静安区形成了比较成熟的男生、女生教育课程以及青春期教育的课程；黄浦区在生命教育、积极心理学视野下的幸福课程建设方面初具特色；杨浦区利用区域教育优势资源在学生情绪管理、医教结合、危机干预和团体辅导等方面作了有力的探索；浦东新区从班主任心理健康教育培训入手，研发出了区域特色心理课程；宝山区在家庭心理健康教育指导方面形成了漫画课程，在区域层面有影响力，在家庭教育指导方面初步形成特色。通过这 5 个区的课程特色的辐射，形成有影响力的上海市的家庭心理教育、班主任心理教育以及生涯教育等课程，并向全市

---

① 本研究是"上海市教育委员会本级财政项目"成果.

1

辐射,并形成了一定影响力。

(二) 加强市级共享课程的顶层设计,强化机制保障

从 2016 年开始,上海市教育委员会通过本级财政项目预算,在这 5 个区的市级共享课程的经费上给予充分保障,同时委托上海市教育科学研究院、上海学生心理健康教育发展中心对 5 个区的市级共享课程进行跟踪管理与指导,加强区域之间的课程建设机制、经验与策略的交流。

在整个市级心理健康教育特色共享课程的设计中,既要考虑区域的实际与经验积累,也要考虑到特色总结与辐射的可及性。另外还要充分涉及不同对象与课程设计的合理性、针对性与有效性。例如,杨浦区的情绪管理课程、黄浦区的幸福课程以及静安区的男生女生成长系列课程,主要针对不同学段的学生,解决他们在成长中的情绪、行为与人格等问题;浦东新区的班主任心理辅导,主要解决班主任日常管理中的学生心理问题的识别、辅导与管理;宝山区的家庭心理教育漫画系列解决不同学段家长教育孩子过程中的心理困惑,以及如何构建良好的亲子关系与家庭氛围,促进孩子健康成长。

在市级共享课程推进的形式上,有讲座、微课和微视频,也有线下的系列辅导课程,例如,杨浦区针对不同学段学生的情绪智力发展特点,设计了学生情绪辅导区本课程与系列微课,供学校使用;浦东新区的班主任心理辅导课程,让不同章节的作者,直接面对班主任进行培训,通过讲座、案例分析、视频分享、互动交流等形式推进班主任心理辅导工作有效开展;宝山区通过"心爸心妈"漫画的形式,将不同学段学生家长面临的家庭教育困惑简明扼要地展现出来,发放给家长,对家长进行答疑解惑;黄浦区的幸福课程通过联合教研组的备课,以微课、微视频等方式分主题将学生发展中应该具备的积极心理品质设计出来,供心理辅导老师在教学中借鉴参考。这些内容丰富、形式多样的市级共享课程的推进、实践与总结,对于区域心理辅导特色课程的打造也起到了积极的推动作用。

对于这些市级共享心理健康教育特色课程的打造,上海市教委前期作了统一的调研与设计。首先是确定区域心理健康教育特色主题,以课程的方式加以推进;其次是市区在课程推进方面实施专人管理与负责,保障课程的研究、实践与资料收集和总结;另外,每年划拨专门的本级财政预算经费,用于市级共享课程的建设与研究;最后对市级共享课程加强交流、展示、宣传、研讨与辐射,提升课程的品质与影响力①。

----

① 杨彦平.高中学生生涯发展状况调查报告[J].江苏教育,2018(4):第 32—40 页.

二、区域开展市级共享心理健康教育课程的依据

(一) 国家对心理健康教育课程的开设有明确的规定

2012 年教育部颁布了《中小学心理健康教育指导纲要》(教基一〔2012〕15 号),该文件在心理健康教育的"途径方法"中指出"专题教育可利用地方课程或学校课程开设心理健康教育课。心理健康教育课应以活动为主,可以采取多种形式,包括团体辅导、心理训练、问题辨析、情境设计、角色扮演、游戏辅导、心理情景剧、专题讲座等"。对中小学心理健康教育课的性质、功能与定位作了明确规定。可以看出,心理辅导活动课是推进学校心理健康教育的必然途径,目的是促进学生认识自我、发展自我和人格健康成长,预防各类心理危机的发生。

(二) 上海 30 年心理健康教育探索的经验

上海在上个世纪 80 年代就有学校开设心理辅导课,上海市风华中学是上海最早开设心理辅导课的学校之一,如今也是全国心理健康教育特色学校。上海学校心理健康教育经过 30 多年的探索,发现心理辅导课是推进学校心理健康教育的必然方式。无论是教育部心理健康教育特色校的评选还是上海心理健康教育达标校、示范校的评选,都将心理辅导课"进课表、进课堂"作为必备条件。根据上海实际,上海市教委委托上海市教科院组织专家编制了高中、初中和小学的《心理辅导活动自助手册》供各年段学生选用。心理辅导课让教师在 40 分钟的时空中,为学生普及宣传心理健康知识、讨论探讨学生成长的心理主题等,最大范围地发挥心理辅导教师的专业能力,激发学生的潜能,促进学生健康成长[①]。

三、上海推进市级共享心理健康教育特色课程建设的举措

(一) 有效的政策保障是心理健康教育课程常态化实施的基础

结合上海实际和各区多年的探索,上海市教育委员先后出台了《关于印发〈上海市中小学专题教育整合实施指导意见(试行)〉的通知》(沪教委基〔2014〕54 号)、《关于印发上海市中小学 2019 学年度课程计划及其说明的通知》(沪教委基〔2019〕39号),文件将心理健康教育课程作为专题教育纳入上海市中小学课程体系,对从小学一年级至高三年级的各年级学生都有明确要求。规定小学"各校要根据学生年龄特点以及要求,开展各类专题教育,确保相应的课时。各校四年级或五年级每班每两周

---

① 沈之菲主编. 激活内在的潜能:学生创新素养的评价与培养[M].上海:华东师范大学出版社,2013:第4—6 页.

有 1 节生命教育心理健康活动课";"初中学校至少有一个年级每班每两周有 1 节生命教育心理健康活动课,由专职心理健康教育教师执教";高中"结合本校实际开展学生生涯辅导,各校至少有一个年级每班每两周有 1 节生命教育心理健康活动课,由专职心理健康教育教师执教"。这些政策规定,让心理辅导课的课时得到保障,并顺利开展。

2020 年 8 月颁布的《上海市教育委员会关于加强上海学校心理健康教育的意见》(沪教委规〔2020〕21 号)指出各学校要"开齐开足开好心理健康教育课程",其中"中小学各学段至少安排一个年级每两周开设 1 课时心理健康活动课,所有年级每学期至少开展 1 次以心理健康教育为主题的班团队会和 1 次有针对性的心理健康教育和生命教育专题活动,做到全覆盖、不断线。课时安排根据国家课程方案及时调整"。进一步对上海中小学的心理辅导课的课时、形式与对象作了明确规定,保障心理辅导课的有效落实。

(二) 心理健康教育达标校、示范校评审让心理辅导课更加扎实有效推进

在"上海市中小学心理健康教育达标校和示范校评估指标(2017 年修订版)"的"心理辅导活动课(5 分)"中规定,达标校"各学段至少有一个年级每班每两周有 1 节心理辅导活动课";示范校"各学段至少有一个年级每班每周有 1 节心理辅导活动课"。目前上海绝大多数的中小学在相应的年级开设了心理辅导课,规定"由专兼职心理辅导教师执教",从而保障了课程的专业性与有效性。

(三) 心理辅导课大赛让学校心理教师的专业能力得到有效提升

上海中小学心理辅导活动课程大赛每 2 年举办一次,已经连续举办了 7 届。每次的心理辅导活动课大赛,都是上海专业心理教师的饕餮盛宴,也吸引了长三角乃至全国同行的关注。心理课大赛从报名、预赛、复赛到现场决赛都是经过层层选拔,每次决赛的现场观摩都是人数爆满。参赛的活动主题与内容也十分丰富:有学习、生活、情绪、职业、意志、思维、潜能、人际、青春期(爱情)、自我、生命教育等;活动形式也很多样:有讨论、游戏、案例分析、心理剧表演、表达性辅导等;参赛老师多媒体技术应用自如:会选用与时代特色和符合学生个性的录音、录像、动画、微视频等,如《爸爸去哪儿》主题曲,《时间都去哪儿了》视频漫画等。心理课大赛提升了上海学校心理健康教育的影响力,也促进了上海心理教师的专业成长,并且成为上海推进学校心理健康教育的品牌项目,上海市教委也划拨专门的经费给予支持。

（四）加强与推进区域心理健康教育特色课程建设

2016年经上海市教育评估院组织专家评审,有4个区的心理中心(黄浦、静安、浦东、杨浦)被评为上海市的心理健康教育示范中心。这4个区的心理中心均以区域心理特色共享课程建设为抓手,成为促进学生、教师以及家长心理健康发展的途径之一。通过这4个区连续5年的实践探索与推进,初步形成了区域心理健康教育市级共享课程:例如,静安形成了针对初中男生、女生的心理健康成长"伴手礼"共享课程,为青春期学生的健康初中保驾护航;黄浦区关注教师群体的心理健康,形成了教师、学生以及家长的"积极成长·幸福共享课程";杨浦区通过与复旦大学心理学系合作,聚焦学生情绪智力培养,促进学生心理健康发展,形成了中学生情绪智力培养共享课程;浦东新区作为教育大区,重视班级心理辅导,就班主任老师如何开展心理辅导与生命教育,进行了卓有成效的探索,形成了班主任心理辅导共享课程。这些区域特色心理共享课程建设,为上海其他区域总结、推广和提升心理健康教育的特色与能力作了有力的示范和引领。

第二节　市级共享心理健康教育特色课程建设机制探索

一、市级共享心理健康教育特色课程建设研究概况

（一）总结特色,深化研究

从2017年开始,上海黄浦、静安、浦东、杨浦(宝山从2020年开始)以区域心理特色课程建设为抓手,成为促进学生心理健康成长的发展途径之一。这5个区心理健康教育特色课程的实践、开发与总结,使得区域心理健康教育特色课程体系化、常态化,形成有特色的区域心理教育课程方案,输出授课名师与特色主题课程。通过近5年的实践,已经形成和出版了区域的市级共享心理健康教育特色课程。例如,杨浦区开发了针对小学、初中和高中三个学段不同学生的《情绪读本》和配套《情绪智力培养活动手册(教师用书)》;区中心采取"专业知识+媒体技能"相结合的培训模式对全区中小学专兼职心理教师进行情绪智力培养微视频作品的指导,形成了一批品质佳的微课。宝山区的"心爸心妈"家庭心理教育漫画系列得到出版;静安区的《花样女孩》《阳光男孩》系列也已经出版。这些课程在市区交流中都得到很大反响。黄浦区的学生《幸福课程》以及《班主任心理辅导》课程也在计划出版中。

（二）创造研究条件,加强课程建设指导

上海学生心理健康教育发展中心负责对上海16个区的心理中心和学生心理健康

教育工作进行指导和服务。受上海市教委的委托,上海学生心理健康教育发展中心对这5个区的心理健康教育特色课程建设进行指导与研讨,对各区心理健康教育特色课程申报项目进行备案与梳理,让每个区域能够彰显特色,形成课程体系,保证按期完成研究项目。

(三) 总结实践成果,形成特色课程

通过近5年的实践探索,上海这5个区的心理健康教育市级共享课程建设,取得了比较好的成果与成效。例如,杨浦区以"生命教育一体化"上海市教育综合改革项目为引领,编制了《杨浦区中小学生情绪智力教育》课程指南和大纲,从课程理念、课程目标、课程内容、课程实施、课程评价以及课程管理等方面进行总体设计,以实践为依托开发出了适合中小学生的情绪智力培养系列课程,取得了一定成果,并在区域中小学进行了有效推广和运用;静安区进行了《小小男子汉》《花样女孩》等小学男女平等性别教育课程资源开发与建设,课程从"人"的角度,围绕男女生成长必须面对的与性别相关的生理、心理等方面的困惑组织内容,以尊重性别差异为男女平等的重要原则,以健康人格培养为课程资源建设核心;黄浦区围绕"积极优势、积极情绪、积极关系、积极成长"四大主题,探索建构"积极成长·幸福区本课程"整体框架(含课程理念、目标、内容、实施及评价、保障等,内容框架涉及不同年段学生),完善了《黄浦区中小学"积极成长·幸福区本课程"指导纲要》;浦东新区成立了《班主任心理辅导课程》建设专项研究,在提出问题、分析问题和研究对策的基础上,寻找班主任工作与心理健康教育的交汇点,形成了在班主任工作中建立心理辅导模式的构想,撰写班主任心理辅导课程的内容,分为七个部分:班主任心理健康教育入门、常见的学生心理问题预防、鉴别与辅导、班级团体心理辅导、学生生涯教育、学生心理危机的预防与干预、家庭心理健康教育和班主任自身心理健康维护;宝山区家庭心理健康教育课程不仅仅在区域层面形成了诸多课程,在学区层面和校本层面也是亮点频频,区级课程有:《家长心灵成长SPA》的家长心理成长读本、《心爸心妈成长记》的家庭心理健康教育漫画集、《和校园欺凌说"不"》的防校园欺凌亲子读本等,各教育集团和学区也形成了学区家庭教育心理健康教育课程。

二、心理健康教育课程的定位与功能

(一) 心理健康教育课程的定位

课程教学是学校教育的主要途径。在开展学校心理健康教育的过程中,心理辅导课程(心理健康教育课程)是非常重要的途径(见图1.1)。心理健康教育课程除了普及和宣传心理卫生的知识之外,更多的是通过情境创设与人际互动交流等,让学生认识自我、发展自我、成长自我,促进人际关系和谐与心理素质的提升①。

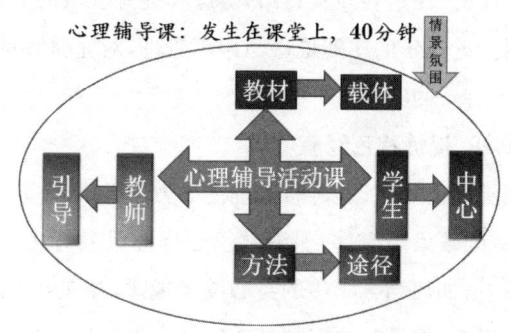

图 1.1　心理辅导活动课示意图

(二) 对心理健康教育课的界定

在当前学校教育中,心理健康教育课又叫心理辅导课或心理辅导活动课,是指以心理学或心理辅导原理为设计依据,结合学生的需求,将学生成长与发展中的问题情境化或主题化,注重学生的体验与感悟,让学生在课堂的学习、互助、讨论和活动中,把个人或团体成长的问题加以解决或澄清的课程。

(三) 心理健康教育课的功能

心理健康教育课的首要功能是宣传与教育功能,即教师向学生普及心理健康教育的有效信息,让学生获得心理保健的基本知识。其次是辅导功能,即教师将学生日常校园生活中的情绪、学习、行为、关系等问题加以梳理,通过讨论、交流、角色扮演等方式加以解决的过程。还有一个功能是预防心理危机的功能,即教师通过案例分析、主题讨论、情境模拟等方式,培养学生预防心理危机的意识,获得预防心理危机发生的基本常识和能力②。

三、完善区域心理健康教育特色课程建设的总结与推广机制

(一) 完善顶层设计,打造区域特色

区域心理健康教育特色课程建设是上海市教委专题研究项目,是在当前上海教育

① 吴增强著.学习心理辅导[M].上海:上海教育出版社,2013:第13页.
② 樊富珉,何瑾编著.团体心理咨询的理论、技术与设计[M].北京:中央广播电视大学出版社,2014:第83页.

发展与改革过程中,对区域、学校如何有效开展心理健康教育、提升心理健康教育服务能力的前瞻性探索。通过教育行政部门的政策与经费支持,市、区心理健康中心专家、老师的实践、研究与总结,从市、区两级层面进行推动,对区域、学校的心理健康教育的做法、经验、机制等做分析、探索和经验总结,提炼和提升区域的心理健康教育的特色,逐步建立起相关机制。近几年的实践推进与跟踪管理,对完善和推进区域特色心理健康教育的打造,积累了有效的经验。

(二)加强区域实践,提炼特色经验

当前无论是国家层面还是市区层面,心理健康教育的大环境与政策支持都非常到位和明晰,出台了相应的政策与文件,保障学校心理健康教育工作的有效落实。在国家政策与制度的保障下,如何结合学生的身心发展规律,开展调查研究,借鉴与结合先进的心理健康教育的理念,探索行之有效的心理健康教育的方法、途径与载体,需要区域和校本的经验总结,同时也需要加强心理健康教育的理论研究与理念提升,从经验、方法、理念和特色各个层面探索区域心理健康教育。

(三)开展交流研讨,聚焦特色靓点

在区域与学校心理健康教育工作的推进过程中,既要埋头赶路,也要抬头看天。在推进特色课程的过程中,各区各校之间进行相互沟通与交流,相互启发与借鉴,在项目设计、队伍培养、经费落实、制度完善、成果梳理等方面相互分享,在研究、分享、思考与实践的基础上,总结出各自的特色与靓点。今后上海各区在总结各自的特色心理课程过程中,将充分展开调研,挖掘区域资源与优势,加强研究与实践队伍建设,开展项目化的运作方式,不断总结提炼特色成果,开展交流与分享,形成自己心理健康教育的品牌与特色。

(四)用好政策支持,提升品牌质量

近几年,上海市教委关于心理健康教育的文件涉及心理健康教育达标校、示范校建设、心理健康教师队伍建设、心理辅导室的建设标准等多方面内容,从心理健康教育的软件、硬件方面都作了明确的规定。当前上海1500多所中小学基本上普及了心理健康教育课程、建立了心理辅导室。后续要在心理健康教育的成效、特色以及品牌打造方面作积极的探索。浦东新区、黄浦区、静安区以及杨浦区4个区心理示范中心,在特色课程建设、区域心理健康教育的品牌打造等方面都作了个性化的探索,研究与服务的对象不仅仅涉及学生,还涉及学校的班主任与教师群体,从大的心理健康教育生态服务系统来推进学校心理健康教育,值得推广与总结。同时在推进与推广的过程中,特色课程需要不断完善,心理健康教育品牌课程质量要不断提升,辐射力度需要进一步加强,福祉更多的学校与学生。

(五)搭建平台,加强辐射

各区的心理特色课程在区域总结经验的基础上形成成果,并展示交流。上海市教委除了在经费上给予课程建设以支持投入外,还通过学术研讨、微信宣传、培训交流等方式让各区的成果进行展示。杨浦区的情绪智力、静安区的男生女生教育、黄浦区的幸福课程已经陆续出版相应的成果,宣传辐射效应。浦东新区的班主任心理辅导特色课程也在积极筹备出版中。这个围绕初中学生成长的青春期教育、幸福课程、班级辅导等区域特色成果也在策划出版中。

四、推进区域特色心理健康教育课程面临的挑战与思考

上海16个区1500多所中小学,区域和校际差异较大,加之人口导入和增加,每年有新办学校增加,使得各区、各校开展心理健康教育的情况各有不同,在心理健康教育课程的落实上,存在师资、课时和质量等方面的挑战。

(一)区域特色心理课程的辐射与推广

上海的区域特色与经济发展存在一定差异,各区对心理健康教育课程建设的投入与认识也不尽相同。在今后各区特色心理课程建设的打造上以及在机制、人员、特色凝练等方面存在挑战。要从"制度保障、特色调研、成果梳理、孵化推广、总结提升"多方面作思考与探索。

(二)加强心理辅导的课时保障

上海市教委对心理辅导的课时与开展的年级等作了明确规定,但在具体的落实过程中,个别学校会存在利用心理讲座、心理广播、团体辅导、心理主题教育活动替代心理辅导课程的情况,以应对课时安排方面的不足,但心理辅导课的质量会受到影响,这需要加强监督和改进。

(三)心理辅导课与其他学科的交叉重叠

心理健康教育的内容和生命教育、生涯教育以及思想品德教育课程方面有交叉和重叠。随着相关教育内容的推进,有的学校会出现用生涯教育课、品德教育课替代心理辅导课的情况,心理健康课的内容和课时会被挤压,导致学校心理健康教育的弱化。学校要树立大的心理健康教育观,本着促进学生全面、健康和有个性的发展来统整课程资源,保障心理辅导课的有效落实。

（四）提升心理辅导的主题选择的针对性

由于学生心理发展具有阶段性、时代性，因此要求心理辅导课的内容与主题设计要有针对性，考虑到学生的年龄和需求差异。上海有《心理辅导自助手册》作为参考，但如何对心理辅导活动课进行校本化的实施，提升课程的效果，是各区各校常态化面临的挑战。可以尝试通过学生调研、区域教研、主题研讨来加以改进和落实。

（五）提高心理辅导课的质量是永恒的话题

上海通过教师培训、主题教研、学生调查、专家督导等方式来提升学校心理健康教育的成效。在具体心理辅导活动课开设过程中，心理教师的专业素养和精心准备是最直接的影响因素。后续要提升心理辅导课的质量，加大对心理辅导专职教师的专业培训、主题研讨、课程教研是主要的突破途径。

第二章　家庭心理健康教育课程建设

第一节　区域家庭心理健康教育课程机制建设

儿童青少年的很多信念受到成长中所处的环境影响,他们会根据自己对环境的认识来规划自己的未来。环境中,儿童青少年的心理健康受家庭心理氛围和父母教养方式的影响最深,培养出一个心理阳光积极的孩子,需要所有家长重视和学习。

课程本质上是一种教育性的经验,是对主题产生积极影响的各种因素的总和。家庭心理健康教育课程是基于心理学的理念及原理,通过课程的形式与家长分享教育经验,对家庭教育产生积极影响,鼓励家长在家庭中创设尊重、关怀的心理氛围,通过家庭成员间互动、交流、分享,让家庭中爱的流动成为孩子成长的心理营养。

一、区域家庭心理健康教育课程建设的背景意义

全国妇联、教育部等九部门发布关于印发《全国家庭教育指导大纲(修订)》(妇字〔2010〕6 号)指出,要坚持"儿童为本"的原则,家庭教育指导应尊重儿童身心发展规律,尊重儿童合理需要与个性,创设适合儿童成长的必要条件和生活情景,保护儿童的合法权益,特别关注女孩的合法权益,促进儿童自然发展、全面发展、充分发展①。

上海市教育委员会、上海市妇女联合会等多部门于 2017 年推出了《关于进一步加强家庭教育工作的实施意见》(沪教委德〔2017〕7 号),意见指出要加强宣传力度,不断增强家长的责任意识,提高家长履行教育监护职责的自觉性,加强对孩子社会公德、家庭美德、行为习惯、身心健康以及法律法规的教育,促进孩子全面发展、个性发展、终身

---

① 《全国家庭教育指导大纲(修订)》(妇字〔2010〕6 号).

发展①。

精神分析理论认为,个体早年的生活经验,影响其日后的人格发展,个性形成是各种生物力量与本能互动的结果。成年人的心理冲突、人格特质、神经质症状及心理结构都可以追溯到早年的关键事件、儿童的愿望与幻想及早年母子关系等。人的发展是由个体与所处的不断变化的环境相互作用而形成的,青少年性格的形成、社会行为的获得最初的生活环境是家庭。家庭环境中的各种关系、父母素质及其受教育水平对子女人格的形成有着关键性的影响。

家庭教养方式是家长在教育、抚养子女过程中所表现出的一种具有相对稳定性的行为风格,对儿童社会化发展有着全面而深刻的影响。心理学家西蒙兹(P. M. Symonds)研究发现,父母的行动和态度对孩子有着重大的影响,并在有些方面存在着对应的关系。被父母接受的孩子大都表现为情绪稳定、兴趣广泛、富有同情心等;被父母拒绝的孩子大都表现为情绪不稳定、冷漠、倔强并有反社会性等。

宝山区家庭心理健康教育课程建设,以习近平新时代中国特色社会主义思想为指导,坚持立德树人,秉承陶行知"生活教育"理论,让家庭教育与实际生活紧密联系,整合心理健康教育的专业优势,积极探索新形势下心理健康教育与家庭教育指导融合课程建设与发展,推动心理健康教育工作与家庭教育指导工作有效衔接、有机融合、协同发展,促进中小学生健康成长和全面发展。

二、区域家庭心理健康教育课程建设的内容框架

根据相关文件精神以及儿童心理发展的规律,制定了宝山区区域家庭心理健康教育课程建设的内容框架(见图 2.1)。

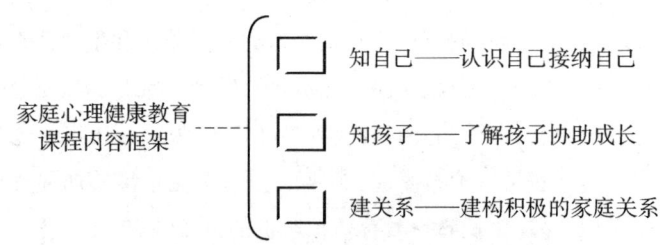

图 2.1 家庭心理健康教育课程内容框架

---

① 《关于进一步加强家庭教育工作的实施意见》(沪教委德〔2017〕7 号).

首先是知自己：给家长提供一定的资源，让家长认识自己与自我接纳，在认识自己的基础上作出一些积极的调整，把有限的时间和精力集中在那些能够改变的特质上，并且在此基础上找到一条自我提升的有效途径。

其次是知孩子：了解孩子协助成长，为家长提供子女身心发展规律及内在需求的相关知识，希望家长能够了解孩子心理发展和成长的规律，协助孩子共同探索自身积极的力量，激发孩子精神成长的内在动力，引导孩子憧憬、实现人生的蓬勃愿景。

再有是建关系：让家长习得有效的亲子沟通的方法与策略，形成家庭成员之间一种积极的链接，建构积极的家庭关系，培养子女良好的行为习惯、提高效能、增强适应。

（一）认识自我接纳自我

行为主义理论认为，行为是学习者对环境刺激所作出的反应，环境决定一个人的行为模式，儿童青少年的行为形成，受到模仿与观察的影响，创设和谐的家庭心理环境及家长的以身作则很重要。人类以组建家庭的形式开展生活，家庭是最小的社会组织，其中生儿育女，优化生命质量成了家庭最重要的职能。从家长的角度来看，基于生态学、人类发展学、伦理学等理论，家庭心理健康教育课程协助家长进行自我觉察、自我指导、自我实现，让家长掌握一些家庭教育和心理健康教育的原理与技术，协助子女发展有目的的行为、健全人格、开发潜能，让家长成为自信、达观的陪伴者。

（二）了解孩子协助成长

教育最重要的前提是遵循孩子的客观成长规律，父母需要站在孩子的角度去看孩子的发展，而非用成年人的标准去要求孩子，所以家庭心理健康教育课程，需要给在育儿路上的父母，提供一些关于儿童发展心理学的内容。有了正确观念为基础，家长需要进一步掌握抚养和教育子女的知识与技能，形成育子策略。从儿童青少年自身来看，要做到能正确认识自我，提高自主自助和自我教育能力，增强调控情绪、承受挫折、适应环境的能力，拥有积极心理品质，应对心理困扰有策略。家长必须付出十二分的注意力和耐心，真诚地了解孩子的真实需求，去做一位智慧灵动的协助者。

（三）构建积极的亲子关系

家庭系统理论认为，家庭成员之间是互相联结和互相依赖的整体，家庭成员的言行都会影响到其他成员。儿童青少年的问题往往是由家庭内失去平衡，家庭内冲突造成的。改变或者帮助有困扰的儿童青少年，应该从改变家庭的成员关系和互动入手。亲子互动是日常生活中最基本、最普遍的现象，良好的亲子互动有助于儿童青少年的健康成长。从亲子关系改善来看，通过辅导，家长能无条件地接受孩子、理解孩子、信任孩子,不用成人的意志去塑造孩子,也不过于依恋孩子。亲子间各自都有空间,互相尊重、互相理解、互相帮助、互相信任,共同成长。父母在习得了有关子女身心发展需求的知识之后,发现并且改变自己不当的教养方式,获得有效的亲子沟通方法,协助子女培养良好行为习惯,提升其自身心理成长,成为一位可亲可敬的同行者。

三、区域家庭心理健康教育课程建设的过程方法

上海市宝山区区域家庭心理健康教育课程的建设与推进,是将课程的核心理念、主要观点以及行动路径、建设策略等关键点,以课程的形式形成一定的辐射力,激发和唤醒区域层面的学区,学校建设家庭心理健康教育课程建设的内在活力,以形成"以点带面"式的家庭心理健康教育课程建设的态势。

1. 制定课程建设"C-S-A"三维内涵

对于家庭心理健康教育课程建设的三方面内容已经明晰,而在内容背后的内涵要进一步确认,那就是观念、策略与行动。一是观念(Concept),通过家庭心理健康教育课程,让家长拥有正确的家庭教育理念与观点;我们的课程建设特别强调的是在课程中理念观点的渗透,将一些理念观点故事化、情境化、活动化,能够让家长在无痕的体验中拥有正确的育子观。二是策略(Strategy),通过家庭心理健康教育课程,让家长掌握家庭教育中的方法与策略,我们的课程特别强调指导性,也就是说在每一个课程的推进过程中,都能够给到家长一些具体的细化的指导,让家长假以策略的习得,能够有效行动。三是行动(Action),陶行知提出:"行是知之始,知是行之成。"通过家庭心理健康教育课程,让家长将习得的理念观点及方法策略付诸现实的教育行动中,形成学校家庭心理健康教育课程建设的"C-S-A"模式[1]。

2. 形成课程建设"四阶段"路径

宝山区区域家庭心理健康教育课程建设的实践路径大致分为四个阶段(见图2.2),第一阶段是目标(Objectives),在学校,基于校本真实情况,汇总当下家庭中关于心理健康教育的现实问题和已有经验,在此基础上形成课程目标,以此来推广经验和解决问题。第二阶段是联系(Contact):在区域层面的家庭教育与心理健康教育的中心组成员、梳理课程目标和课程内容之间形成联系。第三阶段是开放(Open):区域层面形成课程核心小组,以一种更开放的方式方法对于课程的内容架构、模块设置进行

---

[1] 蔡素文.学校家庭心理健康教育课程的内容与实施途径[J].江苏教育,2020年第8期:第38—40页.

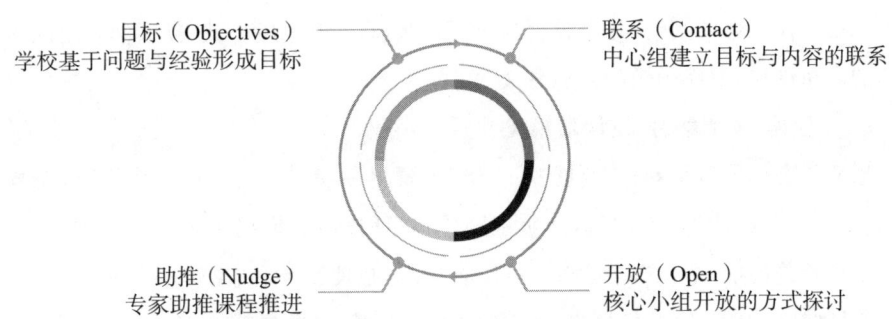

目标（Objectives）
学校基于问题与经验形成目标

联系（Contact）
中心组建立目标与内容的联系

助推（Nudge）
专家助推课程推进

开放（Open）
核心小组开放的方式探讨

图 2.2　家庭心理健康教育课程建设四阶段

讨论汇总。第四阶段是助推（Nudge）：区域层面邀请专家指导，助推家庭心理健康教育课程建设的推进。

四阶段的区域课程建设路径的制定，能够使校级到区域的每一个层面的教师都行动起来，体现课程建设教师群体的主体性，为课程建设成功推进打下基础。目标→联系→开放→助推四个阶段的实施路径，对于学校的家庭心理健康教育课程建设也是一个可复制的范式，能够真正带动区域各层面课程建设，体现全员性。

近些年来，宝山区家庭心理健康教育课程不仅仅在区域层面形成了诸多课程，在学区层面和校本层面也是亮点频频。区级课程有：《家长心灵成长 SPA》家长心理成长读本、《心爸心妈成长记》家庭心理健康教育漫画集、《和校园欺凌说"不"》防校园欺凌亲子读本等。各教育集团和学区形成了学区家庭教育心理健康教育课程：吴淞学区形成了《吴淞源》家庭心理健康教育读本；月浦学区形成了《五彩 YP》五大系列家庭教育读本，其中绿色为家庭心理健康教育课程；泗塘学区形成了关于培养学生"Sthsturdily 坚毅、Togeth 融合、Hope 希望"三项积极心理品质的"STH（泗塘汇）"家庭心理健康教育课程。学校层面更是不胜枚举：上海大学附属小学《"腾跃"》家庭心理游戏课程、宝山区罗南中心校的《荷叶连连》三"特"家长修炼手册、宝山区第二中心小学的《花间人生》亲子沟通工作坊等。

四、区域家庭心理健康教育课程建设的成效反思

（一）确立"家心融合"发展新思路

宝山区建构以"1＋2＋N"为实践路径的家庭教育与心理健康教育融合发展新格局，即以积极心理健康教育为发展理念，通过家教中心和心理中心两大主题工作，串联起的 N 个课程。融合心理健康教育和家庭教育指导工作，在不同领域中多维度推进，

形成各自工作特色的同时,注重整合与研究,通过联合互动的方式,探索两者之间殊途同归的内在规律,发现积极的实践意义。

(二) 建构"家心融合"发展新模式

形成常态化项目系列化,开展"心·研"师资培训项目,推出"心·阅"团体辅导项目,启动"心·融"①项目。同时,注重主题式项目时效化,推出了"家有"系列项目,关注学生成长关键期,举行"家有考生初长成"考前心理辅导和"家有小儿初入学"等活动。心理健康教育与家庭教育指导工作的均衡发展,引发智慧碰撞,取长补短。分享对同一内容的不同方法策略所产生的不同效果,打开实践思路,丰富实践手段,在互动中实践融合,获得更高的教育效益,打开家庭教育指导工作融合均衡发展的新格局。

(三) 创新"家心融合"呈现新方式

研发《心爸心妈成长记》家庭心理健康教育漫画集,以喜闻乐见的形式,融心理学的理念与策略于家庭教育情境问题之中,指导父母在日常的生活中,于微观之处用温和的方式带给孩子成长的希望。依托"心家源"微信公众号,推出"玩中有学问"亲子共游戏、"做生活的主人"亲子共家务、"绘本里的秘密"亲子共阅读等系列亲子互动课程。

【案例】

《心爸心妈成长记》
——家庭心理健康教育漫画

【漫画主旨】

关键词:微观、温和、希望

孩子和父母之间的关系,对孩子的一生有深远的影响,《心爸心妈成长记》家庭教育心理漫画,旨在指导父母在日常的生活中,于微观之处用温和的方式带给孩子成长的希望!

【指导思想】

根据《中小学心理健康教育指导纲要》《中小学德育工作指南》《全国家庭教育指导纲要》等相关文件精神,本套家庭教育心理漫画,发挥家庭教育在儿童青少年成长过程中的重要作用,加强心理的专业知识的有效渗透,融心理学的理念与策略于情境问题之中,以"关注和接纳"为起点、以"方法与行动"为载体,以"唤醒与调整"为目标,让科

---

① 家庭心理志愿活动.

学的爱为成长注解,让孩子、家长一起成长。

【目标愿景】

内容关注立体化与系统性:通过结构化布局,将生命教育、生活教育、心理健康教育、品德培养等方面的内容,凝练成一个个关键品质,形成基于儿童青少年积极心理品质培养的系统性、立体化的内容体系。

目标关注精细化与内涵式:通过一个个细腻的生活情境中的问题,让家长透过现象,了解孩子心理成长的特点、规律,基于心理学的理念,获得育子策略,加强亲子沟通,构建积极、健康、和谐的家庭心理氛围。最终落脚点是儿童青少年关键品质的培养和良好心理素质的养成。

形式关注趣味化和逻辑性:融注重家庭、注重家教、注重家风的理念于生动的漫画中,引导家长从"心"出发,去引出、唤醒和激活儿童青少年具有内在逻辑性的关键品质,为家庭教育建设延展新路径,开创新局面。

【实施原则】

《心爸心妈成长记》家庭教育心理漫画的研发与实施过程关注三大原则:

关注发展性:情境问题体现的是全体儿童青少年成长与发展的过程中的共性问题,协助家长看见问题、及时调整、有效改善,培养儿童青少年正确的自我观和良好的人际适应,进而开发潜能、健全人格。

关注逻辑性:各个年段的每一个模块以培养儿童青少年的"关键品质"为线索形成内容上的内在逻辑关系。每一个模块的每一个专题,通过"W-what 什么情况?""W-why 怎么了?""H-how 怎么办?",基于觉察力—分析力—行动力的实践上的内在逻辑关系。

关注指导性:每一个专题通过聚焦现实,细化问题,说透成因,分层指导,关注"真"问题、提供"真"策略,现实"真"指导,实现家庭心理健康教育漫画的现实指导意义。

【呈现方式】

每一个年段的每一个年级,着重培养"3"个关键品质,每一个品质采用一问一答一支招的方式。一问:问题来自于儿童青少年成长过程中具有典型性的共性问题;一答:针对问题,基于心理学理论的深入浅出的专业分析;一支招:在分析的基础上,分层给出若干指导具体行为的专业建议。

根据儿童青少年心理发展的特点,布局了小学五个年级的 15 个关键品质;初中四个年级的 12 个关键品质;高中三个年级的 9 个关键品质,共计 36 个关键品质。其中有三个年段共有的关键品质,也有每一个年段特有的关键品质,体现关键品质培养的共性中的梯度性和发展中的特殊性。

学校的心理健康教师要积极组织开展各类家庭心理健康教育课程,让家长形成科学观念、习得有效策略、链接实际行动,不断提升家长自身的心理建设能力,在教育"三位一体"大背景下,彰显家庭心理健康教育课程的意义与价值。

(本节执笔:蔡素文,上海市宝山区教育学院)

第二节　家庭心理氛围营造

一、家庭心理氛围营造的概述

如果问一位家长:"希望孩子成为怎样的一个人?"得到的回答大部分是这样的,"希望他成为一个健康、快乐,对社会有贡献的人"。其实,这个回答就是诠释了"健康的人"这个概念。根据世界卫生组织对健康的定义,健康不仅仅是躯体没有疾病,还包括心理健康、社会适应良好和道德健康。

对于一棵健康苗壮的大树,丰沃健康的土壤尤为重要。对于一个健康成长的孩子,家庭的重要性不言而喻。家庭对于孩子来说,像一个容器,决定了孩子将来长成的模样。构建健康家庭的要素中,家庭心理氛围的营造越来越受到重视。

氛围,指围绕或归属于一特定根源的有特色的高度个体化的气氛。家庭心理氛围是洋溢在家庭这个特殊环境中,以父母的情绪感染为核心,通过家庭的物质生活条件、家庭人际关系、家庭生活方式、家庭文化素养等反映出来的,由家庭成员的感情、兴趣、爱好、态度、行为等综合而成的心理时空,表现为个性化的家庭情调和气氛。它是在家庭环境、成员之间相互影响、相互制约过程中所形成的心理情绪和环境气氛。它是为了促进子女的身心健康,而并不是其他方面,如学业成绩等的提高。它主要提供情感及信息方面的帮助和指导,物质方面是次要的。[1]

泰戈尔说:你若爱一个人,就应该让你的爱像阳光一样包围他,并给他自由。我

---

[1] 林崇德,余国良.中小学心理健康教育指导纲要(2012 修订)[M].北京:北京师范大学出版社,2013.

们营造的家庭心理环境,就应该像这样。在如此心理氛围中成长起来的孩子,拥有不同的性格特点,他们会像繁星点点,会像一个个光源,站在哪里都会发光。

营造家庭心理氛围的目标分为以下几点。

(一)融洽积极的亲子关系

随着孩子的诞生,亲子关系即被确立。孩子对外界的感知,是通过与父母的互动获得的。亲子关系的质量,取决于家长的经验和学习成长。

著名心理学家李子勋的观点是:好的教育体现在好的关系中,好的家庭不用刻意的教育,孩子在好的关系中就知道该怎么做,所以这时望子成龙就不再是难事。

孩子成长过程中,是否自信、是否具有同理心、是否能与同伴友好相处、面对困难挫折的心理韧性,都源于父母与孩子的亲子关系。随着孩子的成长,父母会从孩子生命中的重要他人角色,转变为让箭矢远离的弓弦。父母如果明白自己在亲子关系中的角色变化,就能更好地营造最符合孩子健康成长需要的家庭心理氛围。

融洽积极的亲子关系,是伴随孩子一生的心理资源。孩子拥有能够坦然地接受爱与付出爱,体验各种积极健康情感的能力,是父母给予孩子最宝贵的财富。

(二)爱自己的能力

父母都会老去,如果说,有一个人能够一直陪伴在我们身边,那就是我们自己了。前不久,有个名词出现:空心人,这个词源于英国诗人托马斯·艾略特的诗歌作品。从字面就能明白这类人的特点:无心、无爱,或者说是麻木,似乎丧失了爱他人的能力。其实,如果不爱自己,怎么去爱他人。

因此,我们家庭心理氛围必须要让孩子们先学会爱自己,珍视自己。我们在成长中逐渐明白:我们的父母是普通人,我们自己是普通人,我们的孩子也是普通人。我们为孩子营造的家庭心理氛围应是:即使我是普通人,我也是值得被爱和被珍视的;我的快乐是因为我的努力,并非是每次都比别人好;我的存在就是积极正向的,我是爱自己的。

(三)适应环境的能力

人是社会性的,孩子从进入幼儿园开始,就要面对各种人际关系,面对各种选择并承担后果,面对各种需要解决的问题。家庭就是孩子汲取经验,补充心理能量的地方。家庭心理氛围,将会塑造孩子的价值观、世界观和人生观,也就是我们所说的"三观",是孩子与环境联结的钥匙。健康的家庭心理环境,是孩子开启和谐、愉悦世界大门的钥匙。

(四) 面对未知的勇气

随着信息更迭速度的越来越快,人们心里充斥着面对未知时的迷茫与焦虑。在这样的生活基调中,做到从容应对,宠辱不惊,始终相信"办法总比问题多",这样的人,内心是有力量的,是坚韧的,是幸福的。然而,这样的能力不是天生,而是在健康家庭心理氛围中润养出来的。如果孩子是在如此的家庭心理氛围中成长,那他就获得了面对未知的勇气,拥有了勇敢的心。

二、家庭心理氛围营造理论基础

如何营造家庭心理氛围,以下的心理学理论会对大家有所启发。

(一) 依恋理论

在心理治疗中,有这么一句话:"孩子能走多远,取决于曾经与父母走多近。"

依恋是亲子关系的一个重要方面,是形成良好亲子关系的基础。对于儿童来说,它不仅存在于幼儿期,而且还会伴随孩子的成长。并将对孩子未来的青少年、成年乃至老年时期的心理状态产生深远的影响。依恋可以定义为对特定的人的持久的感情联系。这个理论由英国精神分析师约翰·鲍尔比(John Bowlby)提出。依恋的生物功能就是生存,其心理功能是获得安全感。

在上个世纪 50 年代末,美国心理学家哈利·哈洛(Harry F. Harlow)和他的同事们做了一个著名的恒河猴实验。他把幼猴们单独关在笼子里,里面放两只假母猴:一只是有奶水的铁丝猴,一只是没有奶水的绒布猴。结果哈洛发现,幼猴除非饿极了去吃奶,否则绝不接近铁丝猴,反而整天蜷缩在绒布猴身边。哈洛制造出刺耳的噪音和恐怖的蜘蛛去吓唬幼猴,它们只往绒布猴身上爬,然后平静下来。如果把绒布猴拿走,它们就缩成一团,吓得尖叫,但也不会靠近铁丝猴。这个试验足以说明,就算两个都是假妈妈,小猴子也只会依恋触感好的、能感到温柔的绒布妈妈。如此成长起来的猴子,没有正常社交的能力,呈现抑郁、自闭的行为。有些甚至在回到猴群后,绝食而死。

根据这个实验,哈洛提出了一个著名论断——爱源于接触,而非食物。接触所带来的安慰感,是母爱最重要的元素。"母爱的本质,绝对不是简单地满足孩子的饥饿和干渴的需求,它的核心是接触性关怀:拥抱、抚摸、亲昵。"所以,父母对孩子的养育,不能仅仅停留在喂饱的层次上,要想孩子能够健康成长,就一定要为他提供触觉、视觉、听觉等多种接触性关怀,让他能够感到父母的存在,他的心智才会健康发展。孩子们渴望的是父母的支持和情感上的联结。

（二）四种养育模式

心理学家根据"接纳或回应"以及"要求或控制"两个维度把养育方式分成四类，分别是专制型教养方式、权威型教养方式、放纵型教养方式以及忽视型教养方式。

所谓"接纳或回应"维度描述了父母对孩子表现出多少关爱，对孩子有多少回应。而"要求或控制"维度则描述了父母对孩子限制和要求的情况。和大多数人想象的不一样，并不是接纳、回应越多，要求、控制越少就越好。

1. 专制型教养方式

专制型教养方式的父母，他们的限制性非常强，会对孩子强加很多规则，并要求孩子严格遵守。相对的，他们对孩子的接纳和回应则远远不够，很少向孩子解释遵守这些规则的必要性。并且在教育过程中常常伴随着惩罚和强制性策略。

2. 权威型教养方式

权威型教养方式的父母则是既控制又灵活的教养方式。他们也会对孩子提出要求，与专制型教养方式的父母不同的是，这一类型的父母要求合理，而且会耐心地向孩子解释为什么要遵守这些规定。总的来说，这类型的父母是以合理、民主的方式来控制孩子。

3. 放纵型教养方式

放纵型教养方式则是一种接纳而宽松的教养方式。父母几乎不会对孩子提出要求，允许孩子自由地表达自己的感受。这类的孩子受到父母约束和控制比较少。

4. 忽视型教养方式

最后一种是忽视型教养方式。忽视型教养方式和放纵型教养方式相类似，是一种极度宽松且对孩子没有任何要求的教养方式。和放纵型教养方式所不同的是，忽视型教养方式的父母对孩子态度是冷漠的，他们常常沉浸在自己的压力和问题中，对孩子既不管束，也不回应，孩子常常处于被忽视的状态。

研究表明，这四种教养方式中，权威型教养方式对孩子来说是最佳的养育方式。

（三）家庭"三角关系理论"

家庭治疗大师莫瑞·鲍恩（Murray Bowen）提出，在家庭中存在有各种三角关系。"家庭三角关系"是指：当家里面某两个人的关系出现紧张的时候，其中一方或双方会把注意力投向第三者，第三者则会参与到前两者的问题中来缓解两人间的压力和紧张。

家庭中,爸爸、妈妈、孩子是三角形的三个角,每条边代表了两人之间的关系远近。家庭三角关系中常见的有以下几种:

1. 夫妻关系近,给孩子均等的爱。一个幸福的家庭,夫妻关系最重要。夫妻关系好,能营造幸福的家庭氛围,有助于孩子良好性格的形成。父母给予孩子均等的爱,也有助于孩子学习男性或者女性形象。

2. 夫妻关系远,离孩子近。这种模式中的夫妻关系比较疏远,所以会向孩子靠拢,寻求补偿。因此,这种环境下的孩子得到过多的保护和干涉,容易以自我为中心、任性、自私,不利于孩子心理的健康成长。

3. 夫妻关系依赖于孩子维系,是第二种模式的极端化。这样的孩子在不和睦的家庭氛围中,在一方的溺爱纵容下,长成以自我为中心、自私自利的人。

因此,健康幸福的家庭三角形,应是等边三角形。在情感、心理上互相支持,构建健康、温馨的家庭心理氛围。

三、家庭心理氛围营造实践路径

无论是中国的书香门第,还是西方的百年贵族,他们最大的财富就是家族文化,那是"润物细无声"、由内而外塑造孩子的途径。孩子成长的环境是父母营造,因此父母三观、学习能力、情绪管理、处世态度等,都在每时每刻影响着孩子。那么营造家庭的心理氛围,父母们除了满足孩子日常的需求,还应该做什么呢?

(一)稳定和谐的夫妻关系

著名主持人杨澜曾经说过的一句话:"婚姻最坚韧的纽带不是孩子,不是金钱,而是精神上的共同成长。""爱孩子的最好的方式就是爱你的另一半。"父母对孩子来说,是孩子最在乎的人。父母是孩子的依靠,父母关系的好坏直接影响孩子的安全感,是孩子自信心产生的源泉。

(二)做个学习型的家长

学习,除了学习育儿的知识,还有很多需要学习。比如,时间管理、情绪管理、自己的职业成长。

1. 时间管理

很多上班族的家长都会在快节奏的生活中,越来越焦虑。"快点!"几乎成了和孩子交流时的口头禅。因此我们要学一学时间管理,抬头看路,明确想做的事情,细分步骤,方法跟上。

2. 情绪管理

当飞机在空中遇到危机,会有提示音:请先戴好自己的氧气面罩再帮助其他人。这就是说,先要照顾好自己。这不是自私而是常识。如果没有对自己情绪的觉察,就会容易被负面情绪控制。作为成年人和父母的角色,我们需要对自己如何面对孩子发脾气时的行为负责。当我们快要"爆炸"时,提醒自己:放低音量温柔说话,想说的话轻轻地说,慢慢地说。

3. 自己的职业成长

平衡家庭和工作,是每位父母思考的问题。我们会因为工作导致失去陪伴孩子的时光而愧疚;会因为陪伴孩子不得不放弃很好的机会而沮丧;时常为了兼顾家庭和工作而身心俱疲。父母可以对自己进行一个长期的"职业规划":明确目前重要的要去做的是什么;为了将来的部分,我们可以做哪些准备。对未发生事情的准备,可以降低我们的焦虑,让我们更好地全情投入现在的角色。

(三)改变思维方式

美国斯坦福大学著名的行为心理学家卡罗尔·德韦克经过多年的研究,把思维模式划分为固定型思维模式和成长型思维模式。成长型思维的人认为,任何能力和技能,都可以通过后天努力而得到发展。拥有这类思维模式的人,更乐于接受挑战,从实践中完善自己。因此,具备成长型思维的人会更加坚韧,他们认为遇到的挑战可以帮助自己学习和成长。家长的思维模式将潜移默化地影响孩子,影响孩子的格局,可以说是孩子们真正的起跑线。

1. 表扬孩子的努力

夸奖孩子,应侧重孩子努力的过程和他们为了成功而付出的努力。他们会因为努力被表扬而更愿意去尝试,甚至去挑战。

2. 小小失败没关系

我们很害怕孩子犯错,很多时候为了避免孩子犯错,家长就越俎代庖。成长中怎么会不犯错?孩子需要"试错",需要在成长中体验失败,在失败中发现自己内心成长的力量。

(四)尊重理解孩子

1. 俯下身来,微笑着接纳孩子

俯下身,是你已经准备进入孩子世界的姿态。《乖小孩,大危机》的作者,教育专家史密斯教授曾说,"任何注重外在行为的教养方式,培养出来的都是外表看起来乖巧可人的孩子"。就是说,如果作为父母的你,看重的是孩子外在的教养,那么,也只会培养出只关注外在的孩子。

接纳,是爱的基础。接纳孩子,是爱孩子的本身,爱现实中而不是期望中的那个孩子;接纳孩子,是接纳他的情绪,因为情绪没有对错,有好坏的是表达方式;接纳孩子的错误,错误是成长的一部分;接纳孩子的与众不同,因为生命是唯一的;接纳孩子说"不",独立思考很重要。

2. 学会倾听,让孩子把话说完

畅销书《少有人走的路》中说:"倾听是把注意力放到对方身上,它是爱的具体表现形式。"大多数父母给予孩子无微不至的关爱,可是愿意让孩子把话说完的并不多。美国心理学家娅玛图教授研究发现,在教育孩子的过程中,父母认真倾听,会帮助孩子认识到自身价值的存在,感受到父母对自己的尊重和产生一种平等意识,从而认识自己,找到合适的自我定位,反思自己的所作所为,进而获得更多的自信和健康发展的动力。

3. 温柔而耐心地用积极的话语作出回应

温和而坚定,耐心且持久。遇到问题时,家长应记住这句话。我们要找到孩子行为背后的积极意图,这能让孩子们觉得受到了认可并感觉到自己的价值。[1]

4. 用温暖的拥抱或者孩子喜欢的其他方式表达关爱

孩子们需要知道,他们比他们做的任何事情都重要。父母们要用行动来让他们感受到这份无条件的爱。他们只有在感觉更好时,才会做得更好。[2]

对孩子来讲,这才是他们最需要的情感与心灵回应。

四、家庭心理氛围课程建设举隅

(一)《懂得自有力量》家长读本编写概述

《懂得自有力量》——学校心理咨询师讲述的 99 个故事,是由上海市宝山区教育学院的蔡素文老师梳理了自己所做的个案,整理出一些当今社会的热点话题、孩子成长中共性的困扰,用故事叙说的方式,写给家长看的家庭教育心理普及读本。

该书分为三个篇章:如何爱一个孩子;告诉孩子如何爱自己;告诉孩子如何爱社会。每个篇章由 33 个小故事组成,每个故事又分为:案例—分析—支招三部分,进行

---

① ［美］简·尼尔森著. 正面管教［M］. 玉冰译. 北京:北京联合出版公司,2016.
② ［美］简·尼尔森著. 正面管教［M］. 玉冰译. 北京:北京联合出版公司,2016.

具体案例的呈现与剖析,并且提供一些相应的策略,帮助陷入困扰的家长们更好地协助孩子成长。

(二)《懂得自有力量》家长读本编写案例举隅

1. 如何爱一个孩子:与孩子建立积极的亲子关系

【案例】 <center>**肆意的攀比是伤人的**</center>

这个案例中,一个高中生说出了他的心声:"从小到大,在父母那边我没有任何肯定,真的没有!最在意的人无视我的困难,无视我的进步,有多让人伤心吗?他们眼中只有隔壁家的小孩、同事家的小孩、亲戚家的小孩,一直拿我和他们比,起先我还是很努力的,可是他们似乎永远不满意我,他们永远可以找到比我优秀的小孩,似乎一定要把我比下去他们才开心。其实,大家尽力就好,为什么要这样比来比去?我从没想过拿他们和别的父母比,我知道那样很伤人,因为我的父母也只是普通人!现在读高中了我选择了住宿,每到双休日我就不想回家面对父母。"

【分析】

攀比就是个体与参照个体进行比较,攀比有正向与负向之分,正向攀比指正面的积极的比较,是理性的正当竞争,能够激发个体积极的竞争意识,产生内在动力。负向攀比指那些消极的、伴随负性情绪的比较,会使人陷入思维的死角,产生精神压力和自我否定。父母想通过攀比来激发孩子的内在动力,似乎没有错,但如果没有把握好分寸,往往会适得其反,让孩子感到父母对自己的忽视、失望、否定。父母没有原则的肆意攀比没有建设性的意义与价值。

【支招】

多纵向比较少横向比较:在比较中多进行纵向比较,让孩子多与自己作比较,发现自己的成长与进步。并且可以做一些质与量的记录,如之前我一天背5个单词,现在一天可以背10个单词;再如之前我参与活动都是被动式的,现在可以主动承担班级任务了。做好记录之后,就会发现自己的发展变化,找到进步的策略,以此鼓励自己的进步,从而建立希望,树立信心,激发内驱力。

增强实力克服负性情绪:不要让孩子在父母负性攀比的阴影中自怨自艾,要鼓励孩子主动与父母积极沟通,说说自己的内心感受,谈谈自己喜欢的激励方式。如果不能沟通,那就换一种方式,告诉孩子要跳脱出来,洒脱一些,不要一味地陷在父母负性攀比的泥潭中,而是增强自己的实力,看到自己的点滴进步,让点滴进步照亮父母负性攀比造成的内心阴影。①

2. 如何爱自己：让孩子建构与自我的积极关系

【案例】　　　　　　　　被压抑的真实需要

故事中，一位在同学眼中的学霸，因为一本留言册与妈妈发生了冲突。最后，他喊出："我渴望被同学记住！我渴望被同学们看到！这对我很重要！"

【分析】

美国斯坦福大学的一项研究表明：拥有学校归属感会让学生对学习更投入。学校归属感（School belonging）是学校生活质量的反映，学生在学校环境中，需要被老师和同学接受、尊重、包容、鼓励，并感到自己是其中重要的一份子。心理学家马斯洛认为，归属和爱的需要是人的重要心理需要，满足了这一需要，人们才有可能自我实现。就像案例中的毕海说的那样，他需要被同学们"看见"，他需要一种归属感，他希望自己是班里的一份子，这一种感受会让他感觉到安全而温暖，进而就会更加投入，更加自信。

【支招】

了解的前提是表达自我：很多问题出在不了解上，家长常常抱怨现在孩子不愿意与自己交流，但更应扣心自问，我们有没有创设提供孩子表达的宽松的氛围；有没有去引导孩子有效表达的策略；有没有让孩子知道了解自我，察觉自我，观察和审视自己的内心体验，并且适时适度地表现出来。

被他人接纳的前提是接纳他人：我们常常渴望在所属团体中得到他人的认可与接纳，那么，我们自己的言行与态度呢？对待自己所属群体成员的态度是最好的镜子，因为它会反馈给我们，所以我们要去识别他人的情绪，感受他人的难处，理解他人的需求与欲望。在接纳他人的同时也就感受被接纳的快乐了。②

3. 如何爱社会：让孩子建构与社会的积极关系

【案例】　　　　　　　挫折教育是顺势而为的

故事中的男生，在学校的一次达人秀比赛中落败，心情很沮丧。他的父母想通过

① 蔡素文.懂得自有力量[M].上海：上海社会科学院出版社,2020.
② 蔡素文.懂得自有力量[M].上海：上海社会科学院出版社,2020.

双休日的户外徒步活动对他进行挫折教育，可是他却大声反驳道："你们知道什么！你们懂我吗！"之后甩门而去。

【分析】

当挫折来临时，父母要与孩子一同面对，但一定要注意方式方法。如案例中张超妈妈的回答，就根本没有解决当下真正的问题，她的好言相劝看上去是想提升张超的自信，其实反而起到了反作用。自信这一种良好的感觉根植于我们与外在世界的成功交流，张超妈妈不仅没有对孩子当下的挫败进行合理归因，反而一味回避与哄骗，这不能解决问题。生活中，经常会遇到大大小小的"挫折"，其实生活本身就是最好的教育素材，父母不要给孩子无端设置一些所谓的挫折教育，而是要在解决当下困扰上多下功夫。案例中的张超更希望的是解决淘汰的挫败感，而不是另起炉灶再制造一个挫折进行教育。

【支招】

捕捉消极思维：当遭遇失败和挫折时，脑海中会闪现一些想法，这一些想法可能不被我们感知到，但是它们确实影响到了我们的情绪和行为。例如，"这回出洋相了！""我就是最糟糕的那一个！""今后我可要成为同学们的笑料了！"，等等。父母应该引导孩子对这些消极情绪进行评估，收集事实资料来证明自己的想法是否正确。

正向思维替代：对于评估下来的非理性想法，要试着用正向思维替代，也就是用积极的思维来考虑问题，例如，"这回出洋相了！"可以这样想："每个人都有紧张的时候，大家能够理解吧！"也可以这样想："这下好了，我总算卸下偶像包袱，以后可用平凡的人的状态生活。"至于那些确实存在的问题，则可以通过制订计划来逐步实现改变。①

（本节执笔：陈琛琪，上海市宝山区行知外国语学校）

第三节　亲子有效沟通

一、亲子有效沟通概述
（一）亲子有效沟通目标

家庭是孩子的第一所学校，父母是孩子的第一任老师。良好家庭功能的发挥，对

---

① 蔡素文.懂得自有力量［M］.上海：上海社会科学院出版社，2020.

人的行为模式、态度信念、价值观念的形成有着积极的促进作用。有效的亲子沟通,是维持和发挥良好家庭功能的重要因素,是解决家庭成员在生命各阶段中遇到问题的重要途径。

(二) 亲子有效沟通内容

亲子沟通可以被定义为父母和子女间如何传递信息、如何增进对彼此的了解、如何作出回应等。即使在孩子学会说话前,他们也可以通过听觉、视觉、触觉等获得信息,与父母进行沟通,从而发展出自我价值感。当孩子学会说话后,就更容易受到与父母的沟通模式的影响。当孩子从儿童成长为青少年,他们更加渴望得到父母的认可与尊重。父母们也时常感叹,似乎随着孩子年龄的增长,"亲子沟通"变得越来越困难了。其实不少父母容易犯一些错误:急躁易怒、一味地批评指责,或者不断讨好、忽视感受,这些都不是有效的亲子沟通,不利于良好亲子关系的建立。怎样才是有效的亲子沟通,以下从相关理论说起。

二、亲子有效沟通理论基础

(一) 萨提亚人际沟通理论

萨提亚人际沟通理论是由美国家庭治疗师维吉尼亚·萨提亚女士建立的一套理论模式,她将家庭看作一个情绪单位,认为家庭成员间的情绪和行为是可以相互作用的。作为家庭系统中的一部分,孩子的情绪和行为,往往受到家庭成员潜移默化的影响。当孩子出现一些症状和问题,通常不单是孩子自身的问题,其反映的是整个家庭系统的特点,很多时候正是由于家庭中缺乏有效的亲子沟通所造成的。

萨提亚人际沟通理论阐述了五种常见的沟通模式:讨好、责备、超理智、打岔以及表里一致。讨好者往往忽视自我价值,否定自尊,对所有的事情点头称是,传递给他人"我不重要"的信息。责备者则与讨好者截然相反,他们为了保护自己,不断蔑视、指责他人或是环境,认为只有自己是需要考虑的。超理智者的沟通模式保持着非人性的客观,不允许自己和他人关注自己的情绪感受。打岔者是超理智者的对立面,他们不断变换想法,认为只要将注意力从有压力的话题上转开,就可以生存下去。[①]

萨提亚认为,当最基本的爱与被爱的渴望受到威胁时,人们就会发展出前面四种模式使关系得以维持,但这些都是低自尊应对方式的表现。第五种"表里一致"的沟通

---

① [美]维吉尼亚·萨提亚,等.萨提亚家庭治疗模式[M].北京:世界图书出版公司,2016.

模式,则是一种高自尊的应对方式。在"表里一致"的沟通模式中,自我的感受、他人的感受和情景的要求都得到了关注和尊重。每个人都能完整直接地表达自己的意见,不用担心受到打压、攻击和批评,别人的意见也会得到反馈和回应,语言信息和情感表达一致,内心体验和谐平衡。

(二)非暴力沟通理论

非暴力沟通理论由著名的美国心理学家马歇尔·卢森堡博士提出,他认为非暴力沟通可以建立起人与人之间的理解、尊重、关爱与互助,是一种能够使人情意相通、互尊互爱、和谐相处的沟通模式。借助非暴力沟通,人们不再条件反射式地作回应,而是促使自己仔细观察,觉察自己和他人的感受和需要,从而有意识地使用语言。在非暴力沟通中,人们既能清晰诚实地表达自己,又能尊重和倾听他人,聆听到自己和他人心灵深处的需要,从而以全新的眼光看待人际关系,促进人际沟通的和谐发展。

非暴力沟通模式主要由以下四个要素组成:观察、感受、需要和请求。首先,观察留意当下发生的事情。观察他人及其行为,不管自己喜欢与否,只是说出他人当下所做的事情,而不是通过评判、指责等方式进行分析。其次,体会和表达自己的感受。通过建立类似"兴奋、喜悦、平静、害怕、生气"等表达感受的词汇表,人们可以很好地区分感受和想法,从而更清晰地表达自己的感受,使得沟通更为顺畅。再次,体会感受的根源,表达需要。非暴力沟通强调,感受的根源在于人们自身的需要和期待,以及对他人的言行和看法。最后,清晰明确地表达请求与帮助。沟通是相互的,每个人都希望对方能够通过具体行为来满足自己的需要,所以请求越清晰明确越好,同时也要区分请求和命令。[1]

(三)积极心理学相关理论

1. "三明治"沟通法

"三明治"沟通法,顾名思义就是两层意思中间夹着另一层意思,即把负面信息包在两个正面信息之间表达的沟通方式。当需要向他人提出建议尤其是批评式建议时,可以先给对方一个正面的评语,表达对其的欣赏、认同和关爱。随后,夹入自己的建议,可能是批评式的建议。最后,再以一个正面的总结,向对方表达自己的鼓励、信任和支持。"三明治"沟通法可以提升人际沟通中的正负交流比例,使人际关系变得更和谐更幸福。

2. 积极主动式沟通法

另一种提升正负交流比例的方法是:使用积极主动式沟通法。即当对方分享好

---

[1] [美]马歇尔·卢森堡.非暴力沟通[M].北京:华夏出版社,2016.

事的时候,给予对方积极主动式的回应,通过语言、肢体和行为的反馈让对方感受到被理解和被支持。使用积极主动式沟通法能够使沟通双方产生积极情绪,强化人际链接,建立积极的关系。

三、亲子有效沟通原则与策略

(一)亲子有效沟通原则

1. 平等尊重看待孩子

亲子间沟通不畅,很多时候是由于缺乏平等和尊重。正如萨提亚提出的"讨好、责备、超理智、打岔"这四种沟通模式中,"讨好型"父母在亲子沟通中一味地迎合孩子满足孩子,放低姿态忽视自己;"责备型"父母认为自己具有绝对的支配性,容易打骂贬损孩子,不尊重孩子;"超理智型"父母只关心客观情景,忽略自己和孩子的感受;"打岔型"父母习惯性岔开话题,不听孩子表达甚至表现出不满情绪,这些都是亲子沟通间缺乏平等和尊重的表现。因此,要让亲子沟通顺畅有效,父母首先要平等地看待孩子,尊重孩子的感受和需要,减少对孩子的指责和忽视,在和谐友善的环境中与孩子交流。

2. 换位思考理解孩子

生活中,孩子常会因为父母认为的"一点小事"产生消极情绪,此时父母"无所谓,小事一桩"的态度,会让孩子感到自己不被理解,不愿与父母沟通。在亲子沟通中,父母适当地俯下身来,站在孩子的角度理解问题,恰当地向孩子表达自己的理解和共情,有利于良好亲子关系的建立。理解孩子,不是站在自己的角度,而是换位思考,努力地感受孩子的感受,不急于评价孩子给孩子建议,只是让孩子感受到,父母永远陪伴着自己,当孩子被理解被共情后,就会愿意说更多,亲子沟通就会更有效。

3. 多给孩子爱与鼓励

或许父母有所疑惑,有时的确是孩子犯了错,难道也不能批评而要理解吗?需要澄清的是,父母要理解和共情的是孩子当下的感受,而不是孩子的不良行为,尊重和理解孩子的感受是开启有效亲子沟通的前提。而面对孩子的不良行为,给予孩子爱与鼓励相对于批评和惩罚来说也是一个更好的选择。鼓励孩子,可以先看到孩子的良好行为并给予肯定,再引导孩子改变不良行为。爱与鼓励往往是激发孩子上进的最好方式,可以帮助孩子找寻自己内在的成长能量。爱与鼓励有利于提升孩子的自我价值感、信任感以及积极的情绪体验,有利于建立积极的亲子关系,减少孩子的问题行为。

（二）亲子有效沟通策略

1. 会用"接纳性语言"来倾听

人们传递信息的方式有两种：语言信息和非语言信息。语言信息即我们说出的话，而非语言信息的表达方式包括身体语言、手势、姿势、面部表情等。当孩子开始和父母述说一件事情时，父母要做一名耐心的听众，不急于打断孩子的表达，此时父母可以更多地使用一些非语言信息表达对孩子的接纳，如专注地看着孩子、身体前倾、微微点头等。充分倾听后，父母也可以通过语言信息表达对孩子的理解和共情，比如，当孩子向父母抱怨："最近老师上课总是不叫我回答问题，同学下课也不找我玩。"父母可以说："哦，是吗？老师没有叫你回答问题，同学没有找你玩，发生这样的事情，你心里一定挺难受的……"

2. 不用"贬损信息"来指责

这样的尝试对父母来说也许是一种新的挑战，很多父母习惯于发出"贬损信息"来指责孩子，希望孩子因此有所触动而改变不良行为。我们时常听到这样的话："你做事总是不经过大脑；你真是个胆小鬼；你这样做是不对的；你真让我感到丢脸……"听到这些批评、指责、嘲笑、说教时，孩子常会感受到被拒绝、不被接纳、觉得父母不爱自己，有时甚至会故意做出更加激烈的反抗行为。总之，这样的"贬损信息"会对孩子自我概念的发展造成破坏性的作用，损害孩子的自尊，父母要有意识地不去使用。[①]

3. 多用"我信息"表感受

仔细观察可以发现，前面提到的"贬损信息"，很多句式都以"你……"开头，表达了对"你"的指责。父母可以多用"我……"开头，即"我信息"的句式，表达孩子的行为带给自己的感受。例如，"我听到你和同学吵架了，我感到很难过；我去学校接你时你自己走了，我觉得很沮丧……"这样的"我信息"听上去更加平和，不容易激起孩子的叛逆和抵抗，孩子更能受到影响从而改变一些不良行为。

4. 善用"启发式提问"寻合作

每个孩子在成长过程中都会遇到一些问题，有效的亲子沟通可以将这些问题化成孩子成长路上的资源，而善用"启发式提问"的方式寻求与孩子的合作，能够帮助父母陪伴孩子更加积极地面对问题、解决问题。"启发式提问"可以是这样的："对于这件事的发生你有什么感受？从这件事中你学到了什么？现在对解决这个问题有什么新的想法吗？"等。[②] 对于这些提问，父母不要预设答案，而是在共情和接纳中真正走进孩

---

① ［美］托马斯·戈登.父母效能训练手册［M］.北京：中国发展出版社，2018.
② ［美］简·尼尔森.正面管教［M］.北京：北京联合出版公司，2017.

子的内心世界,与孩子开展合作。

5.巧用"爱的语言"表达爱

盖瑞·查普曼博士在《儿童爱之语》中把亲子间爱的表达方式称为爱的语言,共分为五种:肯定的言语、精心的时刻、赠送礼物、服务的行动和身体的接触。爱与被爱是人类最重要的心理需求,研究发现,以上五种方式都能让孩子感受到被爱、被接纳、被支持,但对于不同年龄的孩子,对这五种爱的方式的需求也各有侧重。幼儿和儿童最需要的爱的语言为:"服务的行动"和"身体的接触";而青少年则更需要:"肯定的言语"和"精心的时刻"。[①] 父母可以根据孩子的实际情况,巧用"爱的语言"表达爱。

四、亲子有效沟通课程建设举隅

(一)《心爸心妈成长记》家长读本编写构想

亲子间能够有效沟通,每个孩子都能在和谐有爱的环境中健康成长,是父母们的共同心愿,更离不开父母们的尽心呵护。上海市宝山区开发建设了亲子有效沟通课程《心爸心妈成长记——中小学家庭教育心理漫画》[②],课程分为小学篇、初中篇和高中篇,每个年段的课程都包含该年段学生心理发展中的关键品质,如小学篇"好奇、规则",初中篇"倾听、接纳",高中篇"自律、责任"等。

针对每个关键品质,课程围绕主人公心心一家,设计若干个家庭教育中常见的问题,如"孩子说喜欢幼儿园,不喜欢小学,怎么办?""明明为他好,他却不听我的,怎么办?""孩子高考前失眠,怎么办?"等,从心理学理论、沟通方法等方面分析原因,随后给出具体可操作的方法。每个小问题都通过漫画形式呈现,从真实故事出发,分析原因,给出真方法,给有类似困惑的父母们打开亲子沟通的心结,解开孩子成长中的困惑,陪伴孩子成为更好的自己。

(二)《心爸心妈成长记》家长读本案例举隅

1.小学篇:孩子只听好话,听不进批评怎么办?

【什么情况】心心只爱听好话,一听批评就"感冒"。

[①] 李小玲,林君瑜.青春期亲子间爱的语言[J].中小学心理健康教育,2021(01).

[②] 张雯,蔡素文.心爸心妈成长记——中小学家庭教育心理漫画(精编版)[M].上海:上海科学普及出版社,2020.

【怎么回事】人们喜欢被他人称赞,由此获得被接纳、被肯定的感觉。但不真实的表扬不具有激励作用。

【怎么办】

(1)父母要反思自己在批评孩子时有没有就事论事,要顾及孩子的颜面,不能乱贴标签。

(2)批评前肯定孩子的优点,然后指出缺点,还有提提改进建议。

(3)开一个"长处与短板"的家庭会议,家庭成员之间说说彼此的长处以及补上短板的建议。①

2. 初中篇:孩子不让父母进房间,怎么办?

【什么情况】晚上回家,妈妈看到心心卧室门口贴上一张"非请勿进"的纸条,感到有些失落。

【怎么回事】随着孩子自我意识的发展,他们开始作为独立个体认识这个世界,因此需要更多的个人空间。

【怎么办】

(1)家长要克服自己的焦虑,认识到这是孩子成长的需要。

(2)定期设置家庭欢乐日,这一天可以安排家庭外出聚餐、看电影、露营等孩子期待的娱乐活动,增进亲子感情。②

3. 高中篇:孩子私自修改考试成绩,怎么办?

【什么情况】家长会上,爸爸得知心心私自修改了考试的成绩。

【怎么回事】心心修改成绩是不对的,但其行为背后是希望自己有尊严,不难堪。

【怎么办】

① 张雯,蔡素文.心爸心妈成长记——中小学家庭教育心理漫画(精编版)[M].上海:上海科学普及出版社,2020.

② 张雯,蔡素文.心爸心妈成长记——中小学家庭教育心理漫画(精编版)[M].上海:上海科学普及出版社,2020.

（1）先和心心聊一聊，进入高中后，学习上遇到了哪些不适应？

（2）再问心心：面对这些困难，你可有应对的办法吗？你希望爸爸妈妈怎么做才能帮到你？

（3）合理的期待，才能让孩子诚实地面对自己。[1]

（本节执笔：朱夏艳，上海市宝山区行知外国语学校）

第四节 家长对孩子心理健康的维护

一、儿童青少年的心理发展概述

儿童青少年时期是个体心理发展最旺盛、变化最快，也是可塑性最强的时期，是个体心理发展的关键期。那什么是儿童青少年时期呢？发展心理学中将人的一生划分为乳儿期、婴儿期、幼儿期、童年期、少年期、青年期、成年期及老年期八个阶段。其中少年期和青年期又合并成为青少年时期，一般12—18岁，即初高中阶段。儿童期是指乳儿至童年期，而结合学校教育的情况，本书中将儿童期界定为7—12岁，即小学阶段。故本书中的儿童青少年是指7—18岁之间的孩子。

小学阶段是儿童心理发展的一个重要转折期，这一时期的儿童思维发展灵活而敏捷，情绪情感内容也不断深刻而丰富，由于儿童的性格正在不断发展，所以他们的性格特征具有很强的不稳定性。

同时，青少年期也往往被称为"心理上的断乳期"。随着年龄的不断增长，青少年的生理方面出现很多变化，例如：身高和体重增加，第二性征开始发育，各项生理技能增强，等等，这种生理方面的快速发展，使得他们渴望在心理上也能够快速成熟。在心理方面，他们的自我意识高涨，开始追求独立与自由，但由于自身的心理发展水平有限，心理承受能力差，想要摆脱家长但又需要家长的帮助。而这种身心发展不平衡的状态，使得青少年容易出现各类心理和行为问题。但如果我们能够及时预防和识别他们的心理危机，就能够减少很多心理问题的发生，促进个体一生的心理健康发展。

当前对于如何促进儿童青少年心理健康发展的研究主要集中在两个方面：一是关

---

[1] 张雯，蔡素文. 心爸心妈成长记——中小学家庭教育心理漫画（精编版）[M]. 上海：上海科学普及出版社，2020.

于亲子关系、父母教养方式、家庭氛围和结构等家庭心理支持对儿童青少年心理发展的研究；二是关于如何预防和识别儿童青少年心理危机问题的研究。

（一）在家庭心理支持对儿童青少年心理发展方面的研究

在儿童方面，席居哲认为，儿童是通过不断和父母相互社会化而不断发展的，家庭是孩子成长过程中最重要的支持来源，是个体最坚强的后盾。[①] 中国的父母对孩子总是望子成龙、望女成凤，将自身没能完成的愿望寄托于孩子身上。因此，父母对孩子有着严格的要求，使得孩子的学习压力巨大，亲子关系紧张，这就使孩子在遇到问题时不愿向父母诉说，从而更容易出现心理危机。[②] 孩子的出生往往会改变父母以往的相处模式，但许多父母并不能正确转变这种模式，依旧以不良的婚姻模式来相处。[③] 许多父母在儿童面前争吵得面红耳赤，甚至大打出手，并将这种愤怒转移到孩子身上，在这种家庭环境长期生存的儿童很难与人发展亲密关系；而那些尊重儿童个性发展，总是鼓励儿童，在孩子面前维护彼此正面形象的父母往往成了孩子谈心的"朋友"。他们根据儿童内心发展的需求，有针对性地给予，这种获得了充足家庭心理支持的儿童相对较少出现心理问题。

对于青少年而言，生活在不同的父母教养方式下的孩子心理健康程度也存在巨大差异。[④] 这是因为家长们不同的教养方式会影响子女的人格特征和人际交往能力，进而间接影响他们的心理健康发展。美国心理学家麦考比和马丁提出了四种家庭教养方式：权威型、民主型、放纵型和忽视型。权威型教养方式下成长的孩子习惯服从权威，较少有自己的思考，习惯了被安排、被支配，对自我缺乏正确的认识，尽管家庭支持系统很强，但在遇到问题时很难能够自主解决，心理承受能力差。民主型教养方式下成长的孩子独立自主能力强，自信乐观，遇事冷静，心理承受能力强，较少出现心理问题。放纵型教养方式下成长的孩子习惯"以自我为中心"，不能正确地看待自己和他人，自我意识不正确，矛盾心理更复杂，也往往更任性和不成熟，人际交往问题较差，外在支持系统较弱。忽视型教养方式下成长的孩子缺乏自信，难以信任他人，亲密关系建立困难，且家庭支持极其脆弱，人际关系很差，经常否定自己，容易抑郁。相比前三类学生而言，忽视型教养方式的学生最可能出现心理危机和各类心理问题。父母不同

---

① 席居哲．儿童心理健康发展的家庭生态系统研究[D]．上海：华东师范大学，2003 届硕士论文．

② 李文道，邹泓，赵霞．初中生的社会支持与人格的关系[J]．心理科学，2005，(4)．

③ 卢荣梅．生态系统发展观下的心理弹性的影响因素研究[J]．河南教育学院学报(哲学社会科学版)，2009，(6)．

④ 刘晓梅，李康．亲子关系研究浅识[J]．贵州师范大学学报(社会科学版)，1996，(3)．

的相处模式、家庭的经济状况和结构等也都会影响孩子的心理健康发展。

（二）儿童青少年的心理危机问题研究

对于儿童和青少年心理危机问题的研究主要包括儿童和青少年心理危机的识别、易发生群体以及预防策略的探究。

对于儿童来说，他们的心理危机问题主要表现在兴趣减退、思维减慢、注意力不集中、坐立不安、上课多动，难以进入学习状态。父母通过观察这些特点来识别心理危机问题。众多学者相比研究儿童和青少年心理危机的特点和类型，他们对容易产生心理危机的群体更感兴趣，也从不同角度深入探讨不同因素是如何导致儿童和青少年产生心理危机的。[1] 主要是负性生活事件和人格特质，研究表明，经历过更多负性生活事件的儿童更易产生心理危机。[2] 因为儿童的心理承受能力还有待提高，许多小事情，如考试考砸、老师批评、和同伴吵架以及家庭小矛盾等都可能会对儿童带来严重的心理危机。另外，有研究发现：在五种不同人格特质中，外倾性和宜人性的儿童心理特点更加积极向上，行为模式更加稳定，出现心理危机的次数相对较少。[3] 对于预防策略的研究主要集中在从学校、家庭和个体三个层面来进行探究。

对于青少年而言，他们在出现心理危机时，也会出现一些异常的生理和心理反应。[4] 具体的生理表现有心跳加速、头晕恶心、食欲减退、汗液增多、血压升高、肌肉绷紧等具体生理机能的改变。情绪认知表现有：个体在面对一些应急事件时会习惯性地形成消极的认知评价标准，并降低自尊自信水平，进而容易出现记忆力减退、注意力难以集中、脾气易激惹、经常自我怀疑、情绪烦躁等一系列的问题。行为问题主要有：社交退缩、暴饮暴食、冲动暴躁、行为异常。[5] 负性事件、童年经验和应对方式对青少年的心理危机问题存在一定的影响。王美萍等在研究青少年攻击行为时发现，负性生活事件经历的越多，个体所表现的攻击行为频率越高。[6] 另外，具有创伤性的童年经历的青少年会比具有美好童年经验的儿童更容易陷入心理危机，出现一系列身心问题和人格障碍。[7] 应对方式对儿童青少年的影响表现在，惯用积极应对方式的儿童比惯

① 李宁. 城市高中生同伴关系发展特点研究[D]. 大连：辽宁师范大学，2007.
② 樊富珉. SARS危机干预与心理辅导模式初探[J]. 中国心理卫生杂志，2003，17(9).
③ 龙迪. 心理危机的概念、类别、演变和结局[J]. 青年研究，1998，(12).
④ 蔡哲，赵冬梅. 大学生心理危机的干预与调解[J]. 河南师范大学学报（哲学社会科学版），2001，28(4).
⑤ 蔡哲，赵冬梅. 大学生心理危机的干预与调解[J]. 河南师范大学学报（哲学社会科学版），2001，28(4).
⑥ 王美萍，张文新. 5－HTR1A基因rs6295多态性、负性生活事件与青少年攻击行为的关系[J]. 中国临床心理学杂志，2015，23(2).
⑦ 刘丙元，张建英. 高中生同伴关系与社交技能、父母教养方式的关系[J]. 社会心理科学，2004，(3).

用消极应对方式的儿童心理健康程度更高。①

二、儿童青少年成长关键期的家庭心理支持

儿童期和青春期是众多心理功能发展的关键期,儿童期是培育儿童健康心理的关键期,是提升儿童自尊自信的关键期,青少年期是自我意识发展的关键期,同时这两个时期也都是父母给予孩子家庭心理支持的关键期。但在这一关键期父母如何能够建立有效的家庭支持呢?这是一个值得大家思考的问题。

家庭支持是从社会支持所延伸来的一个名词,是指孩子在遭遇困境时,家庭成员对孩子所提供的情感支持和鼓励指引。② 也有学者将家庭支持看作是主要抚养者为了达到某种目的,通过一定的方式向被抚养者提供必需的物质、情感和学习等诸多方面的帮助,并提出家庭支持具有广泛性、无偿性和非代替性的三个重要特点。③ 不同学者对家庭支持的相关研究发现,儿童的家庭支持越强,他们的愉悦程度越高,烦恼越少,心理发展更加健康。因此,在关键期提升孩子们的家庭心理支持水平对促进个体的健康发展具有重要作用。具体提升方法可参考以下方案。

(一)增强父母家庭支持观念,提高家庭支持水平

对于儿童期的家长,应该积极宣传有效的家庭心理支持对儿童心理健康发展的重要性,增强父母的家庭心理支持意识,让孩子们在日常生活中感受到家庭的支持,从而建立良好的亲子关系。按照马斯洛的需求理论,首先需要满足儿童的生理需求,即家长应该努力为孩子创造良好的生活条件,如干净的住宿环境、营养均衡的饮食条件等,在满足这一低级需求的基础上父母逐渐来满足儿童更高一级的需求。另外,父母应该不断提高自己与孩子之间的亲密度,经常对孩子夸奖、赞美和表达爱意,当发现孩子有一点进步时,及时给予反馈,例如:"宝贝,你太棒了,比昨天进步了好多!"并多向孩子说"宝贝,我爱你"等这些充满爱的语言,这些行为能够有效促进孩子们的心理健康发展,减少心理问题的出现。

对于青春期的家长,父母不要过多干涉孩子们的交友自由,支持孩子选择;在孩子们遇到学业压力时,耐心指导,帮助他们一步一步慢慢解决难题;尊重孩子隐私,给孩

① 刘广增,张大均,潘彦谷,陈万芬,马原啸.中学生心理素质与同伴关系的研究:自尊的中介作用[J].心理科学,2016,(6).
② 叶秀恋,张怡盾,张燕琴,等.厦门市中学生应激性生活事件及特征分析[J].现代预防医学,2015,42,(1).
③ 邹泓.中学生的社会支持系统与同伴关系[J].北京师范大学学报(社会科学版),1999,(1).

子一定的个人空间,不偷看孩子的日记。同时父母应该真正学会倾听孩子内心的声音,在孩子做错了某件事情时,不要根据结果来主观猜测事情的过程,这种主观评定的方式不但会伤害孩子的自尊心,而且也会破坏父母和孩子之间的信任。父母正确的做法应该是认真倾听孩子讲述他们这样做的原因和动机是什么,在其讲述后之后,通过生动的事例来纠正他们的错误认知,树立正确的观念认知。

(二) 父母通过身教为孩子创建家庭支持氛围

对于儿童来说,家庭作为孩子社会化的起点,父母的一言一行都会对孩子们产生巨大的影响,尽管父母明白这一道理,但很少有父母能够真正以身作则。著名的大教育学家托尔斯泰认为最有效的教育就是父母先进行自我教育,再以实际行动影响孩子,即在潜移默化中让孩子们感受到家庭心理支持的力量,逐渐减少不良行为和习惯。例如,父母在强调和孩子们建立平等的关系时,应该把自己也看作是一个孩子,站在孩子的角度思考问题,以儿童的视角陪孩子做游戏,真正做到平等。在培养孩子积极乐观的人格特征时,首先自身在面对一些负性事件时能够以积极的态度来解决问题,以自身的坚强品质来影响孩子。

对于青少年而言,温馨的家庭氛围会给他们带来巨大的能量。所以,父母之间也应该保持良好的婚姻关系,来为孩子创造轻松愉快的家庭氛围。父母之间的相处模式会映射在孩子与他人的相处中,父母之间的亲密度越高,个体在建立亲密关系时越容易。[①] 因此,父母应该给孩子树立良好的榜样,尽量避免在孩子面前争吵,并定期约定抽出时间去娱乐放松,尽情享受家人陪伴的温暖。

三、儿童青少年心理危机识别与预防

随着儿童和青少年的心理问题越来越突出,人们开始关注到底是哪些因素导致青少年出现了一系列的心理危机,同时又该采取何种方法才能够预防心理危机的出现呢?上面所提到的心理危机具体是什么意思呢?我们该如何做到减少心理危机呢?下面就让我们一起来看一下!

心理危机一词是著名心理学家凯普兰(G. Caplan)所提出的,他将心理危机定义为:在个体遭受一些负性危机事件时所产生一种自己难以应对的不安感。[②] 这种危机事件由于个体的应对能力不同,所以定义也不同,主要是指个体感觉自身解决不了的、

---

① 陈晶琦,王兴文,Michael,等. 239 名高中男生儿童期性虐待调查[J]. 中国心理卫生杂志,2003,17(5).
② Caplan G. Support Systems and Community Mental Health [J]. Contemporary Sociology, 1974,5(2).

超出自身应对能力的事情。例如今年爆发的新冠疫情，对于大多数人而言，都可称为危机事件，因为它引起了多数人的内心冲突。根据群体的不同心理危机可分为教师心理危机和学生心理危机。学生心理危机主要是指学生在受到负性事件时所产生的逃学、旷课、伤害他人的一些行为，也是学生遇到了自己不能应对的事情，不能很好地平衡和调节自己的认知感知而产生的一种心理失衡状态。[①] 学生心理危机的表现主要有情绪失控、逃学旷课、离家出走、伤害自己和攻击他人。这些表现会严重威胁到个体的身心健康发展，因此，我们需要准确识别出心理危机症状，并对儿童和青少年实施一系列心理危机预防策略。

（一）儿童青少年心理危机的识别

在概述中，已经分别叙述了儿童和青少年所遭遇的心理危机特点。总的来说，常见的心理危机表现主要有人格特质、情绪、认知功能和生理四个方面。在人格特质方面：性格逆反，不愿学习，故意与老师、父母作对，行为表现与平常完全不一样；在情绪方面：情绪极易激惹，一点小事也能嚎啕大哭，总是叹气，喜欢垂头丧气，不愿意与同伴沟通交流，封闭自我；在认知功能方面：记忆力开始减退，应答反应也变得略迟，课堂上难以集中注意力，喜欢开小差，喜欢发呆很长时间；在生理方面：出现失眠早醒、食欲不振等生理症状。[②] 这些识别标准可以帮助教师和家长通过观察孩子日常的行为表现和情绪状况来辨别孩子是否正在遭遇心理危机，如果存在心理危机情况，应及时带孩子找专业的心理咨询师进行心理危机干预。

（二）心理危机预防策略

对于儿童群体来说，学校教师和家长应该对可能产生心理危机的儿童群体给予特别关注，比如，最近家里出现重大变故和不良人格特质的学生。对于家庭发生重大变故的儿童，在照顾其自尊心的基础上，教师和家庭成员应该增加对他们的陪伴时间和支持力度；对于具有不良人格特质的儿童，教师和家长需要花费更多的时间来塑造儿童的气质特点，从后天的教育逐渐让他们积极向上。另外，教师和家长应该学习一些心理疏导和应对孩子心理危机的方法和技巧，减少生活中负性危机事件的发生，多花时间与孩子进行心灵上的沟通，认识到孩子的个体差异，保持适当的期望和良好的家庭相处氛围，同时采用民主型的教养方式，给孩子们更多的尊重、支持和鼓励。在训练

① 陈晶琦，韩萍，Michael P. Dunne. 892 名卫校女生儿童期性虐待经历及其对心理健康的影响[J]. 中华儿科杂志，2004，42(1).
② 张林，车文博，黎兵. 大学生心理压力应对方式特点的研究[J]. 心理科学，2005，28(1).

儿童受挫能力方面,父母可以在日常生活中设置一些小挫折逐渐锻炼孩子的受挫能力,在遇到挫折时为他们提供充足的家庭支持力量,鼓励他们自己寻找解决方法,让他们认识到生活中遇到挫折是很正常的,保持冷静,努力克服才是最有效的解决办法,而不能一蹶不振。

对于青少年群体而言,学校教师和家长需要对学习压力巨大、创伤性的童年经历、惯用消极应对方式以及有其他心理疾病的学生给予特别关注,对于这类学生学校应该帮助他们找到形成心理危机的应激源,以针对性采取预防措施。对于学习压力巨大的青少年,教师应该减轻他们的作业量,父母应该降低一些对他们的学业成绩要求;对于具有创伤性的童年经历和惯用消极应对方式的青少年来说,教师和家长在给予更多陪伴的同时,还应该鼓励他们应用积极的应对方式;对于有其他心理疾病的青少年,他们发生心理危机的可能性最大,教师、同伴和家长需要为其搭建坚固的社会支持网络,让他们感受到关爱,同时家长也应该积极配合心理医生治疗孩子的心理疾病,多一些耐心和关爱! 同时,父母还需要锻炼青少年的心理承受能力。例如,当孩子们遇到考试前焦虑时,可以让他们采用深呼吸、向朋友吐槽的方式缓解焦虑;当孩子们在遇到家庭成员突然去世时,可以先离开这一悲伤情境,通过写日记和去操场跑步运动等方法来宣泄悲伤情绪;当孩子们在遇到考试失利时,可以转移注意力,去做自己擅长的事情来增加自己的成就感。

四、孩子心理健康维护课程建设举隅

宝山区近些年来也编撰了若干学生心理健康维护的家庭教育区域读本,如防校园性侵家庭亲子课程《花笺絮语》、防校园欺凌家庭亲子课程《和校园欺凌说"不"》等。

以下分享由上海市宝山区教育学院心理教研员蔡素文老师研发的《和校园欺凌说"不"》的四个模块之一的"辨识校园欺凌"。

模块一　辨识校园欺凌

【学习目标】

1. 认识校园欺凌及其常见的表现形式和校园欺凌中的不同角色体现。

2. 认识到校园欺凌的危害,学会在现实学习生活中辨识校园欺凌。

3. 通过学习辨识校园欺凌,并且能够在校园欺凌的事件中有所承担,维护正义。

1. 情景故事——校园欺凌是什么

班级群里的P图

朱莉是一位初中二年级的学生,在班里是学习委员,成绩好又聪明漂亮,作为班里的学习委员工作得力,老师很认可她,平时为人和善腼腆的她也赢得了大伙的口碑。这一天晚上,她打开班里的QQ群,突然冒出一只怪物,定睛一看是班里的一位女同学金宛给她的照片P了图,开始朱莉觉得有点生气,这是公共平台,这位同学未免有点过了,随便拿别人的照片,还未经过别人同意P了恶搞的图。但是转念一想,算了,大家都是同学,抬头不见低头见的,她就没在群里表态。没想到那位金宛同学倒是得寸进尺了,天天给朱莉P一张丑图,一天比一天难看,让人无法忍受,这位女生还带动班里一群女生对图进行含沙射影的点评,丝毫不顾及朱莉的感受,内向的朱莉只能默默忍受,但是,这一群同学的人身攻击,让朱莉十分痛苦,甚至产生了转学的念头。后来还是朱莉的好朋友告诉了班主任,班主任老师及时处理了这一起校园欺凌事件,要求金宛同学删除所有图片,并向朱莉赔礼道歉。

2. 实践练习——校园欺凌及类型

欺凌是指故意的、对方不想要的、在一段时间反复出现的伤害他人的行为。如何理解呢? 类似拳脚相向、抢东西抢钱、威胁恐吓这种行为就是欺凌,下面这些情景中的行为,它们是欺凌行为吗?

✓ 王杰在最近视力检查后配了副眼镜,从此得了个外号叫"四眼狗";

✓ 同学们知道李林胆子小,就经常在他上厕所时,躲在门边突然跳出来,吓得他嗷嗷叫;

✓ 唐立的个子比较矮,几个高个子的男生经常把他的帽子、书本抢走,在他头上互相扔来扔去,唐立又蹦又跳却抢不回来,气得满脸通红,眼圈儿里都是眼泪,那几个男生却哈哈大笑;

✓ 马丽经常发现自己的铅笔被弄折了,作业本被撕掉,课本被丢到垃圾桶里;

✓ 莉莉吃惊地发现,同学们中流传她在追求学校的大队长,而且已经约会了,可她只是前不久碰巧跟他参加了同一个课外活动而已;

✓ 莎莎和安安是好朋友,但突然之间,安安和班上另外几个女孩玩在一起,从此再也不理莎莎了,而且在食堂里,那群女孩还会故意地在离莎莎不远的地方窃窃私语,莎莎能隐约听到她们提到她的名字;

✓ 妮妮的QQ空间经常有人匿名留言骂她,有时她还收到一些不堪入目的回复。

那么,校园欺凌有哪些类型,具体行为表现如何,请见表2.1

表2.1 校园欺凌类型及具体行为表现

欺凌类型	具体行为表现
身体欺凌	推人、打人、用肢体暴力恶意戏弄别人
言语欺凌	取笑别人的花名(绰号)、嘲笑别人身材或背景、言语斥责
社交欺凌	背后说人坏话、散布谣言、拉帮结派等
网络欺凌	通过网络、电话和手机等通讯工具传递信息,羞辱和恐吓他人,也被称为最"时尚"的欺负
孤立欺凌	故意无视别人的存在、联合起来排挤人、恐吓不要与某人玩耍等
强索欺凌	刻意强取或收藏他人之物品,或以威吓方式强迫别人替自己服务

3. 拓展分享——校园欺凌中的各类角色

王熙是班里的宣传委员,常常因为班级活动和班长商量,李凌就天天在班级说王熙喜欢班长,这一天,王熙要和班长一同去上共青团组织的团课,这时候,李凌说:"大家来看看,这两位同学是要携手去哪里?"李凌的好友王丹随即说道:"不管去往哪里? 先携起手来吧! 不要装了!"这时,班里一群同学也跟着起哄呼应。王熙一下子眼泪掉下来了,站在课桌前不知所措。这时,于浩站起来说到:"你们天天说人家,有意思吗? 先管好自己嘴巴吧!"

【交互】连一连:欺凌是一个复杂的互动状态,过程中会出现不同的角色。能说说上述故事中不同学生分别代表哪种角色吗?

欺凌者　　　　李凌

受害者　　　　王熙

协助者　　　　王丹

附和者　　　　一群起哄的同学

抵抗者　　　　于浩

局外人　　　　没有参与的同学

欺凌不仅仅是两个对立方所产生的行为。在欺凌发生的瞬间,所有在场的人都会被卷入其中。除欺凌者与受害者外,参与到欺凌的人可以分为以下几种类型。

协助者: 是欺凌中最大的帮凶,也是最软弱的。在欺凌者首先实施欺凌行为之后,协助者会迫切地想要加入其中。校园中经常会见到这样的情景,一开始只有一个人欺负人,后来更多的人加入。协助霸凌者好像觉得这是一种保护自己的行为:我跟你是一拨的,我帮你欺负别人,你别欺负我。

附和者: 如果个体对于帮助他人之后的预期不好,如会认同"枪打出头鸟""我并不能改变什么",那么将很有可能成为起哄者。

局外人: 面对欺凌行为发生时可能会选择回避、直接走开。但他们是欺凌事件中变数最大的角色,如果他们能够改变对于反抗欺凌的不好预期,帮助受欺凌者,那么将会起到积极的作用。

抵抗者: 是欺凌行为中最具保护性的人,是与受害者站在一边的。这些敢于反抗欺凌者的孩子具有较高的自我效能,也具有更强的社会竞争力,可以更好地保护自己不受伤害,较少产生心理健康问题。

如果不愿总被欺负,就要勇敢地挺起胸膛:主动沟通、有效表达、机智解决。抵抗者值得尊敬,他们在捍卫一种智能能量;敬请附和者、协助者、局外人合力站队,给予受欺凌的同学以支持,这样欺凌行为再次发生的概率就会减少,校园环境更加美好,当然你自己遭受欺凌的几率也会减少很多!

心理危机预防举措的正确实施能够极大地增加孩子们的生活幸福感,帮助他们形成健全的人格和健康的心理,对青少年有着举足轻重的作用!

(本节执笔:王婷婷,上海市行知实验中学)

第三章 学生情绪智力培养的特色课程建设

近年来，杨浦区以"生命教育一体化"上海市教育综合改革项目为引领，在学校心理健康教育中积极探索区域特色课程，致力于培养中小学生情绪智力，提高学生心理素质。项目组针对中小学生各自所处的特殊年龄段，依照学生的智力发育程度和实际理解能力，编制了《杨浦区中小学生情绪智力教育》课程指南、大纲，从课程理念、课程目标、课程内容、课程实施、课程评价、课程管理进行总体设计，以实践为依托开发出了适合中小学生的情绪智力培养系列课程，取得了一定成果，并在区域中小学进行了有效推广运用。

第一节 学生情绪智力课程建设的背景和意义

一、区域推进学生情绪智力课程建设的背景与思考

众所周知，在当今中国的基础教育领域，一方面受以升学为核心目标的既成事实影响，学校教育工作着重围绕学生学业开展，而另外一方面，无论是来自现实的需求还是各界有识之士的呼声，教育界上下内外也都在寻找更好培养全面发展新人的方法和途径。学业之外的真实生活领域到底需要什么样的能力？有什么样的能力可以帮助儿童青少年未来更好地适应社会？杨浦区倾力打造的"情绪智力"课程，覆盖全区中小学生，对于探讨情绪智力及其与学业、人格、社会交往以及心理健康等领域之间的相互关系，有着非常重要的意义。

1. 学生情绪发展的需要

学生随着年级和年龄的变化，无论是情绪的内涵还是情绪的表现方面，都会随着他们内心秘密的增加而变得复杂起来。情绪体验迅速，意味着学生的情绪反应很快可

以到达激烈的程度。越是意外的、突然出现的诱发因素,导致的情绪反应也越强烈。由于情绪变化大而使得发生的意外事件具有突发性、暴发性、失控性、发展急剧快速等特征。与此同时,一些负性情绪会逐渐累积迁延,长此以往也会对心境乃至学习和生活带来影响。因此学生个体的情绪调控能力亟需提高。

2. 激发学生心理潜能的需要

杨浦区在对全区学生所做的心理调研中发现,学业问题、人际交往、挫折事件等方面的应对方式和能力,都可能给中小学生带来心理不适应,甚至造成心理疾病倾向。学生良好的情绪智力则可以帮助他们从容面对学习挑战,提高学习力、耐挫力、情绪调控等能力,更加热爱生命。同时,通过对学生情绪智力培养的策略和模式的实践研究,也可以为教育部门决策提供参考和依据。

3. 学校心理健康教育发展的需要

《中小学心理健康教育指导纲要》、《中小学德育工作指南》等文件,明确将心理健康教育纳入德育工作内容,指导各地各校开展尊重生命、人际交往、情绪调适、人生规划等方面的教育,增强学生调控心理、应对挫折、适应环境的能力,培养学生健全的人格、积极的心态和良好的个性心理品质。2019年教育部会同国家卫生健康委、中央宣传部等共12个部门联合印发了《健康中国行动——儿童青少年心理健康行动方案(2019—2022年)》,要求学校和医疗卫生机构等对儿童青少年、家长及教师等加强心理健康宣传,传播心理健康知识,重视各类突发事件中受影响儿童青少年人群的应急心理援助,制订完善相关方案,有效开展心理危机干预。杨浦区以情绪智力为切入点,探讨中小学生情绪智力与学业、人格、社会交往以及心理健康等领域之间的相互关系,提高心理健康教育的实效性,正是对全国、本市各级教育部门要求的响应和落实。

4. 学生核心素养培养的需要

2014年教育部研制印发《关于全面深化课程改革落实立德树人根本任务的意见》,提出"教育部将组织研究提出各学段学生发展核心素养体系,明确学生应具备的适应终身发展和社会发展需要的必备品格和关键能力"。中国学生发展的六大核心素养包括人文底蕴、科学精神、学会学习、健康生活、责任担当、实践创新。情绪智力与所倡导的青少年核心素养的许多方面有着很好的呼应,良好的"情绪智力"可以使学生正确认识自我,拥有乐观自信积极的心理品质,推动学生发展其健全的人格。"情绪智力"课程是我们基于发展学生核心素养与提升心理健康水平的产物。

二、区域推进学生情绪智力课程建设的意义和价值

1. 发挥情绪智力理论对核心素养培养的导向功能及科学价值

不管采用哪一种理论取向,理论家们都认为情绪智力是遗传和环境(教养、教育)因素相互作用的结果。然而在中国,很少有以测量和研究数据为基础的实证研究,描述也很少记录中国儿童青少年情绪智力发展的规律。也很少能在正规的学校系统中,开展以理论为基础的情绪智力课程。通过贯穿从小学到大学整个学业生涯的课程方案,运用适合各年龄段儿童青少年特点的方法,以科学的心理测验和测量技术为佐证,验证在相对稳定的家庭、社会文化环境中,通过课程、训练以及适当的干预,可以使情绪智力在原有发展基础上得到进一步有效的提升,其背后的理论科学价值自不待言,对于在当今中国的基础教育领域开展核心素养培养的探索和实践尤其具有特别重要的意义。

2. 探索一套促进儿童青少年情绪智力发展的方法

通过文献检索我们发现,在国内基础教育领域尚没有相同的、以学校正式课程为主导的、集课堂讲授—训练干预—活动配套于一体的纵向追踪系列研究。本系列课程研究是一次有着充分准备的尝试。在教材编写、训练课程的形式与方法设置上,形成一套基于中国传统文化和实际情况的课程,本身就具有非常重大的价值。不仅可以与国外同类方案进行比较,还能探讨情绪智力与学业、人格、社会交往以及心理健康等领域之间的相互关系,为之后的研究指引方向。

3. 把促进儿童青少年全面发展真正落在实处

虽然教育界普遍认识到只注重学业的学校教育有失偏颇,但苦于没有很好的理论指导和实际工作开展的方法。通过与高校的合作,借用"外脑",脚踏实地将素质教育工作落实到学校日常课程化的教育之中,不能不说是一次颇具勇气的尝试。课题组希望通过情绪智力课程的研究和实践,能为中国二十一世纪教育现代化的改革提供有益的经验。

第二节　区域学生情绪智力课程的运行机制

为确保区域特色心理健康教育课程开发、实施的有效推行,课题组建立了一套稳定有序的课程运行机制。

一、形成三级管理机制

"情绪智力培养"特色课程项目在上海市学生心理健康发展中心的领导下,以杨浦区教育学院德育室、区心理中心为核心,以中小学校为情绪辅导研训基地,实行市、区、学校三级管理。"情绪智力培养"不仅是杨浦区"构建大中小学一体化的生命教育体系"核心项目中生命教育特色课程群中的一项,也是上海市区域特色课程建设项目之一。杨浦区未成年人心理健康辅导中心(简称"区中心")组织区"情绪智力"课程开发、实施,包括课程体系的建立、教材的编写、师资的培训、教学资源的开发等,并在人力、物力等方面予以全面保障;在情绪辅导研训基地校中,从校领导、部门负责人、班主任、心理老师乃至各学科教师都各司其职,全员参与,共同培养学生的情绪智力。例如,校级德育分管领导担任主要负责人,领导学校的心理教育团队进行情绪智力教育课程总体的把控、主题和授课方式的选择、学校环境的布置等;心理老师主导具体课程的开展,将《情绪智力培养系列读本》带入心理课堂,实施情绪主题教学;授课效果评估则由班主任老师进行安排和配合;其他任课教师则通过学科渗透等方式进行培养;各方人员形成了联系紧密的团队。各校还制定了课程保障推进制度、课程实施与管理制度、课程评价制度,以保障课程的有效推进。

项目组还积极发挥主持校的作用。由区情绪基地的主持校(杨浦小学)牵头,定期开展学校教研活动和区域联合教研活动,制定好计划并进行相关计划落实。各学校既可以根据以上提出的情绪智力教育课程建议,结合学校的实际情况开展情绪智力教育,也可以参考正在修订的情绪智力培养教材落实课程的实施。

二、依托情绪智力的定义和心理测评

"情绪智力"概念最初于 1990 年提出,经历了数十年的探索,已在教育、发展、管理、社会、临床与健康等领域有了广泛丰富的学术研究。1990 年 Salovey 和 Mayer 提出了情绪智力的三因素 10 变量的模型,1997 年他们又重新提出了情绪智力的四因素16 变量的结构模型[①];1995 年 Goleman 在他所著的《情绪智力》一书中揭示了情绪智力的五个方面,形成了情绪智力的五因素结构理论[②]……这些学者都以各自的研究为依据,推动了情绪智力研究的发展。

---

① Mayer, Caruso, Salovey. Emotional Intelligence Meets Traditional Standards for Intelligence [J]. Intelligence,2000,27(4).

② Goleman,D. Emotional intelligence [M]. New York:Bantam Books,1995.

我国情绪智力的研究者卢家楣教授提出的从操作和对象两个维度的结合上来确定情绪智力成分的观点颇具新意,并且能较完整地涵盖情绪智力概念的内涵与外延,具有很强的参考价值①。我们倾向于认为情绪智力是个体识别、表达、调控情绪并能将之合理运用于学习、人际生活中的可培养的能力。

长久以来,学校基本还是将学生的智力发展和学业成绩的评估放在对学生评价的首位,往往忽略对他们情绪能力发展的评价。然而情绪会影响认知学习与行为表现,这一点毋庸置疑。当教师与父母发现孩子有低成就现象或行为问题时,才会注意到情绪问题,才会到相应的机构、医院进行测评。但这时往往会得到比较严重的诊断结论,所能做的也仅仅是补救性的治疗和教育,显得被动、消极。如何在我们实施情绪课程的同时,对青少年群体开展情绪智力的测评,及时地关注到他们的心理,对于学生的发展以及学校进一步研究、开发情绪辅导课程都具有重大的意义。

设计、开发、实施的情绪智力课程效果到底如何? 需要我们通过对学生进行科学的测评,了解他们在实施前、实施中和实施后情绪智力发展变化的轨迹,并加以科学的分析。还可以设立参照组,将同年龄的、没有实施过情绪课程的青少年作为参照组进行对比,以此来得出该课程对青少年情绪智力培养的作用和功效。

1. 实施过程中的纵向阶段测评

在课题研究中,我们坚持阶段性的测评,以期用科学数据去校验、修正课程方案。以小学为例:每年的新生入学后,经由家长的同意,对新入学的一年级学生,以情境模拟、对话访谈、观测记录等方法,从情绪识别、理解、运用、管理等维度开展情绪智力的初态测评。

在学生经过 2—3 年的课程学习和日常的情绪活动训练之后,可以对学生这时的情绪智力发展作出中期鉴定。运用初态和中期鉴定数据的比较,课程开发组也进一步的对后期课程开发作出了策略上的调整。

当学生完成小学学段低中高的全部课程之后,还可以对学生进行更全面的学段评估。以此来判断情绪智力课程是否能促进学生积极情绪的建立,提升学生在成长中的幸福感。

2. 课程实施后的横向对比测评

一方面纵向比较学生在情绪智力方面的进步,另一方面因为学生本身随着年龄的

---

① 卢家楣. 对情绪智力概念的探讨[J]. 心理科学,2005,28(5).

增加,情绪智力也会有所进步,所以这一阶段的评估还需要横向比较。

以杨浦小学为例,选取同年龄段的学生作为参照组,对孤独感、友谊质量等方面进行问卷研究,通过测评发现经过课程学习的学生在这些关注的心理品质上明显超出同龄段的其他学校的学生(见表3.1)。

表 3.1　杨浦小学和明德小学孤独感、情绪智力和友谊质量的描述统计和差异分析

| | 杨浦小学(N=379) | | | | 明德小学(N=320) | | | | |
	M	SD	Min	Max	M	SD	Min	Max	T
孤独感	23.86	8.91	16	73	32.53	10.12	16	69	11.92**
情绪智力总分	138.02	15.40	80	190	116.03	18.75	60	161	16.74**
情绪知觉	48.47	6.70	24	60	39.78	7.36	22	59	16.20**
自我情绪管理	33.35	4.04	18	40	29.53	5.27	10	42	10.60**
他人情绪管理	25.52	4.38	11	70	21.40	4.82	6	30	11.72**
情绪利用	30.68	4.09	11	35	25.31	5.28	8	35	14.82**
友谊质量总分	58.12	10.74	16	74	47.42	12.36	12	72	12.10**
肯定和关心	9.44	2.52	0	12	7.31	2.87	0	12	10.34**
帮助和指导	9.76	2.65	0	19	8.03	3.16	0	12	7.72**
陪伴和娱乐	10.43	2.04	0	12	8.55	2.99	0	12	9.51**
亲密袒露与交流	8.46	2.99	0	12	7.46	3.00	0	14	4.42**
冲突解决	9.97	2.88	0	32	8.02	3.11	0	12	8.57**
冲突与背叛	10.06	2.61	0	12	8.05	3.09	0	16	9.20**

注:＊＊P＜0.01

3. 单一主题中不同项目的评价

在某一情绪主题的课程教学中,设立四个不同维度的目标,学生在学习活动过程中,是否能够达成目标,是需要通过对教学中的每个环节进行测评的。

(1)评价主体

根据评价活动的设计,多元化地组织学生自评、生生互评、教师评价、家长评价,把学生学习的成果辐射影响到学生的家庭。

(2)评价形式

课堂自评表

评价备注：学生依据自己在课堂中的表现，对应课堂自评表中的评价内容，评价分别为两个层面：(1)基于本课活动目标的评价；(2)基于关键能力维度的总结和自我评价。

课后观测表

评价备注：课后观测表的观测指向来源于课堂自评表，同班小伙伴、学生导师或父母，都可成为评价人。通过课后一周的观测记录，进行评价。

结营综评表

评价备注：对照课程前与课程结业时的关键能力维度评价表，综合学生每堂课的关键能力维度评价，进行综合评价。

以小学阶段的情绪辅导主题"生气"为例(见表3.2)，其课程目标是：

① 通过自测、回顾和分享，发现自己存在的易怒的情绪问题；

② 通过小组讨论，能分析和判断容易生气的原因；

③ 通过小组制作情绪海报的活动，能认识"生气"的表现，感受易怒带来的坏处。

④ 通过教师提供的"情绪密码"，学习疏导怒气的方法，并通过情境尝试运用方法缓解怒气。

表 3.2　小学生情绪辅导主题"生气"评价表

评价内容	☆☆☆☆	☆☆☆	☆☆	☆
认识情绪 (能判断自己的易怒程度)	完全准确	较为准确	有所偏差	偏差较大
辨别情绪 (知道原因、认识表现、感受后果)	1. 知道生气的原因； 2. 认识生气时的表情、行为、心理； 3. 感受生气给自己和他人带来的影响。	1. 知道生气的原因； 2. 认识生气时的表情、行为、心理； 3. 感受生气带来的后果。	1. 知道生气的原因； 2. 认识生气时的表情、行为； 3. 感受生气带来的后果。	1. 知道生气的原因； 2. 认识生气时的表情、行为。
管理情绪 (表达自己、帮助自己、缓解他人)	有自己的方法	能用 2 种或以上老师教的方法	能用 1 种老师教的方法	方法不合适

通过在课程中各个环节的自主评价，可以让老师和学生清晰地看到，这样的教学设计对学生认识情绪、辨别情绪和管理情绪中的能力，是否得到提升。

在测评中我们发现，低年级时期实施的课程内容是单一的情绪，到了中高年级，随着他们情绪能力的提升，是能够感知在现实事件中，往往是伴随着多个情绪同时出现的，并且这些情绪可能是自己的，也可能是身边其他人的。于是在高年级的课程设计中，改变了原来单一情绪的认知教学，而进一步以"人与人的关系"作为主线，通过分析生活中的真实事件，更深刻地感悟自己、他人的情绪变化。

学生的情绪变化与个人性格、家庭环境、社会环境乃至他们本身的情绪管理策略相关。情绪偏差学生容易出现情绪波动、不易控制自己的脾气。在阶段测评中，以专业量表、测量工具等方法，筛选出有情绪问题的学生。教师通过主题情绪课程，进一步对该生在参与各个环节活动的测评结果加以关注，从而更有针对性地发现学生在认识情绪、辨别情绪和管理情绪中存在的问题，给予更有效的干预和辅导。

三、注重情绪智力课程评价

情绪智力课程评价是情绪智力课程开发的重要环节，它贯穿于课程发展的全过程。情绪智力课程评价的过程是对课程建设进行正确导向、促进情绪智力提升课程区本化的过程，是教师运用专业知识对教育实践进行分析、调整的过程，也是促进学生情绪智力全面发展的过程。

1. 关注真实情境中的情绪表现，将全面的情绪智力能力作为评价核心

对于学生情绪智力能力的测量主要借助配套的情绪智力测试工具。为了进行科学的评价，针对情绪智力测试的结果，一方面会对学生参加课程前后的情绪智力的表现进行比较，另一方面会将参与情绪智力教育课程学生的情绪智力水平与同年龄未进行相关教育的青少年进行比较，考察学生在整体情绪智力水平和发展情况上是否有提高。

由于该测量工具主要对参与课程的学生总体进行情绪智力的评价，精确到个体的课程效果评估还需要依赖教师的评价。教师可以通过观察学生在解决具体问题过程中的表现，进行与理论知识相对应的情境化评价，完善对个体的情绪智力提升情况的评估。

情绪智力评估作为课程效果的主要评价方式，在每个阶段的情绪智力教育开始之前和之后都要进行记录和备案。以杨浦小学为例，他们通过前期研究建立的各年龄段的情绪智力基础值作为课程实施效果的指标之一，作为学生情绪智力水平和情绪智力发展状况评价的主要标准。除此之外，也把情绪智力测试结果作为课程内容和进度调整的参考之一，相关的静态和动态数据都进行了保存，但具体的评价并不是以得分高低进行评判，教师们要用更加建设性的眼光来看待这些评估结果。

2. 坚持评价的多样化取向，构建健全的情绪智力评价方式

在具体进行评价的过程中也要注重评价内容的多元性、评价视角的全面性、评价

方法的多样性和评价者的广泛性。注重评价内容的多元性,不仅将学生的表现与课程目标相比较,而且也注重学生在活动中的投入程度;注重评价视角的全面性,既要了解学生的现有水平,更要了解他们的成长过程,关注学生的潜在能力与发展方向;注重评价者的广泛性,评价过程中还要注意收集来自家长及其他相关人员的信息。具体方法上,首先可以使用调查与访谈的方法,对象是学生本人、家长、教师或者同伴等,了解学生在校内和校外的生活和学习情况,广泛收集学生情绪发展的信息。其次,由教师对于学生的课程和其他活动表现进行观察和记录,观察记录可以采用文字描述、核查表等方式,形成对其情绪智力成长和变化过程的评价。

3. 建立学生的自我评价体系,提升学生促进自身情绪智力发展的责任感

学生的自我评价也是课程评价的重要组成部分之一,通过对自己的情绪智力进行评估,一方面有助于加深对自我的了解,实际上是自我觉察能力的训练,另一方面也能提高学生参与的动机。由于学生是情绪智力教育课程评价的主体,教师也可以让学生以合作者的身份参与开发与制定评价标准的过程,这种方式能让学生习得对学习成功的内在控制感,并进而产生对自己生命事务的内在责任感,从而有助于增强学生不断完善自我生命历程的内部动机。

四、设立课程教育教学资源库

在课程实施过程中,中心将复旦大学的优质专业教授、学生资源纳入师资培养资源库中,采取情绪基地校集体备课——骨干教师课堂教学——高校心理专家、德育室主任、心理教研员进学校听课——研讨磨课的流程对学生情绪读本、教师辅导手册进行了细致探讨和修改,最终汇成小学、初中和高中三个学段不同的学生《情绪读本》和配套《情绪智力培养活动手册(教师用书)》;区中心采取"专业知识+媒体技能"相结合的培训模式对全区中小学专兼职心理教师进行情绪智力培养微视频作品的指导,形成了一批品质佳的微课。由此打造了双线(线上和线下)并行的情绪智力培养课程教育教学资源库,并将这些情绪智力课程成果根据不同阶段在区域内外进行了推广。

第三节　区域情绪智力课程的开发和实施

一、课程开发的理念和宗旨

情绪智力对于人一生发展的各个方面都具有相当的影响。研究发现,情绪智力不

仅会影响儿童的社会交往状况,而且还与学校不良行为、心理健康等方面存在关联。因此,情绪智力的培养和提升计划有助于增进儿童青少年的社会交往能力、行为表现和心理健康水平。对于自己情绪的理解和掌控也能增加他们未来生活的主观幸福感,提高生活质量。同时,情绪智力与学业能力之间亦存在相互关联,因此通过情绪智力能力的培养,还有助于提高学生的整体智力水平,实现学生学习能力的提升。以专业课程方案为基础的情绪智力培养与素质教育、全面发展的教育理念完全一致,该主题课程的开发与实施具有重要的特殊意义。

为了使学生能走向社会,更好地适应今后的工作、生活,需要在他们学习期间,整体构建情绪智力培养课程,融入各年级的学校教育体系中,根据不同的学校、学生的不同情绪智力水平进行相应的调整,从而培育他们顺应社会所需的关键能力和必备品格。通过课堂讲授以及相应的课外练习与活动,培养学生对情绪的识别、理解、运用和控制能力,使他们更好地适应学校、家庭、社会等不同的生活环境,促进有效的人际交流,积极面对情绪问题,提升社会性发展,促进学生的健康成长。

1. 根据学生的实际情况,选择和组织课程内容

情绪以及情绪智力,都会随着年龄的发展而产生相应的变化,即有内在固有的发展规律,也提示我们可以按照这些规律进行针对性的设计课程,有效应对情绪发展中各年龄段出现的问题,使得情绪智力的提升有所延续。因此,在这一系列课程中,无论从选择的具体情绪类型,还是在引入、呈现材料、操作以及思考等各个环节,都充分考虑到年龄发展的特点,各年龄段都会有不同的侧重形式,但在最后的主题贯穿和衔接上,也考虑到相互呼应、由浅入深、逐渐完善的设计和课程推进,从而让每一个学龄阶段的学生在进入下一个阶段时,课程都能得到有效延续。

2. 小学、初中、高中一体化课程思考

以提升情绪智力为核心的一体化课程建设,打破了传统心理健康教育课程小学、初中、高中相对独立、各自为战的局面,以情绪智力为主线,贯穿如一地将课程体系整体地建设和推进。

作为与心理健康有着密切关联的情绪和情绪智力,本身就是一个伴随学生心理成长的重要元素,从小学阶段基本情绪的介绍,到初中配合青春期自我意识的提升而出现的自我意识情绪的介绍,再到高中阶段开始真正理解千变万化的世界,并由此产生更多的复杂情绪,各个阶段有着各自的发展主题或任务,但彼此之间承前启后,发展从未间断。以情绪智力作为区域心理健康教育的主题,使得整个学习生涯的心理健康教

育更加系统化和具有延续性,对于广大师生来说大有裨益。

3. 积极推进信息技术在课程实施中的有效应用

随着互联网技术的不断突破与普及应用,课题组勇于尝试,将现代信息技术与情绪智力培养相融合,开展线上与线下混合式心理辅导方式,以更为生动、灵活的形式来进行课程的推进。例如,运用微信公众号,开设面向家长的家庭教育指导版块,主要围绕学生在个体成长过程中容易遇到的问题,指导家长正确看待孩子的成长期,学会控制自己的情绪。研发制作家长课堂微视频,学习情绪智力培养教学微课。家长通过网络便可实时观看、学习家庭教育指导方法;教师可以凭借网络分享教学资源;而学生在直观、生动的多媒体信息中感受成长,例如,通过微信公众号的"身心放松"小视频,引导学生在轻松逼真的氛围中进行冥想,增强自身的情感体验,从而使情绪得到舒缓。信息技术的运用使线上辅导与线下辅导相得益彰,特别是在疫情期间极大地拓展了情绪智力培养课程的覆盖面。

4. 加强与家庭的密切合作

家庭在学生心理发展中的重要地位和作用已被众多研究所证实,学生进入青春期以后,面临更多的压力源,存在更高的心理疾病患病风险。研究发现,家庭对降低青少年心理疾病倾向的作用十分关键。父母与青少年之间的良好沟通有助于青少年与父母之间形成和建立新的适应青少年心理发展需要的亲子互动模式,这对青少年的心理健康有着重大的意义。在我们开发的情绪辅导课程中,并不仅仅关注学生个体,而且还有专门的板块设计关注家长与孩子的互动关系,课程的完成也需要与家长们保持联系。提高家长与孩子的互动意识和过程性评价能力。譬如,小学的学生情绪读本中,有一些练习就是必须通过学生在家中的观察和与家长的讨论互动中才得以实现的。这不仅使得家长了解学校心理课程的内容,而且客观上也要求他们在日常教养和亲子互动中将课程的有关内容加以演练和强化。中学的情绪课程则是通过"思考"环节,促使学生主动去询问家长、了解家长的想法,这反过来又可以使家长了解自己孩子的所思所想,也增加了亲子沟通的时间和效率。

二、课程目标、内容和形式

课程目标是通过课堂讲授以及相应的课外练习与活动,培养学生对情绪的识别、理解、运用和控制能力,帮助学生更好地适应学校生活环境,促进有效的人际交流,积极面对情绪问题,提升社会性发展,促进学生的健康成长。

（一）总体课程目标

1. 提高对情绪的理解

了解情绪是什么,知道各种情绪如何产生、具有什么意义,认识到情绪在生活中的普遍性和重要性,理解个体情绪的差异。

2. 训练识别情绪的能力

了解情绪有不同的表达层次(面部表情、身体动作、心理感受等),学会识别自己和他人的不同情绪,了解自己和他人产生相应情绪的合理性,能在一定程度上预测在某种特定环境下会产生某种特定情绪。

3. 正确认识情绪

觉察和接纳自己的情绪,知道与情绪相关的个性、情境等因素,认识正性情绪和负性情绪对自己和他人的影响,理解情绪本身没有正确与否的划分,认识到表达情绪的不同方式会影响情绪的最终结果。

4. 掌握情绪表达规则

知道什么时候可以相对自由地表现自己的情绪、什么时候要对自己的情绪进行克制或不能在某些场合表现出特定的情绪。掌握不同情境(包括学校、家庭和社会情境)下情绪的表达规则。学会适时、适当地表达自己的情绪,并运用情绪促进社会交往。

5. 学会情绪调控的方法

在了解情绪表达规则的基础上,学习如何应对自己的情绪问题,包括如何恰当地宣泄情绪、如何控制情绪表露或者转化情绪,掌握不同场合的情绪应对方法,理解积极情绪的作用,学习产生积极情绪的方法,帮助学生挖掘自身积极心理潜能,运用情绪提高学习效果、营造和谐人际关系。

（二）课程主要内容与形式

情绪智力培养课程以1学年12课时为基准,融入各年级的学校教育体系中,根据不同的学校、学生的不同情绪智力水平进行相应的调整。

学校开展的情绪智力教育课程主要由课堂授课、课后练习及配套学校活动三个部分组成。

1. 课堂授课

情绪智力教育课程主要依据情绪智力的能力模型,以"情绪——四种能力"(喜怒哀乐)以及不同年龄阶段特有的情绪进行展开(见表3.3)。各学段具体设计的情绪包括小学以初级情绪为主,包括快乐、生气、害怕、伤心、讨厌和失望;初中以中级情绪为主包括自豪、紧张、愤怒、孤单、沮丧、快乐；高中以高级情绪为主,涉及焦虑、孤独、嫉妒、内疚、抑郁、幸福。高中学生相对于小学、初中学生而言,他们的情绪更为复杂和内敛,基于这种特性,我们选择了几种有代表性的消极情绪,这些情绪也是对于初中生进入高中后会产生消极的程度更为严重,所以配合相应的积极情绪进行解读和引导。能力内容包括：①情绪识别；②情绪理解；③情绪运用；④情绪管理。

表3.3　中小学生"情绪——四种能力"培养一览表

学段	内容	情绪识别	情绪理解	情绪运用	情绪管理
小学	快乐生气伤心害怕失望讨厌	了解六种情绪的表现方式(面部表情/语音语调/身体动作；自身主观的感受；指认漫画中人物的有关情绪,也学会在模拟或真实的学校、社会环境中识别这六种情绪)。	每一种情绪一般会发生在什么样的生活、学习之中；还会伴随有其他什么样的事情发生。体会当该情绪发生时自己的状态、心情与身边人的感受。	使用时存在哪些规则。通过活动、讲解、交流,基本了解这些情绪该在什么场合下表现。	作为小学阶段,是最基本的控制与管理,甚至只需认识情绪,不需要刻意管理自己的情绪。但要知道什么时候可以充分表现该情绪,表现时应该注意哪些环节。
初中	快乐愤怒自豪沮丧孤单紧张	体验和觉察自己6种情绪产生的情境(结合具体的生活事件)以及其具体表现(包括身心反映、表现形式和层级)。学会感知他人的情绪。	体会不同的情绪反映给自己和他人带来的影响。了解情绪背后内在需求。当该情绪发生时,自己的诉求、需要以及体察身边人的感受。	了解各种情绪产生的原因。通过寻找原因找到解决的具体措施。初步了解该情绪产生的积极意义,学会接纳自己的情绪。学习适时适度地表达和运用自己的情绪。	学习控制和管理情绪的一些基本技巧。诸如放松训练、合理宣泄、注意转移等,积极应对自己的情绪。同时,掌握一些积极应对他人情绪的基本方法,让情绪为生活添彩。
高中	幸福孤独嫉妒焦虑内疚抑郁	学生要知道并能分辨这些情绪不同的表达层次(生理、外部、心理)。同时也能及时察觉周边他人的情绪。	知道情绪常与个体的心情、性格、脾气、目的等因素互相作用,也受到激素等生理因素的影响。	学会更好地表达情绪。能及时觉察自身的过激情绪,尝试用适当的方式加以表达、宣泄。知晓情绪表达具有个体差异性,尊重他人的情绪表达方式。	作为高中阶段学生,要培养积极情绪。学习、尝试营造和谐人际关系。掌握调节情绪的方法和技巧,学会管理情绪,构建愉悦心情。用适当的方式、积极的情绪影响周围人,营造温暖的人际环境。

主要的授课内容是各种情绪在情绪智力框架下的四方面能力,在具体课程教育过程中,也可以结合学生在实际生活中遇到的情绪问题和相关生活事件,让他们了解情绪对学习和生活质量的重要影响。另外,也可以结合不同年龄的情绪发展特点,如青春期的情绪问题等,开展深入教育,让学生正确认识自己的情绪,学会接纳自己的情绪。

2. 同步课后练习

主要针对课堂知识和技能在实际生活中的运用,学会排除学习中负性情绪的不良影响,并运用积极情绪促进其他课程的学习。另外,通过课程同步设计的活动手册,鼓励学生在人际交往中尝试运用课堂教授的情绪策略,提升对情绪的理解和控制。

3. 配套学校情绪智力主题教育活动

除了课堂教育之外,心理课堂、专题讲座、团体辅导、心理咨询、学生社团等渠道也是重要的情绪智力教育途径,可以辅导、帮助不同阶段的学生了解情绪相关的知识,引导他们正确面对情绪问题,学习科学的态度和应对方法,使学生提高自我悦纳能力,从而更加热爱和欣赏自己的生命。

三、课程开发实施策略

(一)以探索实证为导向,优化培养教程方案

情绪智力有个人先天因素(气质、特质等)决定的部分,也有家庭、社会化等后天环境、教养因素决定的成分,更是先天与后天因素相互作用的结果。情绪智力包含对情绪的知觉、理解、使用和调节。国外有关培养方案一般会根据儿童青少年不同的年龄特点,采用戏剧(角色扮演)表演训练、艺术表现训练(绘画、音乐等)以及故事阅读(讲故事)等方式,都取得了一定的效果。此外,直接就情绪智力的某些方面进行教授,也是可以采取的办法。我们在充分检索文献的基础上,搜集世界范围内情绪智力培养方案的研究实例与材料,根据小学、初中、高中不同年龄阶段心理发展的特点,结合中国文化传统和时代精神,精心挑选训练形式和内容组合,形成了一套既有内在联系,也体现情绪智力发展规律的全学段覆盖课程。

通过"前测—干预与培训—后测"的程序,并与对照组数据进行比较,以验证培养方案的整体有效性及各个分部对情绪智力相应层面(情绪的识别、了解、使用和控制)的影响效果,用定量的数据揭示情绪培养方案的实际成果。同时,也参照同期开展的对区青少年心理健康三年跟踪调查的数据,了解情绪智力与心理健康和学业之间存在的关系。

在一轮情绪培养方案的尝试实践之后,通过相应的科学检验,同时听取参加课程实施的各级教师的反馈意见,调整原先课程中的版块、示例、讲授方式和对应的活动方案,以确立阶段性的情绪智力培养方案(分别针对小学、初中、高中和大学阶段)。编制教材,确定配套活动手册的内容。

（二）以纵向调研为依据，聚焦核心问题

我们连续多年对全区 50 所中学进行中学生心理健康状况和影响因素调研，研究学生情绪特点。基于测评结果，对学生进行了访谈和问卷调查，对当前学生较为凸显的情绪问题进行了筛选，确定了学生情绪智力培养内容。

（三）以积极心理学的理念为指导，覆盖所有学生的心理成长

积极心理学导向下的心理课程建设，不仅告诉学生情绪偏差会是什么样的表现形式，而且更分析教授学生如何正确地识别、理解、运用和控制情绪，目的在于提升学生的情绪智力，从营建积极健康的个体情绪立场出发，符合积极心理学的原则，因而课程不仅可以有效地涵盖传统课程中的内容，更是具有一种"积极赋能"的导向，有利于人们摆脱对心理健康教育的成见。

心理健康方面问题出现的增加，并不是人群中有心理问题的学生占总体比例的提升这么简单，而更多地体现在大多数人会在某一个特殊的时期因为环境和心理的相互作用导致暂时性的心理问题。或者仍可以笼统地这么讲，大多数学生的心理健康状况还是处在正常可控的范围。如果按照传统的疾病问题介绍套路，就很容易"误伤"许多对心理建设存在期待的学生，不仅满足不了心理营建的目的，而且还会对心理健康教育产生误解甚至回避。

所谓课程建设力争全覆盖，主要体现在以下的方面。首先，是问题切入时注重发展和变化，不是静止地来描述和介绍某一类心理问题，而是从问题发生的环境和个人因素的角度出发，从相互作用的机制上做出说明，让每一位学生都意识到每一种问题都可能发生在自己身上，而不是与正常的自己毫无关系。其次，从赋能导向来看也是针对所有学生的，每个人基础不同，面对的环境不同，学习的悟性也是各不相同的，但是，通过正面的引导和教育，每位同学都应或多或少地受到启发和有所提升。

（四）以情绪管理为主线，推进课程建设

我们成立了项目组，编制了情绪智力培养指南，设计了小学、初中、高中三个学段的情绪智力培养课程。课程内容依据情绪智力的能力模型，以"情绪——四种能力"即情绪识别、情绪理解、情绪运用、情绪管理四个维度进行展开。

1. 开发中小学生情绪智力培养读本

项目组针对不同年龄阶段特有的情绪特点，设计了适合学生阅读学习的情绪智力培养读本（见图 3.1），分别为《情绪密码》（小学）、《情绪拼图》（初中）、《情绪魔方》（高中）三册。在不同学段分别选定了相应的不同主题：在小学阶段以快乐、生气、伤心、

图 3.1 中小学《情绪智力培养》读本系列

害怕、失望和讨厌为主题,主要向学生传授情绪相关的知识,培养对于情绪的识别和理解能力;在初中阶段,以快乐、愤怒、自豪、沮丧、孤单和紧张为主题。除了继续提高学生对于情绪的识别和理解之外,将情绪智力培养的重点放在情绪运用和情绪管理上;高中阶段的主题为幸福、焦虑、孤独、嫉妒、内疚和抑郁。其目标是进一步提高情绪运用和情绪管理的能力,引导学生正确看待自身和他人的情绪,训练其妥善管理的能力。

2. 开发《情绪智力培养活动手册》(教师用书)

项目组同步开发了教师用书——《情绪智力培养活动手册》(见图 3.2),分为小学版、初中版和高中版。这套教师用书主要对应于学生读本情绪辅导主题,设计了相应的活动方案,每个情绪主题都有 4 个不同的辅导活动方案,由浅入深,层层递进。每个活动方案都包括了活动主题、理论链接、活动目标、设计思路、活动准备、活动过程、活动提问及活动说明,是一本专业、实用的教师工具书。

图 3.2 中小学《情绪智力培养》活动手册系列

3. 开发学生情绪智力培养课程配套视频资源包

我们组建了学生情绪智力培养的微课视频的研究和开发团队,组织了区《微·妙情绪》微视频创意设计比赛,经过层层筛选,最后推出了小学、初中、高中三个学段的情绪辅导主题优秀微视频作品(见图3.3),共有18个情绪辅导主题(见表3.4)。通过这些科学却又不失生动有趣的情绪科普微视频向家长、学生揭示了情绪的影响作用,帮助他们掌握正确的情绪调控方法。

图3.3 中小学"微·妙情绪"优秀微视频作品集

表3.4 中小学"微·妙情绪"优秀微视频作品主题一览表

胡萝卜成长记	忧伤,一把蓝色的保护伞	快乐多宝盒
紧张的秘密	彩虹总在风雨后	愤怒的小鸟成长记
关于焦虑你应该知道的那些事儿	换位思考,感受情绪背后的爱	拥抱恐惧
情绪能为我们做些什么	假如情绪也有微信群	今天,你"踢猫"了吗?
嗨,愤怒君来了!	不做生气的仙人球	心若向阳便是晴天
情绪急救箱——与愤怒和解	情绪车轮 妙趣无限	哭,真的没有用吗

(五) 以顶层设计为引领,拓展学生情绪智力区级培养途径

1. 丰富学生情绪培养实践活动

我们根据调研结果制作了"一校一表"反馈到学校,使学校的心理健康教育更具针对性。通过杨浦区未成年人心理健康辅导中心每年组织心理咨询师志愿者走进校园,以社团、心理健康教育活动、个别咨询的形式促进全区学生情绪管理能力的发展。平均每年区心理中心咨询师志愿者面向家长、学生和教师开设的公益心理讲座及咨询活动共81场,参与的家长、学生和教师达15 000多人。面向全区学生组织开展了"快乐金点子""美丽心情,快乐成长"原创心理格言征集等活动,参与人次达7 000多。

2. 开展共性情绪问题学生团体辅导

通过调查测试,我们积极关注前1%的高焦虑和高抑郁人群。区心理中心与学校协同,开展了阳光成长坊团体辅导和个别辅导等一系列的心理干预。开设了主题分别为《认识焦虑》《和情绪好好相处》等团体辅导,中心老师指导学校心理教师根据本校实际情况,对易感学生进行了个案追踪辅导。通过团体和个体辅导相结合,使有需求的学生对焦虑情绪有合理的认知,协助学生调整不合理的认识,及早预防、干预个体心理危机。

3. 指导家长培养学生情绪智力

区心理中心每学期都有关于情绪辅导主题的家长指导讲座推送到学校家长会上,平均每年举办家长指导讲座24场;在中心的微信公众号的"家长时光"专栏推出了情绪系列科普文章,内容紧紧围绕学生最常见的情绪问题展开,如"愤怒"的推文即是告诉家长如何正确看待和处理初中生的愤怒情绪,其中有家长、学生互动环节,推文一出,当日的点击率便高达7 000余次。

4. 成立区级中小学生情绪智力培养研训基地

全区11所中小学情绪基地校定期开展情绪辅导课的研讨。如《关注情绪智力 师生共同成长》的展示活动、《做学生身心健康的"守护者"》的微演讲等,通过主题研讨,不断深化情绪智力培养的内容。

5. 开展学生情绪智力培养区级普及性培训

区中心与复旦大学心理学系牵手合作,对本区中小学专兼职心理教师、情绪基地校的教师开展了为期一年的以情绪为主题的系列课程,提升全区心理健康教师的知识水平,将情绪教育和心理健康促进工作进一步推向深入。主要由复旦大学吴国宏、李晓茹、高隽等心理专家面向全区初中专、兼职心理教师和情绪基地校教师开设学生情绪辅导系列培训课程。课程基本分为理论知识讲授与实务两大板块,在基础知识的介绍中,也会结合学校工作实际,注重案例的讲解和工作思路的启发、介绍。共设有八讲,平均一月一次。主题如下:

第一讲:教师是否可以学会"读心"——在理论指引下的观察和实践

第二讲:对挫折及应对的解读——也谈"韧性"

第三讲:何为"羞耻"——学校心理健康教育视野下的再解读

第四讲:情绪的生理心理学基础

第五讲:儿童青少年情绪的行为表现——观察、分析以及应对

第六讲:情绪智力在学生发展中的表现与作用

第七讲:如何运用"内观"的方法帮助学生营建积极健康的情绪

通过学习,教师们掌握了一定的对情绪辅导的理念和方法,更新了已有的专业知识,对本学段学生的情绪状态也有了更多、更细致的了解。

(六) 以情绪基地校为试验田,拓展学生情绪智力校级培养途径

1. 有效实施各类课堂

(1) 全区所有情绪基地校将《情绪智力培养》读本引进心理课堂,读本入课堂率达到 100％。

(2) 联合区精卫中心的心理医生进行了医教结合模式下的焦虑情绪团体辅导,进心理社团课堂,每周开展辅导活动一次,连续六周,经评估,学生的焦虑情绪均有所缓解。

(3) 班主任发现毕业班学生对初三、高三生活非常紧张,开设了《初三,也可以很美好》等心理主题教育课,缓解了学生的焦虑情绪。

2. 积极组织校园心理健康教育活动

情绪基地校每年度都精心策划、组织围绕中小学生情绪辅导开展心理主题教育活动,主题分别有:"阳光少年,美丽心灵""向美而行新时代,阳光少年心成长""微情绪·妙心情"。从"情绪打包盒"到"情绪脸谱",让学生识别和了解自己的情绪;从"情绪格言"到"心情动画"让学生学会情绪的表达;从"心理剧"到"微视频",告诉学生们情绪管理有妙招。

3. 建立家长互助团体提供情绪支持

积极探索家长互助团体模式,通过团体自助的方式,重点为处理亲子关系提供情绪方面的支持,推动家长间的交流及深入觉察。例如,基地校的心理老师带领家长面对面交流,8—10 人的小团体,成员固定,每次围绕一个问题探讨,如学习、价值观、人际交往、职业规划等。具体内容团体讨论决定。成员通过交流,分享体验,互相给予情绪支持,由此提高亲子互动中的自我觉察,提升亲子关系质量。

第四节　区域情绪智力课程的应用实例

一、小学生情绪识别和表达能力的培养

(一) 问题引出

三年级学生小 A,爱发脾气,像一座时常要爆发的"小火山"。常常因为与同学发

生了一点小摩擦就躺在地上撒泼打滚,大声尖叫,吵得全班不得安宁,或和同学争论不休,甚至动手打人。小 A 的这种行为在班级中发生频率颇高,其特征是每一件事情单个看,往往是"芝麻绿豆"大,无足道也,但无休不止的话,让班主任应接不暇,感到头痛。更糟的是他的行为使得班里没有任何同学愿意与小 A 交朋友。其实小 A 内心还是十分渴望得到他人的认同,但苦于找不到改变的办法。

小学生在情绪表达方式上具有自我中心的特点,他们对身边事物充满着好奇,有着强烈的探奇心理,但由于年龄小,情感不稳定,自控能力较差,容易与他人发生冲突。案例中的小 A 同学因为缺乏良好的情绪表达能力,经常会情绪失控,造成对立性行为的发生。

小学生在出现一些负面情绪时,会出现判断力和理解力降低,伴有惊慌、哭闹、回避等行为反应及心跳加快、呼吸急促等生理反应。不当的情绪表达会影响学生的学习生活和同伴交往。为了学生健康快乐成长,我们不但要了解小学生负面情绪的表现对其成因进行分析,而且还要努力寻求方法,有效帮助他们进行情绪的识别和表达。

(二)课程运用

情绪的产生有个体的生理机制,在遇到问题和困难、压力和挫折的时候,产生相应的情绪是正常的。我们知道儿童时期所获得的情绪体验对于成年后疏导自己的情绪特别有帮助,因此需要引导小学生如何识别情绪,如何合理地表达自己的情绪。

小学生情绪智力课程对小学生中常常出现的快乐、害怕、生气、讨厌和失望情绪进行全面解读,符合小学生身心发展特点,引导小学生正确认识并识别自己和他人的情绪,从而学会正确地表达,并且逐步掌握合理应对情绪的行为模式与方法。通过开展情绪智力培养课程,让小学生提升对他人情绪的共鸣能力,并在这个过程中帮助小学生了解如何关照自我情绪,如何识别他人情绪。掌握不同情境下情绪的表达规则。学会适时、适当地表达自己的情绪,并运用情绪促进社会交往。

为了确切呈现情绪智力课程在小学生中的开展情况,我们选择了小学生常见的几组情绪,以课堂教学、团体辅导、亲子作业的形式加以展开,诸如与积极体验相关的"快乐",与自身负面情绪相关的"讨厌"和"生气"。

1. 课堂教学——"小朋友的快乐"

心理辅导课更注重情感的体验,回民小学的张琴燕老师带领学生们共同阅读故事《小朋友们的快乐》,展开了一次主题为"快乐"的情绪辅导课堂教学。

教师通过认识快乐的情绪:同学共同阅读故事中主人公的故事,通过表情、动作并表演出来故事主人公的快乐情绪;寻找快乐的词语:快乐是一种积极的情绪,你认识哪些词语可以表达快乐的心情；想想快乐的表情：你还知道哪些表情和动作可以表达快乐的心情；说说快乐的故事：快乐的来源都有所不同，说说让你感到快乐的故事，让更多的同学分享你的快乐；画画快乐的感受：快乐会是什么颜色，它会是什么样的形状，拿起画笔，画出你心中的快乐模样；探寻快乐的密码：让自己快乐，并传递你的快乐的方法。

通过以上教学环节，帮助学生关注、识别他人的快乐情绪。学生在阅读故事和同学表演的情景中，更直观地体验到积极情绪，情绪的识别和表达变得更加可视化。学生可以更方便直观地认识自己的情绪，同伴之间也更容易识别彼此的情绪，从而提升了学生识别和表达情绪的能力。

2. 团体辅导——魔法时刻

小学生正处在身心发育的时期，认知能力在逐步增长，但对事物的性质和意义不太明确，讨厌的对象也变得更为复杂和多样化，他们在与人交往时，难以从对方的表现中识别出讨厌的情绪；当自身产生讨厌的情绪时，不能够正确合理地表达。如果讨厌的情绪处理不当，积压下来，也会成为负面情绪的导火索。陈冉苒老师设计的团体辅导活动"魔法时刻"就是针对讨厌情绪进行设计的团体辅导活动（见表3.5）。

表3.5 "魔法时刻"团体辅导活动设计

1. 活动目标
正确认识讨厌情绪，寻找合理表达自己讨厌情绪的方法。
2. 活动设计思路
本活动让同学们担任魔法师，完成魔法单。创设情景，从听一听、说一说、演一演等环节入手，寻找合理表达讨厌情绪的方法。
3. 活动过程
分享故事《莱莉怎么了》 教师指导语：晚餐的时候，莱莉因为讨厌吃西兰花和爸爸发生了争吵，如果你是莱莉的爸爸或者你是莱莉，你会有什么感受，让我们来体验一下。 　（1）按同桌分配好扮演的角色，自由体验，讨论莱莉和爸爸当时的情绪。 　（2）邀请2位学生演一演故事《莱莉怎么了》，其他同学担任观察员，小组讨论表演中哪一个环节让你印象最深刻。 　（3）根据事情的发展，构思情境，邀请4位学生，设计莱莉和爸爸最后定格的姿态动作。 　（4）出示魔法单，如果我是魔法师，让我来帮助莱莉。
活动提问： 　提问1：莱莉出现的讨厌情绪是由于什么引起？ 　提问2：莱莉做了什么事情？说了什么？会有什么样的表情？ 　提问3：请每组指定一名观察员说一说演出中哪一个环节让你印象最深刻？为什么？ 　提问4：为什么你会这样设计莱莉和爸爸最后定格的姿态动作？

讨厌是我们内心的主观感受,它是在我们生活中十分常见、又常常为我们所忽略、压抑的一种情绪。团体辅导活动为学生提供了情景故事,使学生从具体情境中关注自己或家人的情绪状态,识别不良情绪,鼓励学生运用"魔法单"互相帮助寻找情绪的合理表达。

3. 亲子作业——温度预检台

父母作为子女的第一任教师,在生活中扮演着重要的角色,对孩子的影响要比想象中大得多,对小学生情绪认知的发展起到了至关重要的作用。让家长积极参与小学生情绪智力培养课程中,充分发挥家庭在育人过程中的作用,帮助学生建立良好的家庭支持系统,使得学生在学校和家庭中感受一致的情绪体验。我们来看一看,杨浦小学管霁老师设计的亲子作业《温度预检台》(见表3.6)。

教师设计了两张情绪记录单,让学生了解一周内自己的生气情绪,更好地认识自己在生气这一情绪中的表现。这两张情绪记录单,学生自己一张,父母一张,分别记录一周内孩子的生气情绪。在记录的过程中,共同完成亲子作业:

＊观察记录台:与爸爸妈妈一起,对自己的"生气"情绪进行记录和沟通。

＊小小会客厅:与爸爸妈妈一起,说说自己生气时的情景,当时的内心感受是怎样的,说说发生什么事情时自己的生气温度计会上升。

＊沟通无极限:完成一周的记录任务后,选择家人在一起的时间,一起观察情绪记录单,与爸爸妈妈讨论说说看到两张情绪记录单之后自己的感受是怎样的。知道自己在生气情绪中的表情、动作、语言。

＊解码一家亲:识别自己的生气情绪,关注自己的情绪状态,和爸爸妈妈一起寻找适当的方式表达生气情绪。在这个过程中,家长给予及时的安抚和积极的引导。

表 3.6 "温度预检台"情绪记录单

日期	生气次数	简单描述某一次生气	画一画生气度数 (画出温度计、度数)	备注
周一				
周二				
周三				
周四				
周五				
周六				
周日				

(三) 成效反思

实施情绪培养课程的方法和途径有很多,教师可以通过课堂教学和团体辅导达成教学目标,也可以将教学内容与主题活动延伸到课后,布置一些需要亲子共同完成的亲子作业,让学生和家庭成员共同参与,给予孩子积极的情绪体验,提升家长对孩子情绪的关注意识。

已有研究发现,和谐的家庭氛围和良好的亲子关系能够提升孩子的情绪智力发展,所以情绪智力培养应当作为学校教育和家庭教育的重要内容。只有当学校和家庭达成一致,为了共同的情绪智力培养课程目标而努力,情绪课程的目标才能真正实现。

二、初中生情绪理解及管理能力的培养

(一) 问题引出

小明是一名初二学生,之前一直是班长,但这次班干部改选,他因几票之差落选,他无法接受这个结果,一方面觉得自己能力低,不受同学欢迎了,另一方面,又认为选票有问题,是某个同学在捣鬼,于是和那个同学大吵一架。被班主任批评后,小明感到分外沮丧。

类似小明同学这样的情况在青少年中屡见不鲜,在当今社会因素、校园因素、家庭因素、个体等因素的交互作用下,处于青春期前(中)期的初中生心理活动和情绪更为微妙多变,容易受到心理困扰,心理矛盾突出,一方面他们渴望了解自我、渴望被接纳,另一方面他们的心智发育尚不成熟,缺乏社会经验,青春期的他们常常对外界感觉更为敏感和强烈,哪怕是很小的一件事,都可能会导致挫折感。例如,有的学生青春期体相烦恼、自卑;有的学生面对学业压力过于紧张,缺乏应对能力;有的学生因同伴关系不合而感到孤单……他们往往会在遇到挫折时不知所措,有时会产生"鸵鸟心态",久而久之,较易形成低自尊,缺乏自信,有自卑心理,低自尊的人往往自我评价偏低,无法正确认识自我、悦纳自我。如果学校能在实践中有意识地运用情绪智力课程内容,培养初中生情绪智力,提高他们的情绪管理能力,则可以帮助他们从容应对挫折,这也是培养他们健全人格、成熟个性的关键所在,需要通过多种途径对他们进行针对性的积极心理导向和正确疏导。

(二) 课程运用

如前所述,初中生正处于身体发育和心理发展的矛盾时期,体格趋向成年人,自我意识逐渐强烈,但抗逆力较为薄弱,项目组通过调研发现,初中生遇到学业困难、人际

交往受阻等挫折时,常会产生紧张、沮丧、孤单、愤怒等情绪,当这些情绪来临时,初中生往往对这些情绪既抗拒但又身不由己而陷入其中,而当情绪彻底爆发后,他们又对情绪失控造成的后果后悔内疚,极端者甚至可能危及生命,造成不可挽回的损失。和小学生相比,初中生已具备对情绪的识别和表达能力,但对情绪功能的理解较为模糊和片面;和高中生相比,初中生的情绪控制能力较弱,尤其是因挫折带来的情绪管理和调控能力较为缺乏。

有效的情绪管理策略可以帮助初中生合理应对他们在学业、身心健康、人际关系等方面遇到的挫折,对他们产生积极影响,从而提高耐挫力和自信心。我们在面向初中生的情绪智力培养课程的研究实践中,主要围绕快乐、紧张、愤怒、孤单、沮丧、自豪等情绪展开辅导,通过初中生情绪读本、课堂教学、团体辅导、主题教育班会等载体对学生进行情绪理解、情绪管理的能力培养。

我们在实施初中生情绪智力培养课程时,立足学生实际情况,选择了与学生耐挫力相关的几种情绪加以展开,诸如与考试压力相关的"紧张",与人际关系相关的"孤单",与提高自我评价相关的"自豪"等。像这样的情绪辅导课程有效缓解了学生遭遇挫折时的情绪危机。

1. 通过课堂教学正确认识情绪的功能,合理接纳情绪,不惧怕挫折

(1) 接纳"紧张",科学理解

初中生在面临学业压力时,常常会感到紧张,但是不少学生对"紧张"有误解,一旦觉得自己紧张时就会更加剧紧张感,认为紧张情绪是有害无益的。而事实上,紧张情绪在日常学习生活中是不可避免的,适度的紧张可以提高人们的警觉性,有利于做好操作的准备;但若长期心理紧张,一旦超过个人承受能力,则不利于身心健康发展。除此之外,美国夏威夷大学的心理系教授埃莱妮·哈特菲尔德对情绪的研究表明,紧张情绪可以在极短的时间内通过姿态、表情、语言、动作等从一个人身上"感染"给另一个人,在这样的环境中人们会感到烦躁,加剧紧张蔓延。

在单元教学时,教师要根据初中学生的心理发展特点,引导学生正确看待"紧张",尤其是对紧张的积极作用有所了解。比如,牛燕华老师在情绪智力培养课程《"紧张"的秘密》一课中,设计了"揭开紧张的真面目"这一教学环节。①让学生回忆令自己紧张的一件事。学生选择的往往是考试、比赛、当众发言这些具有挑战性的事,在交流中,学生发现每个人都有过类似的体验,明白了紧张情绪具有普遍性,是很正常的。②学生分析那件让自己紧张的事件的结果以及满意度,全班进行统计。通过数据对

比,有些同学对紧张带来的结果很满意,他们认为紧张并非是件坏事,相反可以提高效率,反应更为迅速,由此澄清了对"紧张"的认识误区,学会去接纳面临困难时的紧张感。③教师出示"紧张"的心理科普视频,在视频中,心理医生对"紧张"的作用作了进一步讲解。学生通过这个课堂学习环节对"紧张"有了新的认识,了解了适度紧张的积极作用,从而更合理地接纳这种情绪。

(2)走出"沮丧",积极思考

初中生面对挫折、困难,如果做过努力却未能达到自己的目标时,或者渴望的成功并未如期而至时,沮丧常会伴随而来,有时会产生无价值感,甚至会瞧不起自己,丢失自信,自卑感强烈。教师要引导学生从积极角度看待沮丧。依据初中生情绪智力培养课程,同济第二初级中学的方娴老师在《他/她怎么了……》心理课中,设计了"投箩筐"教学环节。教师首先出示一张图片,图片中的主人公无精打采地坐在地上,非常沮丧,什么事情都不想做,十分伤心难过……借助投射原理,教师让学生猜一猜图片中的人物是因为遇到了什么事处于沮丧的情绪中。学生们把各自的答案写在纸条上投进不同的箩筐里,进行分门别类(见图3.4),通过这样的分类和分享,把每个学生心中的苦恼一般化。学生们会发现大多数同学都经历过沮丧。同时通过同伴之间的分享,同学们可能会发现同一件事情,不同的人有着不同的视角和感受。这也让学生重新思考挫折事件带给人们的积极作用。

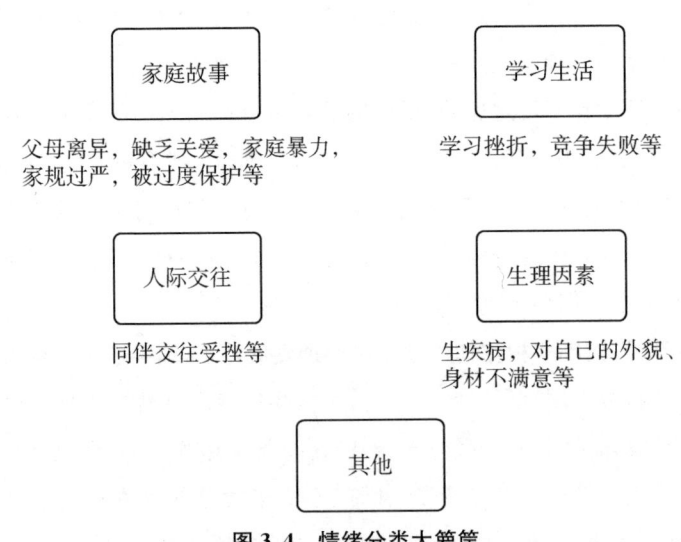

图3.4 情绪分类大箩筐

2. 通过团体辅导引导学生学会应对消极情绪的有效方法,正确处理挫折感

(1) 控制"愤怒",避免伤害

有时会看到一些青少年受挫会引发愤怒情绪,对造成其受挫的对象或物体心怀不满、进行攻击或者敌对,比如,前面所述的小明在竞选班干部时落选,继而爆发激烈情绪,无法控制,将一腔怒火发泄在同学身上,引起"战火"。对大多数学生来说,学会合理宣泄愤怒、管理自己的愤怒情绪就显得尤为重要。教师可以通过团体辅导帮助青少年分析愤怒背后真正的原因,并加以引导,这有助于青少年的积极成长,这也是愤怒的积极意义。

根据初中生情绪智力培养课程的目标和内容,市光学校的王文婧老师对学生开展了"气球别爆炸——愤怒情绪管理"的团体辅导活动。活动以气球为道具,让学生直观地体验对于愤怒处理方式的不同所带来的后果,从而引发学生思考宣泄和处理愤怒的合理方法。①让学生们各自吹起气球并绑好,教师说明气球就是他们的身体,里面的空气是愤怒。然后让学生在气球上踩,直到踩破并且让所有的气都跑出来为止。此时教师提问学生:"这是不是一种让愤怒出来的好方法? 为什么呢?"不少学生交流说自己很害怕气球爆炸的声音,这种踩气球的行为虽然释放出了愤怒,但是会引发自己和别人的恐惧,甚至还会威胁到彼此的安全。②让学生吹起另一个气球,这一次让学生把气球拿在手上并且不让空气跑出来,让学生慢慢地放出一些气体再捏紧。以此持续进行,直到所有的空气都从球中释放出来。这一次,学生不再害怕气球爆炸,他们认为比踩气球安全多了。③在团体分享中,学生们不仅分享了各自的控制"愤怒"气球的方法和技巧,而且也感悟到粗暴的情绪表达方式只会将气球撑爆,并且会伤害自己和他人,但如果改用合理、柔和的方式释放这种情绪,不仅能宣泄自己的消极情绪,而且还能避免对自己和他人的伤害。

(2) 面对"孤单",学会融入

作为一种情绪体验,孤单情绪有时不可避免,并且往往会持续一段时间。特别是处于青春期的学生,自我意识觉醒,渴望同伴交往,希望有人懂自己。当不被理解,不被接纳时,挫折感会很强,孤单情绪就会油然而生。而在孤单情绪的包裹下往往有着一颗敏感而容易受伤的心。

因此,如何正视孤单,从积极的视角接纳和应对孤单情绪,学习情绪管理的技巧是青少年成长的必修课。

在初中生情绪智力培养课程中,朱炜老师设计了一个《多人万花筒》的团体辅导活动。在活动中,教师要求学生用身体组成多人万花筒的形状。参与学生先站成一个圆

圈队列,两人之间有一定间距,不可以有肢体接触。游戏开始,大家围着教师缓步走圆圈队列。可以齐声念:"万花筒、万花筒,将要组成几人状?"教师说:"6人万花筒。"那么大家就立刻6人组成连结状。人数多或少者,均视为失败。失败组所有组员淘汰出局。剩下的同学继续游戏。万花筒组成的人数少于游戏人数即可。这个活动主要创设让青少年游离集体之外的情境,让其感受当下的状态,学会应对孤单的方式。有些学生在活动中体验到孤单的感觉,而其他学生的应对方式及其感受为这部分学生提供了一个思考的视角。在经验分享中,有些学生提到了一些摆脱孤单的方法,如主动接受、寻找资源、积极融入等。同伴的经验是较好的习得,教师可以引导学生通过学习观察他人的技巧来减少因挫折带来的孤单感。

3. 通过主题班会提高学生自我评价,悦纳自我,增强应对挫折的能力

(1) 感受"自豪",提高自信。耐挫力低的学生往往自我评价偏低,缺乏自信,除了心理课堂教学、心理团体辅导提高学生的情绪智力之外,班主任在心理老师的指导、协助下,也积极在主题班会中应用初中生情绪智力培养课程来提高学生的信心。比如,育鹰学校的心理老师沈燕霞指导本校班主任开设了"我的自豪树"的主题班会课。在班会课上,班主任要求学生将任务单上的"自豪树"(见图3.5)进行时间段的划分(如童年、少年期、青春期等),然后在该阶段的相应位置写下曾经让自己感受到自豪的事情,随后让学生向同伴或者班主任去收集自己身上至少5个优点,最后进行全班交流,通过分享互动,引导学生学会积极自我评价,引导他们在对自我相关的事件结果进行归因时产生积极的主观情绪体验,为提高自信打下基础。

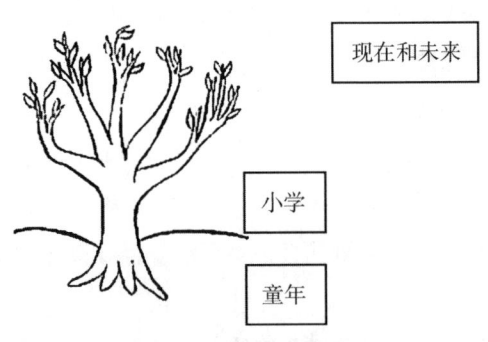

现在和未来

小学

童年

图3.5 我的"自豪树"

(2) 收获"快乐",体验成功。有些学校还会将情绪智力培养课程中的内容应用在短短十分钟的晨会课中,这类晨会课大多以体验"快乐"情绪为主,受到了学生的欢迎。

比如,存志学校的心理老师田英就协助本校班主任采用了初中生情绪智力培养课程活动手册中的《快乐蹲萝卜》情绪辅导内容,将活动运用在晨会课中,收到了不错的效果。学生们在班主任的"萝卜蹲,萝卜蹲,萝卜蹲完西瓜蹲,西瓜蹲,西瓜蹲完香蕉蹲"口令声中,蹲上蹲下,获胜的学生可以贴上一枚笑脸贴。这个活动就是为了让学生在游戏的过程当中感受到快乐,体会到自己在生活中被忽视的快乐;并在集体活动中帮助学生提高关注生活中快乐的形成和培养发掘快乐的能力,使初中生在自我认知和集体活动当中都能感受到快乐的存在,体验每一次的成功。

(三) 成效反思

随着情绪智力培养课程在区域各所中小学里生根发芽,使用课程者不仅仅是心理教师,还有越来越多的班主任乃至学生"导师",他们在心理教师的指导下,精心选用课程内容,融合运用在教育教学中,取得了不错的成效。初中生的情绪调控能力得到了有效提升,特别是在面对挫折事件时,情绪调控能力有所提高,不再回避考试"紧张"和成绩不理想时的"沮丧"情绪,能换个角度看待消极情绪背后的意义,能合理宣泄愤怒情绪,一些害怕"孤单"的初中生学会了如何和自己相处,也愿意去尝试改变自己的人际交往方式,学生收获了更多的快乐和自信,提高了心理弹性,抗逆力也有所增强。

但是,由于初中生情绪智力培养课程只能在心理课上进行系列化的课堂教学实施,而初中心理课属于拓展课,因此课时有限,离我们的课时目标尚有一定的距离。而且,初中生本身的情绪波动起伏较大,常有反复,因此情绪智力培养课程需要实施者在具体情景下灵活运用,而非按部就班、照本宣科。

三、高中生情绪调控和管理能力的培养

(一) 问题引出

夜深人静,小 Y 偷偷从被窝里爬了起来,刚才为了应付妈妈把房间的灯关了,可是心里还是痒痒的,今天手机还没有刷。不知从哪天起,手机世界成了忙碌高中学习生活中的栖息地,也几乎成了自己每日必修课,焦虑时、孤独时、沮丧时……当投身于手机的怀抱中,似乎烦恼就能抛在九霄云外。但小 Y 也知道,置身于虚拟的世界中,烦恼只是消失片刻,而自己逐渐失去的是宝贵的时间和坚强的自制力,情绪管理能力也越来越弱,因为手机和家人冲突频频爆发,如何告别手机依赖,做自己情绪的主人?

研究表明,压力性环境和个体因素都会影响青少年的适应性发展,情绪管理问题有时也成为青少年面临各种冲突的始作俑者。情绪智力作为个体因素之一能够对其行为方式（如手机依赖）与心理状态产生影响。事实上，青少年依赖的并不是手机本身，而是通过手机连接的整个世界。有的孩子通过上网，获得同伴的肯定和认同，排解现实生活中的孤独，在网络世界中获得归属感。高中生开始思考人生的意义，自己将要干什么？会去向何方？现实生活的压力感和未来生活的不确定给其带来沮丧、烦躁等情绪，因而在网络世界中任意驰骋寻求安慰。

从发展心理学的角度来说，中学生的心智发展尚不成熟，面对压力性事件的解决能力相对薄弱，更容易选择逃避现实，从而陷入网络世界，产生不良的结果。因此，丰富他们在现实生活中的各种体验，加强青少年对情绪的调控和管理能力，能够帮助他们更好地增强社会适应能力。

（二）课程运用

高中生的情绪具有内隐性、两极性、丰富性等特点。具体表现为：情绪表现不都是显性的、外露的，迫切想要独立的愿望使之不愿意向父母、老师倾诉；情绪表现两极性比较明显，有时像曲线一样，时而欢喜、时而忧愁；情绪体验更为复杂和持久。为此，高中生情绪智力课程对特定的几组情绪进行全面解读，发展学生正确看待自身的情绪并进行妥善管理的能力，掌握自我激励的方法和运用情绪促进人际交往的技能。在这一阶段的教育中，结合学生自身面临的压力事件，包括青春期问题、升学与专业选择等，经历针对这些特殊的事件或者环境限制进行情绪表达和管理的模拟实践训练，通过以积极的方式重新定义带来负性情绪的生活实践、合理归因以转换情绪、尝试积极的自我暗示等技能锻炼自我的情绪调节能力，积极管理情绪解决问题。本单元的教学案例中，选择了与手机依赖相关的几组情绪加以展开，诸如与人际链接相关的"孤独"、与压力事件相关的"焦虑"、与积极体验相关的"幸福"。

1. 课堂教学话幸福

对于高中生而言，升学压力、学习的意义、忙碌的周末、微妙的人际关系乃至异性交往都可能将他们压得喘不过气来，易产生生活倦怠和无意义感。现实生活中能够拥有获得感和幸福感的学生，往往不会将大量的经历投入到手机的怀抱中。幸福感的提升也是高中生心理健康的重要教育内容之一。因此，帮助学生从心理健康的角度体验自己生命中的幸福，具有即时和延时的教育意义。高中的心理课堂更注重思辨、自省和探究性学习。一个活动、一次讨论、一份思考都可能开启学生新的视角。幸福是什么？是遥不可及的缥缈还是触手可得的珍惜。同济中学的陈超老师通过前期调查，收集学生"幸福生活小事件",以手袋作为载体,让学生感受为"幸"。

活动一:感受为"幸"

(1)组员拆开福袋查看内容,左右轻声交流(感性认识)。

(2)每一组的组员依次顺时针地起立阅读所拿到的小事件。

(3)其他小组的组员概括刚才听到的幸福内容(感性向理性过渡)。

(4)五组依次进行,教师板书记录学生的讨论内容,突出有矛盾的观点。

(5)教师引出达到幸福的第二步:"幸福离不开主观感受"。

(6)教师引出赛里格曼的幸福理论,说明学生之间对幸福的矛盾点是合理的(理性学习)。

通过倾听他人眼中的幸福,明晰幸福是一种主观感受。赛里格曼的幸福理论向学生进一步澄清获得幸福的五个重要支柱;并且引导学生寻找和发现自身的小确幸。在以下入袋为"福"的环节中,让学生联系所学的幸福五要素理论并结合自己的生活实际去发现身边的幸福。

活动二:入袋为"福"

(1)要求每个组员选一张彩纸。

(2)组员根据所学的幸福五要素理论或者自己的实际情况写下5件过去发生过的"小确幸"。同时,教师寻找难以完成这项任务的学生,引导他考虑一下未来计划或可能发生的幸福小事件。

(3)学生交流,并引导学生去思考未来的幸福,引出幸福的第三步:"幸福可以创造"。

(4)讨论完毕后,指导学生将写好的"小确幸"藏于福袋中(福袋最后归学生,增强仪式感)。

此课曾荣获上海市心理辅导活动课高中组比赛一等奖。

2. 团辅活动述孤独

除了情绪议题的心理课之外,相对应的团体辅导活动也应用而生。团体辅导活动既可以融入心理课堂中,也可以和学生社团活动有机结合。

孤独感是青少年自我意识发展的一种表现,随着年龄的增长、社会生活经验的丰富和自我探索的深入,高中生会逐渐获得一种熟悉自己、对自己更有信心的感觉。但强烈的孤独感会带来低落、忧郁等感觉。那么,如何减轻和摆脱孤独感呢?请跟随同济一附中朱晓蕾老师的《旅行青蛙》进入不一样的情绪世界。

　　每人手中有一张旅行地图(包括标注的空白地点)。

　　人生旅途中,每个人都是一只孤蛙,当你独自上路,你希望展开怎样的旅程?

　　网络流传的《国际孤独等级表》,你经历过吗?第一级:一个人去逛超市;第二级:一个人去餐厅;第三级:一个人去咖啡厅;第四级:一个人去看电影;第五级:一个人去吃火锅;第六级:一个人去KTV;第七级:一个人去看海;第八级:一个人去游乐园;第九级:一个人搬家;第十级:一个人去做手术。

　　旅行时你最不希望孤独经历的两件事?分别用一些关键词来形容。

　　旅行时你期待孤独经历的两件事?分别用一些关键词来形容。

　　通过填写旅行地图感受不同的孤独事件,在感受和聆听中,了解孤独的产生原因和具体表现。活动中,在教师问题的引导下,帮助学生进一步澄清对孤独的理解,认识到孤独的积极意义和作用。提问如下:

　　你怎样理解"孤独"一词?如何区分"孤独"和"孤单"?

　　在你看来,孤独的最高等级是怎样的情境?如果你遇到了,你估计自己会如何应对?

　　在你成长的过程中,有没有经历过孤独最高等级的体验?具体场景是什么?当时你是怎样应对的?

　　如果你再次经历这样的体验,你现在的应对方式会和当初有所不同吗?

　　有人说:"孤独也是一种境界",你赞同吗?请说说理由。

　　旅行的青蛙作为一款网红游戏,本身就顺应于学生的喜好,通过教师智慧地改编,让学生体验网络游戏的新玩法,网络游戏一样可以"拿来主义"。

3. 绘画表达说焦虑

　　与有限的心理课相关的课堂之外的拓展,是高中阶段情绪课程的特色。学校根据自己的特点和学生需求将课程相关的内容衍生到社团活动中,形成一定的学校特色。

　　对于高中生而言,情绪辅导既要加强认知层面的自我觉察,更要加强在应用层面的自我管理。绘画表达作为一种投射技术,通过绘画这一媒材,帮助学生进行自我探索、真实表达，从而促进自我整合和教育。绘画可以表现个体的情绪、情感，因此该方式具有情绪宣泄的功能。在教师创意设计和合理运用下，同时可以达成指导的作用。

焦虑是青少年最为常见的情绪体验之一。处于该状态下的个体会出现害怕、担心、紧张不安、烦躁等情绪体验，也会伴随相应的行为表现。适度焦虑，可以提高人们的警觉水平，激发人积极应对资源，促使人投入行动；过度焦虑，则会损害认知功能。高中生时常会因为考试、学业等相关事件而产生焦虑情绪。项目组设计的《玩转涂鸦》通过学生对焦虑情绪的涂鸦，了解自己焦虑背后相关状态和相应情境。教师从"情绪涂涂乐"入手，让学生自由涂鸦，表达焦虑情绪。

焦虑是我们在生活中经常会不期而遇的一种情绪。如果用一种颜色来描绘它，你会用怎样的颜色？请你在纸上自由地随意地涂鸦来表达这样状态。

如果还可以用一些颜色来表现你的焦虑情绪，你觉得是什么？请你任意选择颜色并把这种感受用色彩记录下来。

在分享中，教师将这些感受与具体的情景相联系，让学生体验焦虑背后的其它情绪和内心真实的需求。

"情绪撕撕乐"的环节，把学生带入放松的状态。通过儿时的撕纸游戏，让学生得以宣泄放松。教师指导语如下：

请你将自己的涂鸦作品随意地自由地撕成碎片，请你不要考虑其他任何因素，想怎么撕就怎么撕。

随意撕下的纸成为最后一环节"情绪贴贴乐"的媒材，在轻盈的音乐声中，让学生把碎片任意地拼贴，组成新的图案。以下是学生前后两幅的作品对比（见图3.6）："前者命名为《黑暗》，后者命名为《遨游》。这是在大海中自由遨游的鱼，每一条都是我，这是我的不同状态，各种情绪都是我心灵海洋中的一部分，伴我遨游天际，到达彼岸。"学生如是说。

还有一名学生将第一幅作品命名为《杂》，第二幅作品命名为《shine》（见图3.7）。这是孩子的心声："我突然发现，每一张碎片都是再次创作的起点和源泉，都是不可或缺的一部分。正如每一种情绪一样，它也是我心灵花园的有一部分。每一种色彩组成向阳的花朵。"

对于高中学生来说无需过多的言语，学生在拼贴画中呈现的变化也预示着多元视角就能见到不一样的风景。

图3.6 学生前后作品对比

图3.7 学生前后作品对比

(三) 成效反思

进入高中阶段的学生自我意识日趋发展,他们愈发需要在教师的启引下自主地解决问题;加之其情绪内隐性特点,他人很难感知到他们内心真正的需要。在实践过程中,情绪智力培养课程能够切实有效地给予针对性的指导,帮助其自我觉察,提升自我探索、管理情绪的能力。以手机依赖为例,学生们通过《幸福手袋》了解获得幸福的多种途径,通过团辅活动真正了解自己投身于网络世界的实际需求及其内在情绪,从理解到悦纳再到管理自己的负性情绪,从而帮助自己走出困境。

高中生情绪智力的实施途径有待不断丰富和发展,让学生通过更多的探究活动,看见情绪、看见自己。

通过多年的研究和努力,杨浦区已形成了以培养、提升青少年情绪智力为核心的中小学生心理健康教育系列课程。我们将继续努力,使情绪智力课程的受众面更广,让更多师生和家长受益,提升他们的幸福感。

第五节　区域情绪智力课程的成效和展望

近年来,全区所有情绪基地校将《情绪智力培养》读本引进心理课堂,读本入课堂率达到100%。课程在全区实施也已经取得了阶段性的成效。

课题成果先后多次在上海市心理学会学术年会、上海社科院学术会议上作市级展示交流;为上海市教委"区域心理健康教育特色课程建设"项目。

一、提升了学生情绪智力

杨浦区连续四年对学生的心理健康状况作了调研,数据也印证了学生情绪智力的提升,前后测结果显示(见表3.7),学生们在理解自身情绪能力方面显著变好,"紧张"情绪方面得到了显著缓解。同时学生们对情绪调整的效能感显著提升,具体表现在"我可以使用改善情绪的方法让自己心情好起来"等方面。另外,本次开展的情绪智力课程也对提升自豪感有贡献。

表 3.7　杨浦区情绪智力总分均值比较

	第一年结果	第二年结果	第三年结果	三年比较
情绪调整策略	33.72	33.68	34.32	略增
自我情绪认知	47.06	46.52	46.96	略增
他人情绪感知	18.26	18.17	18.64	略增
问题解决能力	10.86	10.89	11.17	略增
情绪理解	11.01	13.33	13.40	略增
情绪智力总分	120.90	122.61	124.49	增大

二、形成了系统性课程及其配套教育教学资源

我们已完成了一套含学生情绪智力培养读本、教师活动辅导手册、课程资源包和

课程方案等在内的系统性的中小学生情绪智力培养课程的开发,在全区中小学校进行了大力推广。其中情绪智力培养微视频作品被学习强国 APP 展示推送,通过线上线下的并行实施,提高了区域内学生对于情绪的识别、理解、运用和管理能力,也为广大中小学校的教师乃至家长提供了专业指导,辐射面更广。

附:学生情绪智力培养课程成果的主要内容

1. 小学阶段《情绪密码》

(1)课程目标

学会掌握一些"基本情绪"的知识,包括快乐、害怕、生气、讨厌、失望、伤心。

(2)课程主要内容(以及每一个主题大致包含的部分)

情绪的识别(他人/自我);

每一种基本情绪的理解和背后的含义;

这些情绪如何在现实生活为人们所使用;

逐步介绍一些小学生容易理解和掌握的情绪控制方法。

(3)课程形式

课堂讲授:通过故事、漫画、视频等丰富的呈现形式,让小学生直观地感受到情绪在日常生活中的表现。在此基础上,介绍与各基本情绪相关的知识。

观察:在课前、课上以及课后,对家庭成员、同学以及自己的情绪进行观察和学习,从感性的层面来了解情绪的外部表现(表情、身体语言、言语)和内心感受。

课堂练习与讨论:在课堂上采用贴贴画画等直观的方式,让小学生得到及时的练习;尽可能地让学生自我探索,通过启发来回答一些问题,让学生直观地获得基本情绪的知识。

课外活动:根据活动手册的指引,进行心理课之外的相关活动。比如,在教室的特定区角有与课程主题相关的定期投放的配套材料展示,供同学们课余随时练习和开展相关活动。以小学阶段的课程实验学校杨浦小学为例,校内还设有情绪体验活动室,创设了丰富的环境,给学生进行相关内容的演示,开展与情绪课程相关的丰富多彩的活动。此外,课程的进行过程中随时与学生家长保持联系,一些练习就是通过学生在家中的观察和与家长的讨论互动中得以实现的。这不仅使得家长了解学校心理课程的内容,也客观上要求他们在日常教养和亲子互动中将课程的有关内容加以演练和强化。

2. 初中阶段《情绪拼图》

（1）课程目标

在巩固基本情绪知识的基础之上，了解与基本情绪对应且更深一层的情绪情感，并根据青春期自我发展的规律和状况，逐步引入"自我意识情绪"的内容。强调对情绪的深层理解和情绪管理的相关技能培养。

（2）课程主要内容

随着青春期的到来，青少年的"自我系统"开始得到迅速发展，以自我认知、自我评价（情感）和自我调节为核心的自我系统的完善并不会一帆风顺，因此，也会带来情绪方面的诸多变化。与此相关的自我意识情绪方面遇到的问题，诸如尴尬、自卑、自豪等及由此产生的焦虑情绪，也会相比小学阶段学生来得更为突出。通过课程，让初中生一方面体会与基本情绪相关的更深一层的情感，如"快乐和幸福"、"紧张与焦虑"，以及由情绪带来的一些行为层面的表现，如"愤怒与攻击"、"孤单与独处"，逐渐认识伴随个体自我发展会带给自己在情绪上产生的新变化，如"沮丧与自卑"、"自豪与自夸"，识别、理解、接受这些情绪，也力争在现实生活中合理地调节这些情绪。

（3）课程形式

课堂讲授：除了相关心理学知识的传授介绍之外，也通过生动的小说、电视剧节选、动漫故事等初中生容易接受的形式，让他们直观而清晰地发现青少年成长中与自我意识觉醒和自我系统发展有关的情绪问题。了解从情绪到更深层次的情感以及从情绪到日常具体的行为和所采取的姿态之间的关系。由于初中阶段青少年的思维水平和语文能力得到了长足的发展，所以，在选择材料的复杂程度上也有针对性。虽然不同于同时期语文教学中的阅读理解，但随着情绪主题的深入以及对这些情绪从外在到内部的、更为深刻的了解，无疑对提高初中生的语文水平也会起到相应的促进作用。

班会讨论：根据初中生的年龄特点，在班会以及 20 分钟队会中，安排与课程相关的材料的延伸学习和讨论。鼓励初中生更多地以自己的视角去看待自我发展和相关的情绪问题。

课外活动：通过课本剧或学生自己编写脚本的方法，将一些复杂的情绪进行再现，以加强对此的认识和感受。同时，组织校园辩论赛，就情绪智力课程中的有关主题，进行正反两方的辩论，如"是愤怒的情绪导致攻击性行为还是攻击性行为导致愤怒情绪"，通过辩证地论证和碰撞，极大地加深了同学们对这些情绪与自身发展和行为之间的关系的理解。

3. 高中阶段《情绪魔方》

(1) 课程目标

在小学、初中前两个阶段学习的基础之上，进一步加深对自我意识情绪的了解，也配合这一时期青少年"自我同一性"的发展。让高中生从积极心理学的视角对幸福的内涵加以了解，在追求幸福的引领下学习最终获得幸福的方法和途径。同时，也了解一些高中阶段由于学业压力和自我同一性发展带来的负面情绪，了解它们产生的原因和机制，一分为二地看待这些情绪，并学会在现实中合理而积极地加以应对。

(2) 课程主要内容

进入高中阶段，青少年的学业压力愈发突出明显，同时，随着进一步走向青春期的纵深，学生对于确定自己的成长目标、实现自己的存在价值以及与现实产生矛盾后面临"同一性危机"的情况时有发生。为此，此阶段的课程主要包括三个方面的内容。首先是"明确目标、整合力量"。幸福就是我们的目标，与快乐情绪相比，人生的幸福更加深厚和难得，但也不是没有方法。而成长和现实带来的张力、焦虑，除了给我们带来困扰的一面，同时也会促进青少年成长。其次，是关于伴随同一性发展而带来的"存在感"与由此产生的自我意识情绪。只有当个体通过社会参照和比较，真正意识到自己是独立的存在时，才会产生"孤独"，也才会在自我与他人的关系中觉察到"内疚"和"嫉妒"。及时让高中生了解这些情绪背后的机制和原因，无疑会在提升他们的情绪管理能力的同时，让自我得到更好的发展。最后关于"抑郁"情绪的介绍是着重关怀高中生的心理健康。通过这些年全区的青少年心理健康跟踪调查我们发现，这个阶段学生的抑郁情绪表现明显比低年龄阶段组更为常见，原因也是生理和心理多方面的。通过对抑郁情绪的专门介绍，让学生了解的同时，也让他们明白如何积极面对，并在需要帮助的时候找对可以求助的人。

整个《心理魔方》的编写除了以上三个方面的侧重外，还注意适应高中生的学习心理特点。在具体每一个主题的编排上，或从身边的案例出发，或从高中生耳熟能详的故事谈起，自然切入主题。之后，并不急于介绍知识，而是先引发同学们自己的思考与讨论，再给出相应建议及可操作的应对方法，尽量避免知识的生硬灌输。在每一个主题的最后，又以富有回味和哲理的故事收尾，让知识的学习和思考不止于书本和课堂之内。

(3) 课程形式

探索性学习：以课题和阶段目标为纲要，让学生组成学习小组，目标分工，合作学习。鼓励学生自己检索科学文献,培养自我驱动式学习的方法。某种程度上,学生成为这样的心理课的主体,而主讲教师更像一个主持人的角色,引导、串联、启发学生的思考和讨论。真正的知识讲授往往在于学生自己有了一个初步结果之后,这样可以更加深印象。

讲座:邀请有关专家和顾问进行相关主题的演讲,开拓学生的视野。

课外相关活动:与有限的心理课相关的课堂之外的拓展,是高中阶段情绪课程的特色。以同济中学、控江中学和上海财经大学附属中学为首的首批课程实验学校为例,学生或将课程的相关内容延伸至社团活动,或通过自己负责的公众号,传播科学知识,组织相关讨论,甚至与学校之外的各种声音形成共鸣,取得了理想的效果。

三、思考与展望

在课程开发、培训、研讨的过程中,教师们开拓了视野,积累了较为丰富的实践经验,培养了一批市、区级骨干心理教师。

课程实施以来,得到了区域内广大学生、教师和家长的认可与欢迎。未来我们将以前期的工作为基础,将课程进一步完善、改进。

1. 加强情绪智力提升与学业及其他心理发展方面关系的研究

如何通过情绪智力课程撬动自我系统的完善,让学生的心态更积极阳光,专注力更强,更生发出内在的成长动力,是非常值得探索的领域。

2. 继续加强全体教师的培训和国内、国际的交流与合作

我们要继续广泛地学习其他地区、省市和国家的有关经验,保持开放的眼光和态度,积极寻求各种交流与合作的机会,让我们的课程不断得到提升。

3. 加强示范基地(区情绪体验中心/实验室)的建设

正在建设中的杨浦区心理教育情绪体验中心占地总面积约 470 ㎡,整体空间划分为"了解情绪"、"体验情绪"、"感知情绪"、"管理情绪"、"实验室"五个主题互动区。情绪体验中心的功能设计分为团体辅导、情绪课堂,个别学生、情绪记录,特殊学生、情绪调节,教师研训、情绪课程,师生健康、情绪解压等板块。

我们将通过个性化的互动多媒体设备来呈现每个展项的情绪内容。它具有如下特点:(1)强调设计理念沉浸式:在情景式的互动体验中,让学生用写着正确情绪解决方法的球打击投影墙面黑影。(2)"动中学":我们结合互动多媒体装置,为学生规划一个多彩又有趣的人机交互场景。(3)强调多感官体验:让学生通过触觉、嗅觉、视觉

等方式,进一步地体会情绪带给他们的乐趣。(4)强调大数据:大数据采集可以科学精准地获取学生信息,为整个项目的信息来源奠定了准确的数据基础。

我们会以科学性、趣味性的多媒体互动设备为载体,打造一个智慧化的情绪体验中心,用来展示杨浦区在情绪智力开发和心理健康研究方面的成果,为区域内的青少年儿童的心理健康起到保驾护航的作用。

4. 继续加强与区内的高校、医院和机构的合作

这么多年来杨浦区情绪智力课程的研发、实施和推广,离不开我们区域内的高校、医院和其他兄弟单位的合作与支持。复旦大学心理学的有关教师,以他们强大的研究实力,对情绪智力课程从研发、实施开展、评估、直到推广,起到了极大的支持作用。基础教育的丰沃土壤,引来了高校的科研团队,为了科研理论的建构,他们需要实践一线的数据来加以验证,而这些数据和理论,又成为教育实践最有说服力的依托。而在全区的学校心理健康工作中,也离不开区精神卫生中心的专业保障。这样的联动和互相支持的模式,我们将继续探索和保持。

(本章执笔:倪京凤,牛燕华、陈冉苒、朱炜,杨浦区未成年人心理健康辅导中心;赵静菡、管霁,杨浦小学)

第四章　班主任心理辅导课程建设

第一节　班主任心理辅导课程建设概述

一、课程背景

(一) 政策文件

上海市教委在"十三五"教师培训要求中提出的中小学教师专业(专项)能力提升计划中指出：要提高教师育德能力、本体性知识、作业命题、实验、信息技术以及心理辅导等方面的专业(专项)能力。其中教师的心理辅导能力是要求教师能遵循心理健康教育的规律,具有把适合学生特点的心理健康教育内容渗透到日常教育教学活动中的能力,了解学生心理适应不良的表现和性质,并掌握心理辅导的基本方法和技巧。

(二) 教育现状

1. 学生身心健康发展的需要

随着社会的不断发展,人们对于心理健康的关注度越来越高。作为素质教育的主阵地,学校积极推进心理健康教育。上海在 2013 年启动了学校心理健康教育达标校的建设,在中小学配备专兼职心理教师,开设心理活动课,建立学校心理辅导室等。随着对心理健康认知水平的不断提高,更多的学生开始关注自身心理状况,在面对学习压力、人际交往等各种困惑时,他们需要得到教师的帮助。在这种情况下,靠学校为数不多的专兼职心理教师的努力,显然已经不能满足广大学生身心发展的需求,迫切需要有更多的教师加入。班主任是班级工作的核心管理者,与学生接触时间最多,关系最为亲密,有更多机会和学生交流,能够敏感地发现学生的需求、准确评价学生发展水平,及时洞察学生的心理问题和心理变化,从而进行有效的疏导。所以,在班主任工作中融合心理健康教育,对于学生身心健康发展具有事半功倍的效果。

2. 班主任工作成效提升的需要

育人是教育的固有属性,德育是教育的灵魂,心理教育是德育的基础。班主任是学校德育工作的重要力量,是班级工作的组织者,班集体建设的指导者。班主任要将德育与心理教育相结合,认识到学生的问题不全是思想品质问题,即使是思想道德问题,其解决的基础也依赖于学生自身积极的心理活动的进行。班主任把心理工作的原则和技巧融入日常工作中,改变传统的说教方式,建立一个民主、平等、相互尊重的师生关系,以集体的积极氛围来对学生进行潜移默化的影响,促进学生们身体、心理全方面的健康成长,提升德育的实效性。

3. 班主任自身心理素养增强的需要

班主任的修养、气质、性格和仪表等都会对学生产生潜移默化的影响。班主任有良好的心理素养,会给学生增加更多积极的情绪体验,从而唤醒专业的自觉性,形成专业自信心,进而走向专业自强。同时,班主任在与学生的互动中也能用正能量去拨动学生心弦,利用自身美好的心灵去塑造学生健康的心灵,以人格孕育人格,以心灵塑造心灵。如此,班主任的榜样作用与人格魅力在学生心理健康教育中的隐形作用才能得到更好的显现。

为此,浦东新区青少年心理健康教育发展中心成立了《班主任心理辅导课程建设》专项研究。

二、选题依据

班主任是学生的人生导师,更是学生心理健康的一级预防员。而心理健康教育是一门集专业性、科学性和艺术性于一体的助人工作,班主任如何在班级日常工作中帮助学生调动其内心的积极力量,解决学生成长中的困惑,提高学生自理自助能力,促进学生心理健康、人格健全发展,这需要进行专业的培训。

(一)现状调研

我们通过文献检索,梳理社会发展新形势下对班主任工作的新要求。采用问卷、访谈、现场考察相结合的方法,了解学校班主任对心理健康教育的需求、已有的实践经验与存在问题,为本研究构建逻辑起点,为进一步确定研究目标与内容提供重要的现实依据。

在此过程中,我们听到最多的声音是:"不知道这些学生为什么会这样,也没有办法解决他们的问题。"他们具体需求包括：了解学生心理问题产生的原因,掌握处理学生心理问题的普适性的方法和流程,学会危机事件发生时的应对方法。还有班主任表示"社会不断发展,作为教师应该多学习一些知识,特别是心理学方面的";"希望学些心理学缓解自身的压力"。综合来看,班主任们在开展学生心理健康教育工作中是存在困难的,对于心理健康教育知识的学习是有需求的。

（二）边界定位

班主任心理健康教育的边界需要明确。首先,班主任不是心理医生,班主任不处理学生的心理障碍等问题;其次,班主任不是专职心理教师,一般也不对学生进行心理评估或者心理测验。班主任在心理辅导中最主要的角色应该是学生心理健康的一级预防员。班主任要建设积极的班级文化,组织班级心理健康教育活动,了解学生的心理困惑,发现学生的情绪和行为问题,帮助学生解决成长中的烦恼,指导家长构筑良好的家庭教育氛围。对于超出自己专业能力之外的个案,要及时转介给学校心理教师或者医疗机构。当然,心理教师遇到的学生的心理困惑,也是班主任常常遇到的,心理教师所采用的辅导方法和技术,同样也是班主任可以学习借鉴的。

（三）具体内容

在提出问题、分析问题和研究对策的基础上,我们寻找班主任工作与心理健康教育的交汇点,形成了在班主任工作中建立心理辅导模式的构想,撰写班主任心理辅导课程的内容。我们将课程分为七个部分,分别是班主任心理健康教育入门、常见的学生心理问题预防、鉴别与辅导、班级团体心理辅导、学生生涯教育、学生心理危机的预防与干预、家庭心理健康教育和班主任自身心理健康维护。

三、实施过程

（一）试点实施

由班主任心理辅导课程撰写教师组成的讲师团,在区域内选择有代表性的班主任群体进行试点讲课。第一轮,我们选择了浦东新区小学和中学新上岗班主任班、骨干班主任班作为试点对象。对于教师而言,丰富的关于学生身心发展的知识是全面了解学生的前提。通过试点,了解课程是否有助于为新上岗班主任建立心理辅导的意识,提升采用恰当的问题解决策略对学生实施心理健康教育的能力。骨干班主任有着丰富的工作经验,但也会存在工作的困惑,特别是在处理学生问题时经常会遇到工作的瓶颈。通过试点,了解课程是否有助于骨干班主任冲破原有的传统工作模式,建构具有新颖性、科学性和实效性的班主任心理健康教育。

在完成初级班主任和高级班主任两级群体的试点后,我们又进行了第二轮试点,分别选择了区内小学、初中和高中各一所学校试讲。了解课程是否反映了不同学段班主任实际工作的情况或班主任在教学中遇到的问题,能否提供有针对性的、及时的解决方法和策略。

(二) 研讨完善

在试点实践中,我们注重参培班主任的反馈。第一轮的课后评价数据显示,教师们对于本课程内容的设计满意率达到92.9%;91.6%的教师认为课程的内容有时代性,能够反应当下学生的特点和问题;92.5%的教师喜欢这样的讲课形式;92.5%的教师认为讲课效果很好;92.5%的教师表示课程内容对自己的工作有帮助。在需要改进的建议中有:希望课程讲授的过程中能够增加更多的实例与操作实务;提供书面的学习材料,共享课程中提到的活动素材。

我们组织讲师团对评价中集中反应的问题进行讨论、分析、归档,并持续积累素材,不断完善课程。遵循"缺什么,教什么"的原则,紧密结合区域中小学班主任工作的实际,认真筛选、提炼个案,加强课程中提升班主任心理健康教育实践能力的占比。

第二轮的试点之后,老师们对于课程各个维度的评价均提升到98%左右,最喜欢培训中讲师们提供的具体案例、操作方法和现场体验环节。

(三) 成果物化

班主任心理辅导课程通过多轮的实践研究,不断完善,得到了参培学校的好评。班主任们普遍反馈,通过课程的学习,能够切身感受到班主任工作中运用心理教育方法,不仅能防止或解决学生的心理问题,使学生得到健康发展,而且在帮助学生发现自身价值、发挥潜在能力、发展个性特长等方面起着不可估量的作用。

我们遵循实践—认识—再实践的认识路线,在成果物化的过程中不断完善课程内容,以呈现丰富的案例、精彩的活动为特色,完成《班主任心理辅导课程》书稿的编写,制作配套微课,借助网络平台加大在区域内的推广力度。

四、保障机制

(一) 政策保障

上海市教委在"十三五"教师培训要求中提出的中小学教师专业(专项)能力提升

计划中指出：要提高教师育德能力、本体性知识、作业命题、实验、信息技术以及心理辅导等方面的专业(专项)能力。其中教师的心理辅导能力是要求教师能遵循心理健康教育的规律,具有把适合学生特点的心理健康教育内容渗透到日常教育教学活动中的能力,了解学生心理适应不良的表现和性质,并掌握心理辅导的基本方法和技巧。班主任作为学校德育教育中的主力军,其育德与心理辅导的能力在管理班级的过程中起着重要的作用。

(二)队伍保障

项目实施之初,浦东新区教育局、浦东教育发展研究院的领导对本项研究给予高度重视,组建浦东新区青少年心理健康教育发展中心项目领导小组：组长由浦东新区教育局德育处领导担任,副组长由浦东教发院德研室负责人担任。主要成员包括浦东新区青少年心理健康教育发展中心研训部主管,浦东新区吴增强名师工作室 12 位学员(其中 3 位是区心理学科带头人,6 位是区心理学科骨干教师,9 位是区心理学科中心组成员),浦东新区小学段、中学段班主任工作教研员,小学段、中学段家庭教育教研员,2 位浦东新区骨干班主任,2 位浦东新区家庭教育骨干教师。同时项目组还邀请了上海市教科院吴增强教授、上海市学生心理发展中心副主任沈之菲教授、上海市学生心理发展中心杨彦平博士、松江区教育学院科研室兼德研室主任、特级心理教师王洪明教师担任项目的专家顾问。

(本节执笔：吴俊琳,上海市浦东教育发展研究院)

第二节　班主任心理辅导课程研究总结

本次研究最终的研究成果以课程的形式呈现,包括《班主任心理辅导课程》正式出版图书和系列微课,具体内容如下。

一、面向全体学生的发展性心理辅导

班主任心理辅导属于发展性心理辅导的模式。有三个要点：其一,面向全体学生;其二,促进学生的人格发展;其三,促进学生的个体潜能发挥。与学校心理辅导教师相比,班主任所占的优势是能利用手边的各种资源,即动员学生身边的各种人际支持系统。通常班主任在对学生及时关注,并进行辅导性谈话后,效果都会较为明显,即

使效果不佳,班主任也可以第一时间把学生转介给学校心理辅导教师进行干预,有利于在问题萌芽期和关键期给予有效处理。

(一) 常见学生心理问题

1. 自我认知

自我是对自己存在的觉察,即自己认识自己的生理状况、心理特征以及自己与他人的关系。自我认知是一个人对自己的认识与评价,包括自我认识、自我体验和自我调控。人正是由于具有自我认知,才能对自己的思想和行为进行自我调控和调节,使自己形成完整的个性。

人的一生就是自我认识、自我发展的过程,人一生其实都在探索和回答这样的问题——我是一个什么样的人? 我将成为一个什么样的人? 随着自我的分化,个体对自己有了重新认识与评价,从而对自己的现实有了一个总体的概念,形成了"现实我"。当然,大多数儿童、青少年并不满足于自我的现实状况,而是对自我的发展充满期待与向往,形成了"理想我"。"理想我"不断地观察、分析、评估客观存在的"现实我",如果两者存在矛盾与距离,个体就会产生复杂的自我体验。如果处理得好,就会成为个体发展的一种动力,促使其不断超越自我;如果处理得不好,则会导致自我发展的停滞。

2. 学习心理

随着时代的进步,人工智能的到来,终身学习已成为必然的事实。从婴幼儿学习说话、行走,儿童学习写字、算数,成年人学习求职、做父母,直到老年人学习休闲生活、安度晚年,诚如俗话所说"活到老、学到老"。

对于学生而言,学习使其明智、高尚、成熟。然而,他们在学习中遇到的种种困惑,如学习动机不强、学习策略不当、学习困难、学习焦虑等问题,真真实实地挡在了他们前进的路上,以致阻碍他们健康成长。

3. 人际交往

心理学将人际关系定义为人与人在交往中建立的直接的心理上的联系。人是社会动物,每个个体均有其独特的思想、背景、态度、个性、行为模式及价值观,然而人际关系对每个人的情绪、生活、工作都有很大的影响。对于儿童青少年来讲,人际关系更是影响深远。临床心理发现,那些出现较严重心理问题的学生,绝大部分都存在人际关系不良甚至被群体孤立的现象。儿童青少年在人际交往中可能存在的问题主要包括:亲子关系的对立和冲突;师生关系的胆怯和回避;同伴关系的排斥和嫉妒;异性关系的冲动与纠结等。

4. 情绪管理

情绪健康是心理健康的显著标志,学校心理辅导的一项重要任务,是处理学生的情绪健康问题。情绪包括生理成分、表情与行为成分、主观体验成分。而个体对外部事物和内部需要的主观体验,是情绪的核心。我们通常把情绪分为积极情绪和消极情绪。当人们的身心需要未能达成时,会体验到负向的情绪反应,即消极情绪。它包括愤怒、敌意、焦虑、抑郁、恐惧、悲伤、厌恶、蔑视、孤独、尴尬、羞愧、内疚等。

有时候,班主任们会发现某个学生总是处在害怕、不安、闷闷不乐或其他与所处环境不太匹配的情绪状态中。此时如果能够大致识别出不同的情绪问题,我们也就可以采取相应的方法去帮助学生走出困境。

(二)个别心理辅导步骤

班主任在进行个别辅导时,可以遵行一些基本步骤进行。这样可以使辅导更有针对性,也可以更好地了解学生的情况以及在辅导过程中作及时的调整和改变。个别辅导的基本步骤一般包括:建立关系、探讨问题、收集资料、建立目标、实施辅导、及时转介与后续评估等几个阶段。辅导的过程因具体问题的不同而有长有短。有些问题可以将以上步骤在一次会谈中完成,但是有的问题比较复杂,在每一个阶段都可能要历经多次会谈才能完成。

1. 建立关系

在辅导初期,班主任要与学生建立起良好的辅导关系。对于大多数学生而言,他们与班主任之间的会谈,一般由班主任所发起。学生一般会比较信任自己的班主任,然而班主任常常担任领导者和教育者的角色,有的学生也会担心班主任对自己的过度关注而不愿袒露心声。因此,在辅导初期,班主任可以通过观察和询问了解学生对谈话的态度以及情绪变化。班主任与学生首先要建立起一种充满信任、理解、真诚、尊重、宽容和接纳的氛围,这对之后共同探讨问题有很大的帮助。

2. 探讨问题

在信任、开放的沟通关系中,班主任可以鼓励学生进行自我检查、自我澄清。在辅导过程中,班主任需要通过多多地提问,来知道学生的想法与感受。鼓励学生表达,从而达到情绪宣泄的作用。与学生一起分析问题,可以清楚地认识并理清具体的困扰是什么。

在这个过程中,班主任需要将重点放在学生身上,并不需要急于去处理问题。

班主任的倾听与理解可以帮助学生进行自我探索。班主任可以帮助学生理清的问题是：我当下的处境如何？我当前的表现对我有何意义？我真正需要改变的是什么？等等。

3. 收集资料

收集资料是进行心理辅导的基础，足够的资料可以帮助班主任进行分析判断，解决问题。班主任要详尽地了解学生，就要在收集资料时从多方面入手。对于学生资料的收集包括：身体特征（如体貌特点、健康状况、生理成熟程度、疾病史等）；心理特征（如情绪稳定性、个性性格、智力、学习动机态度、自我评价、社交能力等）；在校表现（如学习成绩、课外活动兴趣、师生关系、同学关系等）；家庭背景（如父母年龄、职业、受教育程度、家庭关系、父母对子女的期望、教育方法、家庭经济情况等）；个人成长史（如从小到大的主要经历、是否遭受过重大事件或创伤性经历等）。班主任可以通过观察谈话、学生自述、与班级科任老师或学生家长沟通等多种方式来对辅导学生进行一个比较全面的了解，为接下去的分析奠定基础。

4. 建立目标

根据对学生情况的了解及分析，班主任可以制定相应的辅导方案。首先要做的就是确立辅导的总体目标和阶段目标。确立辅导目标，首先要注意可行性和有效性。目标恰当，对于之后的辅导有很大的帮助。目标要具体，缩小到具体的范围，最好能够转化为具体可操作的行动。目标的确定应具有可检验性，可以从辅导后学生的表现来判断辅导的有效性。

建立目标后，班主任要根据对学生的了解来选择合适的干预方案。可以从学校、家庭多方面入手，也可以与学生商量，让学生自己作出选择。班主任需要与学生，有时甚至是学生家长进行多次商议，形成家校合作的"契约"，这样可以使辅导更顺利地开展。

5. 实施辅导

在确立目标和干预方案后，班主任就可以根据辅导方案进行具体的个别辅导，将构思一步步地付诸实施。在实施辅导的过程中，无论是对学生情绪的引导，还是其行为的改变，最关键的是持之以恒、循序渐进，班主任可以将辅导过程记录在案。

辅导往往很少一次成功，有时候学生虽然表面上改变了，但实质问题并没有得到解决，问题可能会反复出现。因此，及时的强化与评估在实施辅导过程中，是非常必要的，同时班主任也可以在辅导过程中及时调整辅导目标与干预方案。当然，班主任在实施过程中遇到自己很难解决的问题时,可以及时转介给学校心理辅导老师,共同进行干预。

二、面向班级的团体心理辅导

有些心理问题在班级中可能是比较普遍的共性问题。所以,班主任可以借用团体心理辅导的技术,设计并实施心理主题班会和心理主题活动,提高心理辅导的效率。

(一) 心理主题班会

良好的班级文化不是自发形成的,需要班主任有意识地加强引导,积极、主动地去营造建设。主题班会是班级教育活动的形式之一,班主任可以根据教育要求和班级学生的实际情况确立主题,围绕主题开展团体辅导活动。

1. 基本步骤

心理主题班会课设计策略是指围绕某个心理现象或问题,教师在课前、课中、课后可采用的具体方法。它可分为以下几个基本步骤:

(1) 课前准备

第一步,发现问题。从学生的成长需要,生活实际出发,发现存在的心理问题,作出初步的设想。第二步,分析问题。考虑班会的主题是否符合学生年龄层次、心理需求,能否在活动中引发学生的兴趣。第三步,确定主题。通过前两步的构思,确定班会主题的名称和具体内容。第四步,撰写主题班会教案。可分为设计背景、教育目标、活动准备、实施过程等。

(2) 课中实施

整个班会的实施过程是在师生互动中逐步开展的,是探究实际问题、提高认知能力和思想觉悟的一种重要的实践活动形式。活动过程强调有效的引领,不同层次的引导应该有不同的策略,班主任要在活动开展的过程中认真观察,及时发现问题,因势利导,通过沟通和交流,把负面因素转化为新的教育情境,力求给予学生正确的导向。

实施过程中可以采用行为训练法、案例分析法、讨论交流法、榜样示范法、活动引导法等达到主题教育的目的。

(3) 课后评价

在实施环节结束后,班主任要与学生一起进行评价总结,班会结束并不代表教育的结束。同时,班主任还需要做好一定的反思。

2. 主题选择

主题是整个活动的本源,也是贯穿整个活动的主线,影响着整个班会课的实效性,因此主题的选择要根据学生成长与发展的身心特点或班级中存在的问题,或是当下的热点问题。心理班会的主题应该依据不同年龄段的心理特点以及学生在这一阶段出现的心理健康问题、认知水平差异进行选择,突出针对性。

在《中小学德育工作指南》的德育内容中就提出心理健康教育。开展认识自我、尊重生命、学会学习、人际交往、情绪调适、升学择业、人生规划以及适应社会生活等方面教育,引导学生增强调控心理、自主自助、应对挫折、适应环境的能力,培养学生健全的人格、积极的心态和良好的个性心理品质。这些都可作为主题提炼的方向。

(二) 心理主题活动

活动是班级思想文化的载体,组织活动是班级思想文化建设的重要手段。班主任可以利用各种机会组织集体活动,寓德育于丰富多彩的集体文化娱乐活动之中。学校主题活动一般会动员全校学生共同参与,由于参与面较广,学校一般比较重视。班主任可以鼓励学生参与到各种活动中,从而了解班级学生的兴趣爱好,通过活动,也可以从多方面了解学生的性格特点。学校主题活动,一般以班级为单位组织学生参与,班主任也可以通过这些活动来进行班集体建设。

1. **基本步骤**

（1）活动准备

开展心理主题活动并非易事。首先班主任要认真准备,明确本次活动的目的、要求以及重点活动项目等。其次,班主任要提前向学生讲明活动要求和应做好的准备工作。最后,班主任要提前布置好活动的环境,环境条件(如空间大小、场地设施等)会对活动的效果产生潜在的影响,不仅会对学生的心理发展产生暗示作用,而且学生也可以通过环境来投射和表达自己的情绪体验。此外,对学生在活动中可能出现的超出常规的认识和行为,教师如何处理也应做到有所准备和预见。

（2）宣传发动

心理主题活动想提高学生的参与性,需要加强宣传与发动。为了尽可能让所有学生获得体验,心理主题活动往往是以小组为单位进行分工合作。小组的组织形式直接影响活动效果。分组一般采取自愿结合的形式,这样学生参与的主动性比较高,原则上不要由班主任强行分组。每个小组可以选一个组长,其职责是维护组内秩序、承接活动环节、带头表露或接纳。

（3）活动开展

班主任根据方案开展活动。虽然，心理主题活动的内容往往是与学生的实际生活相联系，但要使活动的内容与学生的兴趣之间建立直接联系，还需要班主任设置一些有吸引力的情境，调动学生参与的积极性。

（4）回顾升华

心理主题活动的结束阶段，班主任要加强总结，引领大家一起回顾在活动中经历过的心情体验，让学生在自己的心理发展和情绪体验之间建立起紧密的联系。在活动之后，班主任对活动的目的、意义和结果进行总结，从活动的目标和意义上进行提升，对活动的影响给予方向性的、符合社会主流价值观的正面引导。

2. 基本方法

（1）小组讨论

小组讨论是心理健康教育活动中最常见的方法。班主任可以将学生分组，然后就某一主题在组内发表自己的看法和意见，进行研讨，共同成长。运用小组讨论时，班主任要注意做好引导工作，对学生的发言不予以价值判断。

（2）游戏活动

游戏活动既是中小学生课余时间最熟悉、最喜爱的一种发展身心的活动方式，也是将学生的内心世界投射出来的一种心理教育方法。班主任在传统的校园游戏中，如果加入心理健康教育的元素，并积极地引导，就能够促进学生人格的完善，加强合作与竞争精神的培养，发挥心理活动的教育功能。

（3）角色扮演

角色扮演是指通过让学生扮演或模仿一些特定的角色，将学生暂时置于他人的位置，通过学生对角色的模仿、想象、感受和体验，使学生增进对他人社会角色及自身原有角色的理解，从而学会更有效地履行自己的社会角色。角色扮演活动能够起到澄清问题、疏解情绪和塑造行为等重要作用。

（4）讲故事法

故事本质上并不是对事件的客观描述，而是投射了大量的描述者和理解者的主观态度、感情、期望和经验的文本。让学生述说自己的故事，可以起到宣泄情绪、表达自我的作用。

（5）实践活动

心理主题实践活动主要包括社会活动（春游、秋游等活动）、社会考察（参观、访问和社会调查)、社会服务(公益劳动、志愿者服务)和社会实践(军训、学农)等形式,其主要目的在于让学生认识自己所生活的环境,寻找自己的社会定位以及体验不同的生存和生活方式等,社会实践活动是促进个体社会性发展的有效方式。

三、面向未来的学生生涯辅导

当代社会存在着一些功利主义、享乐主义和物质主义的倾向,由此带来的弊端是弱化人们对于自身存在的价值和意义的思考,弱化人们对有意义的生活的向往和追求。这导致不少学生学习动力不足、目标模糊,不了解社会的需求和自身的需求,不知道如何规划人生以实现个人价值。开展生涯辅导,旨在培养学生的综合素养和能力,促进学生对自我和人生发展的认识和理解,以帮助学生更好地规划人生,实现生命的真正意义和价值。

(一) 生涯辅导的涵义

"生涯"一词由来已久,但是不同学者对生涯的理解有所差异,目前大多数学者所接受的生涯定义来自于舒伯(Super)的观点:生涯是生活中各种事件的演进方向和历程,它统合了人一生中的各种职业和生活角色,由此表现出个人独特的自我发展形态。

生涯也是人自青春期以至退休后,一连串有酬或无酬职位的综合。除了职业之外,还包括任何与工作有关的角色,如学生、退休者,甚至还包含了家庭和公民的角色。所以,"生涯"在一定程度上可以看成是整个人生命成长的历程,也可以理解为介于"生命"和"职业"之间的概念,它的外延并未大到与"生命"等同,但也未小到与"职业"等义,其内容是比较宽泛的,具有丰富的内涵和特性。[①]

"生涯辅导"是运用系统方法,指导学生增强对自我和人生发展的认识与理解,促进学生在成长过程中学会选择、主动适应变化和开展生涯规划的发展性教育活动。生涯辅导的前身是职业辅导。职业辅导最初以职业选择、准备、就业和适应为重心,从20世纪70年代起,逐渐转变为自我了解、自我接受和自我发展为主的生涯辅导。生涯辅导的范围比职业辅导更为宽广,通过对学生的生涯认知、生涯导向、生涯试探、生涯选择、生涯安置、生涯进展等开展一系列有步骤、有阶段的活动,帮助学生充分了解自己的兴趣、能力、个性特点,了解大学、专业、职业、家庭期望、社会需要,分析评估自己的学习位置、学习优势与问题、发展能力,为未来的生活作准备,使自己成为生活的设计师。

---

① 沈之菲编著. 生涯心理辅导[M]. 上海:上海教育出版社,2000.

(二) 生涯辅导的内容

中小学生涯辅导的主要内容包括自我认识、社会理解、生涯规划三个方面。[①]

1. 自我认识

指导学生探索了解自身的兴趣爱好、能力特长和个性特征，发展积极的自我概念和生涯规划意识，提升自我调控、人际交往和社会适应能力，并在不断成长中形成健全的人格，树立正确的人生理想和价值信念。

2. 社会理解

指导学生增强社会意识、社会理解和社会责任感，认识个人与社会、学业与发展、当下与未来的关系，了解社会角色、社会分工的发展动态及不同职业的专业素养要求，形成对社会各行各业的尊重与理解。

3. 生涯规划

指导学生在充分的自我认识和社会理解的基础上，掌握学业规划与职业规划的主要方法，综合各类信息，平衡个人发展和社会发展的需求，制定适合自己的学业发展目标和计划，初步设计合理的职业和人生发展路径。

(三) 各学段生涯辅导实施重点

1. 小学阶段

小学阶段的生涯教育侧重于生涯启蒙。主要通过观察、模仿、游戏体验等活动形式，注重幼小衔接，指导学生发现并了解自身的兴趣爱好，感受学习乐趣，提高学习兴趣，增强学习自信心，引导学生形成基本的社会职业认识和人际交往能力，初步培育终身学习和发展的意识。

2. 初中阶段

初中阶段的生涯教育侧重于生涯探索。主要通过初中生涯教育课程与活动实施，促进学生拓展自我认识，培养合作能力、学习能力和生活适应能力。以初中学生综合素质评价为指导，以综合实践活动为载体，结合高中学校校园开放日、中等职业学校职业体验日等活动，促进学生对高中阶段学校的了解，拓展学生对社会分工、职业角色的体验与认识，初步形成生涯规划的意识与能力。

3. 普通高中

普通高中阶段的生涯教育侧重于生涯规划。主要通过生涯教育课程与活动实

[①]《关于加强中小学生涯教育的指导意见》(沪教委德〔2018〕8 号).

施,深化学生的自我认识,以高中学生综合素质评价为指导,以志愿服务(公益劳动)、研究性学习等学习实践活动为载体,增强学生的社会意识和社会参与能力。在选学择业的过程中,指导学生了解高等院校的专业设置和社会的职业需求等信息,激发学生的学习潜能,培养学生学业和职业的规划能力,提高学生的生涯决策和管理能力。

4. 中等职业学校

中等职业学校的生涯教育侧重于职业规划。主要通过生涯教育课程与活动实施,结合中职学生综合素质评价,提升学生的学习能力与社会适应能力,以工匠精神引导学生充分认识自我,了解专业就业信息,增强自信,锤炼技能,提高职业素养,规划学业和职业。[①]

(四) 生涯辅导的实施途径

1. 开设生涯辅导课

生涯辅导课是指为了进行生涯教育而开发和实施的课堂教学,通常以班级为单位开展活动,通过学生主动参与和体验,有目的、有计划、有组织地系统培养学生自我认知能力和职业探索能力,逐步提高学生的职业素养,帮助学生树立正确的职业价值观、培养职业决策能力和生涯规划能力,并形成健康的职业心理。就班主任工作的实际而言,要开设生涯辅导课的话,可以通过在班会课上开展以生涯为主题的教育活动的方式来达成。

2. 组织生涯教育活动

生涯教育活动是指生涯辅导课教学之外,学校有目标、有计划地组织学生参加的各种实践体验活动。生涯教育活动引导学生关注社会、发现问题、主动探究,增强学生生涯规划的意识和能力,培养良好个性品质,促进学生的健康成长与终身发展。[②]

通常情况下,生涯教育活动由学校统一组织,各年级分层实施。生涯教育活动的形式多样、内容丰富,如:通过生涯调查采访不同职业的从业人员或社会成功人士;参加学校校园开放日、活动体验日;参观大学、访问大学生;参观工厂、公司、博物馆;社区挂职锻炼、校外实践基地体验活动;志愿者服务活动、劳动;从模拟面试到参加社会招聘会;从职业初体验到职业深度体验活动,等等。

---

① 《关于加强中小学生涯教育的指导意见》(沪教委德〔2018〕8 号).

② 沈之菲主编. 开启未来之路:中小学生涯教育实施指南[M]. 上海:华东师范大学出版社,2019.

但是,由于校级开展生涯教育活动因人数规模等原因,在开展频次、灵活性等方面存在不足,所以更多情况下是以班级或小组甚至是个人为单位开展,这方便班主任结合本班实际,灵活调整,开展更有针对性的活动。

四、面向心理危机的预防与干预

月有阴晴圆缺,人有旦夕祸福!每个人的生命历程中,难免会遇到一些意外和危险,在经历这些困难和挫折的时候,每个人的反应各不相同,带来的影响也有大有小。青少年的身心正处于发展过程中,在遭遇这些危机情况时常常会给他们的身心带来重大影响,有些影响甚至会持续终生。作为他们的班主任,了解一些学生心理危机的相关知识,对引导、帮助学生顺利应对危机十分有利,减少心理危机带来的伤害和影响,是班主任工作的重中之重。

(一)心理危机相关概念

1. 心理危机的定义

心理危机是指个体在遇到突发事件或面临重大的挫折和困难,当事人自己既不能回避又无法用自己的资源和应激方式来解决时所出现的一种心理失衡反应。心理危机会引发情绪失控、逃学旷课、离家出走等事件,严重时会演变成自杀或伤人等伤害性事件。

2. 诱发中小学生心理危机的主要因素

心理危机的诱发因素有很多,中小学生易受到个人、家庭、学校等危险性因素的影响而发生心理危机。其中,家庭暴力、父母离异或再婚、家庭氛围紧张经常吵架,学生个性敏感、灵活性差、看问题容易偏激、对自己要求过高、自尊心过强等是高危险性因素。每年的开学季、重要考试前后、春季都是学生容易爆发心理危机的重点时间,班主任在这些特殊时间要关注学生心理变化,尤其要多关注班级重点学生的行为表现。诱发中小学生心理危机的主要因素简单归纳为以下几个方面。

(1)个人因素

性格孤僻内向,与他人缺乏正常的情感交流。例如,平时学习生活中独来独往,从不与人沟通、交流,不参加集体活动,等等。

自尊心强,追求完美,自我要求高,性格偏执,嫉妒心重。例如,每次考试都必须是第一名,不能接受别人比自己成绩好;对成绩比自己好的学生有报复心理或行为,等等。

性格暴躁易怒,容易冲动。例如,经常因一点小事跟别人发生冲突;情绪容易失控,摔、砸东西发泄心中愤怒;有伤害自己或他人的危险行为等。

情绪低落抑郁2周以上者,或已经确诊精神类障碍,如抑郁症、焦虑症、双向障碍等,但不愿意服药,不接受治疗,回避、隐瞒病情;有幻听、幻想、被害妄想等。

有品行障碍的人。例如,经常说谎;不服从师长管教,有言语、肢体上的冲突;推崇暴力,虐待小动物等。

过去有过自伤、自残、自杀行为的青少年属于高危人群,班主任要尤其关注。尤其是发现学生身上有莫名的伤痕,班主任要细心观察,并跟家长取得联系,侧面了解伤痕的原因。

（2）家庭因素

家庭暴力、父母离异或再婚、家庭氛围紧张经常吵架等都是高危险性因素,这样的家庭使学生的社会支持系统缺乏或者丧失。

（3）学校因素

每年的开学季、重要考试前后、春季都是学生容易爆发心理危机的重点时间,班主任在这些特殊时间要关注学生心理变化,尤其要多关注班级重点学生的行为表现。

3. 中小学生心理危机的具体表现形式

中小学生心理危机是指在校的中小学生由于其特定的角色、所处环境和身心特点在学业、人际交往、成长过程中遇到的一种心理危机。如学业危机、情绪危机、人际关系危机、生活危机、青春心理危机等。我国中小学普遍重视学生的学业表现,在各个学段中,学业优异与否是影响中小学生心理状态的重要因素。

除此之外,不同年龄段的学生,危机的类型与原因也有一定的差异,具体如下。

（1）小学生对家庭的依恋、对老师的依赖及家庭的生活条件对其身心发展的满足对危机的产生有不良影响,他们极易表现出社交退缩、孤僻、拒绝上学、逃离家庭或攻击同学等行为。

（2）初中生在青春期,对同伴交往的需求更大。无法恰当处理青春期的人际关系问题会引发多种情绪问题,严重者甚至会出现自伤自残的行为。同时,随着年龄的增长,学业压力变大,学业危机也逐渐显现。

（3）高中生在不断加深自我认识的同时,需要对自我进行统合和适应。另外,高中阶段学习任务较重,学习成绩的波动也容易引发相关的情绪和心理问题。

心理危机是危险，也是机遇。在学生遭遇危机事件时，学校老师、家长、社会各界如果能在事前做好预防，做到早发现、早干预；事发时恰当应对，进退有度；事后妥善处理，减少影响，这对青少年身心健康成长非常有利。

（二）学生心理危机工作的组织框架

学生心理危机事件的预防与干预往往需要多个部门和工作人员的协调配合，有些疑难案例甚至需要特殊部门或专业人士的参与，班主任老师提前了解危机工作的组织框架和运作机制，有利于突发危机事件的有效预防和及时处理。学生心理危机工作的组织框架（见图4.1）。

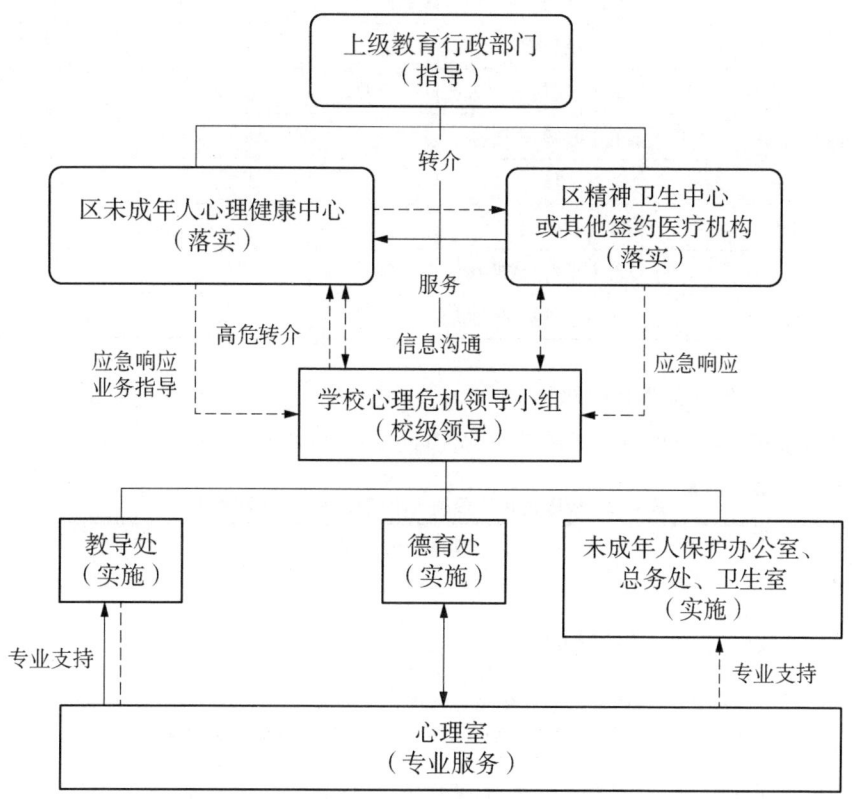

图 4.1　学生心理危机工作组织框架图

（三）学校心理危机工作小组的运作机制

1. 成立校园心理危机工作小组

校长是学校心理危机工作小组的负责人，工作小组成员一般包括分管校长、德育主任、总务主任、年级组长、心理辅导老师、学校医务人员等。危机当事学生的班主任和危机事件第一现场人是危机干预小组的临时成员(见表4.1)。

表4.1　学校危机干预小组成员及联系方式

职责	姓名	职务	联络电话
组长		校长	
副组长		书记	
		副校长	
组员		德育主任	
		年级组长(人数同年级数)	
		心理辅导教师	
		班主任(代表)(人数同年级数)	
		卫生教师	
		总务主任	
		体育教研组长	
		人事干部(或聘请法律顾问)	
		危机事件第一现场人	

2. 明确校园危机工作小组职责

学校危机干预小组每个成员都应清楚自己的工作职责(见表4.2)。

表4.2　校园危机干预领导小组成员分工与职责表

小组成员	具体分工与职责	
	危机预防	危机干预
校长	1. 学校危机干预工作小组组长,是学校危机工作总负责人和召集人,负责学校安全防范工作的统筹安排,并根据法律规定和市区教育领导要求具体部署学校危机管理与干预工作。 2. 成立心理危机干预工作小组,指导、监督分管领导制定学校危机干预工作计划;检查督促危机小组组员认真履行工作职责;定期召集危机干预小组成员会议,预警和处置校园危机潜在问题,实施整改。	1. 负责事件处理总指挥。 2. 召开紧急处理会议。 3. 指定人员对外发言。 4. 确保学校危机干预工作的实施。

小组成员	具体分工与职责	
	危机预防	危机干预
副校长	1. 是学校危机干预工作小组副组长,危机预防、处置与干预工作的直接领导和指挥人,制定心理危机干预预案。 2. 指导学校危机预防和干预工作的实施,对学校教师加强危机干预的宣传与培训,提高教职工的危机预警和应对能力。	1. 及时与各成员沟通,协调危机工作小组与社会有关部门、救助单位的联系与沟通(包括家长会、市区心理卫生中心、医院、警察局、其他相关社区机构)。 2. 依事件类型及大小决定启动相关组员以进行事件之处理。实施危机干预的评估、奖惩及处理意见等。 3. 负责事件处理对外发言之单一窗口。 4. 视需要发布新闻稿。
德育主任	1. 全面指导学生危机预防和干预工作的实施。负责对学生组织危机预防宣传教育和生命教育,引导学生热爱生命,善待人生。 2. 建立校级学生危机预警报告制度,关心特殊学生辅导,预防危机事件发生。 3. 组织、安排对家长、教师和学生应对的危机培训和辅导。	1. 负责事件现场与善后之各项安全工作。 2. 危机发生时对危机事件进行处理、协调、指挥、通报;接待家长及相关人员。 3. 收集证据,保护现场,做好学校危机干预事件资料收集和备案工作。
心理辅导教师	1. 对教职工进行危机干预专题培训。 2. 对学生进行心理健康教育,增强学生承受压力和挫折的能力。 3. 整合德育资源,对学生开展危机教育。 4. 建立学生心理健康普查制度,做好学生心理危机早期预警工作。 5. 对高危个体制定干预方案,进行危机的预防与转化工作。	1. 筛选与评估需要接受辅导之相关人士,并协助其危机处置相关资源的转介与运用。 2. 进入事发现场,协同处理自杀或自伤学生,并陪伴家属。 3. 协助处理班级现场,宣告事实。 4. 进行减压团体(Debriefing)的辅导。 5. 撰写心理危机干预报告。
年级组长(班主任)	1. 组织开展多种形式的教育训练活动,加强学生之间的关心与帮助,提高学生危机应对能力。 2. 建立年级、班级危机预警报告制度,对可能导致危机发生的不安定因素要及时向学校危机干预小组领导通报。 3. 建立学生心理健康信息反馈制度,对近期遭遇重大打击或变化的学生给予特别关注,发现有明显心理异常情况的学生要及时通报。	危机发生时,负责收集危机事件证据、证词、证人等有关方面的信息,整理上报领导小组;负责联系家长和有关家属,抚慰遭受危机事件伤害的学生、家长等。
学校医务人员	1. 将学生的健康信息记载清楚,如有需要,将了解到的可能有心理危机的学生及时报告给班主任和学校心理健康教育中心。 2. 备好处置各类危机事件的急救预案,急救器材和急救用品。	1. 危机发生时负责医务救治工作,提供紧急救护处理。 2. 协助相关医疗处置事宜。 3. 对于严重的危机事件,要及时寻求医疗帮助(拨打紧急救援电话)、联系医院、进行抢救等;抢救过程中遵循陪同制度、及时报告制度等。

小组成员	具体分工与职责	
	危机预防	危机干预
总务主任职责	1. 确保校园教育、教学、活动场地和器材的安全,每天落实安全检查,做好校门、校内治安保卫工作。 2. 确保学校水电、消防、通道、通信安全畅通,确保燃气、用电、药品、饮水、饮食安全,确保技防设备的安全运行。 3. 事先要准备好应对危机处置所需要的器材和设备,放置在固定地方。	1. 负责学校内外之联络及相关之总务工作。 2. 负责隔离现场。及时参与校园危机事件处理,组织人员保护事发现场,及时组织人员运送伤员,保卫校园安全,做好后勤保障工作。 3. 提供事件处理所需之各项支持(如器材、用品等)。
体育教研组长		1. 在发生全校性灾难时,组织全体体育教师分头负责年级、班级学生的带领、引导疏散。 2. 听从危机领导小组安排,通过广播安定全校师生情绪,负责指挥疏散。
危机事件第一现场人		危机工作小组临时成员,负有首见报告责任制,报告事件发生具体时间、内容、事件性质、涉及人员、现场情况等;尽可能地进行抢救、运送伤员、收集证据、保护现场。
学校人事或法律顾问		1. 负责学校内外有关事务之申诉、仲裁、救助、赔偿等协调工作。 2. 提供相关法律问题咨询。
学校家委会	1. 建立校级、年级、班级家长联络通道,保持联络通道畅通。	1. 维护家长群管理,禁止小道消息传播,统一宣传口径。 2. 监控家长群内家长情绪、言论动向,有情况及时跟学校相关人员沟通。
备注	小组每个成员都要熟记自己的工作职责,认真履行自己的职责,严格服从指挥,做好保密工作,随时做好资料的收集与证据保存工作,包括与相关方面人员联络的重要的电话录音、谈话录音、记录、书信、照片、监控录像等。	

为了及时预警和处置危机事件,学校所有人员都负有首见"报告制"的责任和义务,即危机事件第一现场人要报告事件发生的具体时间、内容、性质、涉及人员、现场情况等;并尽可能地进行抢救、运送伤员、收集证据、保护现场。

(四) 班主任预防性辅导

预防性辅导旨在增强学生积极应对压力、正向化解问题的能力,是预防心理危机

发生与恶化的重要手段。班主任是班级的管理者,也是学生身心健康的第一守护人。班主任可以从以下几个方面做好预防性辅导工作:

1. 做好班集体建设

(1)营造积极向上的班级氛围

班主任可以根据学生年龄特点,努力营造平等、团结、和谐、进取的班级氛围,减少班级霸凌现象的产生。可以从以下几方面实施:制订并执行班级公约、班规;布置温馨教室环境,建立"图书角"、"卫生角"等;让学生参与班级管理,培训学生的组织能力和责任心,使每位学生都有成功的机会和成就感。

(2)培养一支班干部队伍

班干部时时刻刻跟学生们生活在一起,彼此熟悉了解,是班主任进行班级管理的得力助手。因为随着年龄的增长,青少年在遇到困难或危机时,第一求助对象不是老师和家长,往往是身边的小伙伴或闺蜜,有些青少年为了保护隐私,甚至会向网络上的陌生人求助,而对身边人保密。因此在危机事件的预防和识别方面,班干部是班主任的哨兵和眼睛。

(3)养成写心情日记的习惯

心情日记或者周记是班主任跟学生进行日常交流谈心,了解学生心情动态的有效途径。为了保护隐私,多数青少年不愿意把自己的事情告诉别人,但是在日记中往往会真情流露,细心的老师可以从学生文字的字里行间敏感地把握到学生情绪的变化,及时发现问题,把危机消灭在萌芽状态。另外,写日记也是一种整理心情的渠道,文字在笔尖流淌,情绪也得到了宣泄、倾诉,这对青少年的情绪调节也有一定的效果。

2. 利用班会宣传普及心理知识

在班会课上,班主任围绕着特定的主题对学生进行思想、品德、心理教育,与在其他场合、其他形式的教育形式相比,它更能促进正确的班集体舆论形成,推进学生自我教育、自我管理;在学生中实现更广泛的思想交流,达到撞击后的相容;能较好地利用学生从众心理。同时,还有利于学生口头表达能力、思辨能力、组织能力,以及创造性思维的发展。因此,具有更高的教育效率。显然,充分利用好每周的班会课,开好主题班会,不仅重要,而且可减少班主任工作量,减轻班主任负担,达到事半功倍的效果。

(1)提高学生自我认识

自我探索是每个人需要终身面对的问题,在人生的每个阶段,我们都需要进行自我探索,进而认识自我。在游戏活动中,个人可以通过人际互动了解自己,也可以通过其他人对自己的描述或反馈对自己的认识进行辨析、修正和强化。小学生常用的游戏活动有:优点大轰炸、像我的物品、我的三个愿望等;初中生常用的游戏活动有:垂钓想法、价值拍卖会、我理想中的生活;高中生常用的游戏活动有:生命鱼骨线、十年后的我、理想与现实等。

(2)培养学生创新型思维,学会用积极的眼光看待问题

问题型思维的人,在遭遇危机事件时,往往看到的是问题和麻烦,有时会深陷其中无法自拔;而创新型思维的人在遭遇危机时,看到的则是资源和可能的方向。班主任可以在班会课上利用辩论会、演讲比赛、知识竞赛等形式普及积极心理学知识,引导学生换个角度思考,学会用不同视角看待同一事物,培养学生的创新型思维。在遭遇危机事件时,学生能够用不同视角去分析、探索解决问题的方法进行自救,不至于深陷泥潭无法自拔,甚至走上绝路。

(3)加强学习指导,减轻学业压力

学业压力一直是压在青少年头上的一座大山,良好的学习习惯有助于学生学习事半功倍,取得良好效果,减轻压力。所谓学习习惯是在学习过程中经过反复练习形成并发展的自动化的学习行为方式,无论是好的或是坏的习惯,一旦形成就不容易改变。当代教育家叶圣陶曾说过:"什么是教育?一句话,就是要养成良好的学习习惯。"因此班主任可以利用班会有意识、有计划地对学生的学习习惯、学习兴趣、学习能力进行培养。小学生常用绘本、儿歌、游戏活动等形式培养学生的学习习惯和学习兴趣;中学生则侧重学习能力的培养,如时间管理的能力、有效的记笔记方法、应对考试焦虑的技巧等。

(4)珍爱生命,懂得感恩

生命教育和感恩教育是学校德育活动的重点内容,相信各位班主任对这些内容都不陌生。除了传统的教育方式外,给各位班主任推荐一个方法:"内观的人生三问",即:别人为我做了什么?我给别人添了什么麻烦?我为别人回报了什么?班主任可以在班会课上,采用书面或者口头的形式进行讨论,然后再交流分享,在大家分享的过程中让学生从中有所领悟和启发。

(五)学生心理危机工作流程

1. 一级预防

主要针对正常学生的心理健康促进。遵循青少年发展的普遍规律,开展体现学段

特点的普适性辅导课程与活动。班主任(可联合家长、中学的同伴辅导员)关注学生的日常心理波动情况,提供适时的疏导,预防心理问题的产生。学校各部门协调配合,具体分工如下。

(1) 校长室联合分管校长、德育主任、教导主任的职责

营造和谐、温馨的校园氛围,引导全校教师和家长关注学生心理健康与全面发展;引导学生热爱生命,善待人生。加强校园及周边环境的安保,确保校园教育教学活动、活动场地和器材、各项设备的安全实施和运行,每天落实安全检查,做好校门、校内治安保卫工作。

(2) 心理教师的职责

通过心理健康教育课程,培养、训练、发展学生积极的心理品质和健康的自我观念,提高其人际沟通能力、情绪管理能力和社会适应能力。培养学生积极向上的宽容心态,珍爱生命,关爱他人,培养学生承受挫折和应对危机的能力,并向全校师生宣传学校心理辅导室和区心理中心的功能、地点及联系方式,启发学生建立寻求心理援助的现代健康意识。

心理教师还可以针对特殊年级、特殊人群、特殊时点(如开学初、考试前后等)开展预防性减压活动,帮助学生解决成长中的各种心理问题,增强心理免疫力和承受挫折的能力,提高学生助人自助的意识和能力。心理教师经常参加班主任例会,与班主任教师定期讨论,为班主任的谈心工作提供咨询与指导,也可以运用危机事件案例资料,组织班主任讨论和反思,帮助班主任了解危机事件发生的原因,采取的措施及利弊,怎样避免此类事件,如何给予家长建议和指导,等等,提升班主任的危机预警和干预能力。

(3) 班主任的职责

班主任在日常工作中,有意识地创建安全、和谐、温馨的班级氛围,减少班级内霸凌现象,多关注特殊学生,如单亲、离异、再婚家庭;家长忙于工作疏于管理孩子;学生学业压力大,考试成绩退步明显;独来独往性格孤僻,或失恋情感受挫等。班主任要能敏锐地观察学生心理波动情况,能够发现潜在的危机,对近期遭遇重大打击或变化的学生给予特别关注,及时谈心疏导,必要时转介到心理室。

班主任要加强家庭教育指导,引导家长关注学生心理健康与全面发展。指导家长关心孩子的心理健康,了解常见校园危机类型及对孩子的影响,增强家长帮助孩子的意识。指导家长观察孩子的情绪和行为变化,懂得有效沟通的方法技巧,倾听孩子的

困惑和需求,给孩子以引导,消除或缓解孩子不良情绪和过激行为,为孩子的健康成长提供最有效的支持。指导家长增进家庭的良好沟通和互动,增强家长的主动求助意识。

2. 二级预防

主要针对的是高危学生的预防性干预。由班主任转介到心理室(或进一步转介到区中心)的学生,经过科学的心理评估后,进行个别或团体的辅导,预防心理障碍的产生。学校心理老师(或区中心)也可根据情况,发起有明确预防主题的团体辅导小组,直接招募有需要的同学参与(入组前进行基本情况访谈),开展相关预防工作。学校各部门协调配合,具体分工如下。

(1) 校长室联合德育处、教导处、未保办的负责人的职责

定期举行校级心理危机工作小组会议,建立校级学生危机预警报告制度,关心高危学生辅导工作,预防危机事件发生。组织、安排对家长、教师和学生应对危机的培训和辅导。与社区沟通重点学生(孤儿或留守儿童、吸毒服刑人员子女、精神病人子女、残疾人子女、特困户子女、家暴家庭子女等)的信息,为其健康成长营造良好的校园环境。

(2) 心理教师的职责

心理教师对心理问题高危学生提供初步评估,建立科学的心理档案,平时多关注行为异常或近期情绪、行为变化较大的学生,如有心理障碍而表现出明显的行为异常的学生、有暴力倾向或伤害他人倾向的学生、突发事件导致产生自伤企图或行为的学生等。学校心理教师在对学生的危机进行风险评估后,可以根据实际情况提出干预措施,制定干预方案,给予危机学生及时的心理辅导,进行危机的预防与转化工作。也可以请有关专家指导,并做好咨询记录,对有需要的学生进行及时的转介服务,必要时通知校心理危机工作小组做好应对预案。

(3) 班主任

在心理老师的指导下,对有需要的心理问题高危学生(含转介到区中心的学生)提供支持性的班级环境。班主任可以通过与学生面谈、学生周记或作业、上课或班会讨论、班上同学的反映、与家长谈话等渠道了解学生情绪、行为、认知上的变化。发现有伤害性事件倾向时,及时请心理老师进行风险评估,需要时可联系家长告知学生的状况,共同合作协助学生接受相关辅导或医疗资源。

3. 三级预防

主要针对的是障碍学生的医教协同服务,以及伤害性事件的应急处置和善后工

作。学校心理老师或区心理中心评估出有医教协同干预需求的学生,转介到专业医疗机构。在其就医及康复期间,学校提供全方位的支持随访服务,预防伤害性事件的发生。当伤害性事件突发时,做好科学的应急处置和善后工作,预防该起事件引发其他相关人员的心理危机。学校各部门协调配合,具体分工如下:

(1) 校长室联合德育处、教导处、卫生室、未保办、总务处的负责人

学校与区县心理健康教育中心、校内外医疗机构建立紧密联系,对有严重心理障碍和心理疾病的学生,或有明显的自杀征兆、自伤行为的学生,学校做好劝说家长同意带孩子就医的工作,防止治疗脱落,提升就医的依从性。学校根据转诊单上的医嘱,对有需要的学生制定和实施三级预防方案。学校可以适当作教育教学方案的调整,如休学,校内提供心理支持服务、个性化的家庭教育指导、个性化的校内安保措施等。

(2) 心理教师的职责

学校心理教师在确认学生的心理危机后,应立即向当事学生说明当前的心理危机状况,重申超越保密原则的原因和条件,告知可能执行的预警措施及目的。在保证学生人身安全的前提下,第一时间将学生的心理危机情况通报至学校心理危机干预领导小组,启动个体心理危机应对预案,提醒学生所在班级班主任协助做好学生在校的安全监护。学校心理教师对有严重心理障碍或心理疾病的学生及时转介,并做好后续跟踪服务,及时了解危机学生的心理状态,确定应对措施,对所有心理危机干预工作做好相应的档案记录,留存危机干预全过程的详细材料,并保密保存。

(3) 班主任的职责

根据学校危机事件处理相关方案,为有需要的障碍学生提供适切的班级环境与个性化的家长教育指导。伤害性事件突发时,根据学校心理危机干预预案,负责收集伤害性事件的证据、证词、证人等相关方面的信息,整理上报学校危机干预领导小组;联络家长和有关家属,抚慰遭受危机事件伤害的学生和家长。伤害性事件发生后,协助心理老师做好班内学生的情绪评估与疏导。

五、面向家长的心理健康教育

青少年心理健康教育工作是一项系统工程,需要家庭、学校、社会多方努力。而家庭心理教育是学生心理健康教育中的重要一环,也是促进学生心理健康发展的重要途径。

(一)家庭心理健康教育概述

家庭心理健康教育,涉及家长、家庭心理、家庭心理健康、家庭心理健康教育等相

关概念。

1. 家长

一般情况下,人们认为"家长"指的是孩子的父母。但是从更广泛的意义上来讲,那些对儿童家庭生活产生重大影响的成年人也可以被称为"家长",如(外)祖父母和儿童的监护人、其他养育者等。

2. 家庭心理

家庭心理,首先是建立在家庭这一载体之上的。作为家庭,它不是个体,而是一个整体类属概念。因而,应当具备两方面的含义。第一,是家庭成员的心理,主要体现在家庭个体成员表现出来的心理现象和行为规律。另一个是家庭成员组成的团体心理,主要表现在家庭团体心理、群体心理。[①]

3. 家庭心理健康

家庭心理健康同样应该包含家庭个体成员的心理健康问题,也应该包含整个集体表现出来的团体心理健康。虽然二者的内容是截然不同的,影响因素也各不相同,但二者之间又相互影响。[②]

4. 家庭心理健康教育

教育是由教育主体和受教育者主体两部分载体构成的行为过程。对于包含有家庭成员个体心理和家庭成员组成的群体心理的家庭心理而言,家庭心理健康教育则显的较为复杂。从家庭教育的关系角度出发,家长、长者往往充当了教育的主体,而子女、晚辈则往往成为了受教育者的主体部分。[③]

(二) 家庭心理健康教育的目标

1. 发展性目标

创造条件使孩子的心理得到健康而充分的发展。这要求班主任要指导家长积极创造条件,帮助孩子在自我认识、承受挫折、适应环境,以及学习、交友等方面获得充分发展,以努力提高孩子的心理素质和人格水平。通过家庭心理健康教育,使得孩子能够正确认识和悦纳自我,善待他人,发展协调的人际关系,能够积极面对生活和学习中所面临的种种问题和压力,最大限度地发挥自己的潜能,使自己的能力不断得到提升。

―――――――――――――

① 平延勋. 全面两孩政策下家庭建设中的心理问题研究[J]. 现代职业教育,2020,(39).
② 丁书新. 学前儿童发展心理在家庭教育中的应用分析[J]. 心理月刊,2020,(18).
③ 李献云. 心理健康教育,应成为家庭的日常"必修课"[J]. 人民政协报,2020,(8).

2. 预防性目标

班主任要指导和协助家长,要及时发现孩子的心理问题并采取有效的措施进行积极的辅导或治疗。面对孩子在心理、学习或社会适应等方面出现的问题或异常状态,应采取适当的方法给予干预。在这个过程中,家长要认识到,在孩子成长的过程中,总会遇到一些心理问题,出现问题并不可怕,关键是要积极面对,并给予引导、帮助和支持。如考试焦虑、或者暂时的情绪波动等轻微的心理问题,家长可以给孩子提供支持和一定程度疏导。但是,如果出现严重的心理问题,甚至是心理障碍和心理疾病时,就要求家长要及时发现并创造条件给予针对性的心理辅导和治疗,并改善家庭互动方式,必要时也可以向学校或有关机构寻求心理援助,并在此过程中对孩子提供足够的心理支持和帮助。

(三) 家庭心理健康教育的内容

1. 家庭层面

在家庭心理健康教育的实施过程中,学校和社会要帮助家长承担起家庭心理健康教育的职责。而在此过程中,学校委派班主任对家长开展家庭心理健康教育的指导也是责无旁贷的,其目标就是通过对家庭成员的教育和指导,改善家庭的心理环境、提高家庭教育的质量和家庭成员的心理健康水平,提升家长开展家庭心理健康教育的意识、知识和技能。要注意的是,开展家庭心理健康教育的主体是家长。

2. 学生个体层面

班主任要帮助家长在家庭心理健康教育中,注重培育学生积极的认知、情感、意志状态和个性心理品质,培养学生具有良好的学习心理品质和人际交往能力,进行一定的生涯展望和规划等。

六、面向班主任自身心理健康维护

随着社会的飞速发展,教师职业越来越受到关注,在很多人眼中,教师职业稳定,受人尊敬,这是"太阳底下最光辉的职业"。有人说"教师是蜡烛",而我们更希望教师是"明灯",点亮自己,照明学生。作为班主任,不仅需要维护学生心理健康,更需要维护自身心理健康。

(一) 班主任工作压力和生活满意度

1. 工作压力

关于学生心理健康状况的研究很多,关于教师自身心理健康状况的研究却不多,我们在实践工作中,发现相对于一般学科教师而言,班主任的工作压力、身心健康问题都相对更大,我们参照国际上常用的生活满意度量表(LSR)与压力问卷编制了一份含有42个题目的"教师压力与生活满意度调查问卷",问卷分为基本情况、压力指数、生活满意度三部分。

压力,顾名思义就是一种压抑、压迫的状态①。如果用压力指数表明一个人所受压力的程度,压力指数过高,通常说明所承受的压力相当大,往往过于敏感,很容易紧张,日积月累下来的负面情绪很多,如果得不到及时宣泄,容易产生这样或者那样的心理疾病,严重的甚至影响身心健康。根据我们的调查,浦东新区教师的平均压力指数偏高,有22.14%的教师属于高压力人群,需要寻求心理医生的专业指导,46.86%的教师压力较大,需要注意自身心理调节。班主任的压力明显高于一般任课教师,尤其是高压力教师中,班主任明显多于非班主任。26—35岁教师的压力最大,通常该年龄段教师在学校承担了大量的班主任、公开课与教育改革重任,在生活中处于恋爱、成家生子、照顾幼儿的重任,所以教育教学与生活中的压力都是最大的。

2. 班主任生活满意度

生活满意度是个人生活的综合认知判断,主要是个体生活的一个总体的概括认识和评价②。作为一个认知因素,常被看成是主观幸福感的关键指标③。目前,国内外学者一致认为:生活满意度是个人依照自己选择的标准对自己大部分时间或持续一定时期生活状况的总体性认知评估④,它是衡量人们生活质量的重要参数⑤。

社会上很多人觉得教师职业挺好的,工作轻松福利好,社会地位高,还有让人羡慕的寒暑假,但教师本人的生活满意度如何呢?根据我们的研究,浦东新区被调查教师生活满意度平均得分36.80分,满意度属于中等水平,其中满意度分数超过50分的教师只有2.95%,满意度达到40—50分的教师只有36.90%,49.08%的教师生活满意度处于30—40之间,还有10.70%的教师生活满意度很低,还有0.37%的教师生活满意度极低。可见目前浦东新区教师的生活满意度远不如社会上很多人所以为的那样

① 薛莹. 微笑面对生活[J]. 华章:初中读写,2012,(9).
② 李儒林、张进辅、梁新刚. 影响主观幸福感的相关因素理论[J]. 中国心理卫生杂志,2003,(11).
③ Diener, Suh, Lucas, Smith. Subjective well-being: Three decades of progress, Psychological Bulletin [J]. Psychological Bulletin, 1999,125(2).
④ 陈文莉. 大学生心理健康与生活事件关系研究[J]. 健康心理学杂志,1999,(2).
⑤ 樊富珉、李伟: 大学生心理压力及应对方式:在清华大学的调查[J]. 青年研究,2000年第6期,第40—45页.

理想,总体而言,班主任生活满意度不足。

(二) 班主任压力源分析

1. 自身专业发展需努力

对班主任来说,其身份首先是一名教师,教育教学能力是立足之本,而在教师职业生涯中,教师教育教学能力发展、职称评定、评价考核等都是促进教师专业发展的重要内容,当然也就是班主任专业发展的重要内容。

首先,在教育教学能力发展方面。关于教师专业发展的阶段,不同专家看法不同,有人认为教师专业发展分为新手型、熟手型和专家型三阶段,我们认为教师专业发展可以分为:见习教师、职初教师、特色教师、专家教师四个阶段。通常教师入职以后,首先经过一年左右的见习期,在见习期,新教师要参加上级教育主管部门统一组织的见习教师专项化培训,这个培训一般历时一年时间,需要跟着带教导师进行教育教学的学习、实践,学习如何适应当今教育教学,通过有导师指导的实践学习如何成为一名具有职业道德的合格的人民教师;在职初教师阶段,教师能独挡一面,独立设计教案,独立组织课堂教学,能当班主任独立带班,在教育教学实践过程中,职初教师能不断反思,不断改进,并提高工作效率,这个阶段一般需要 2—4 年;其后,教师不仅能适应教育教学,而且能根据自身特长与教育教学需要,在自己喜欢也擅长的领域逐渐形成独特的教育教学风格,形成教育教学特色,有些老师可能一辈子就是合格教师,而一些教师却能在一定范围内成为一名有专长的特色教师,譬如,有的老师擅长微课设计,有的老师擅长科技教育,有的老师擅长组织活动,有的老师擅长课题研究,有的老师擅长指导学生……在这个领域,教师有专长,并得到一定的认可,教师本人也会很有成就感;随着教育教学实践和探索,特色教师的辐射影响程度越来越大,有些老师可能逐渐发展成为这个领域的专家,成为专家型教师。这个发展过程需要教师个体不断付出努力,有动力更有压力。

其次,在职称评定方面。职称评审的过程也是促进教师专业发展的过程,从见习教师到二级教师,再从二级教师到一级教师,从一级教师再到高级教师,从高级教师再到正高级教师,每一级职称评定的过程都有一定的标准和条件:如教学水平、公开课、论文或课题研究,包括班主任年限都是职称评审时必须具备的基础条件,还会存在名额与竞争,对教师来说,也是充满压力的。

第三,在评价考核方面。为了培养合格的国家未来人才,也是为了促进学校教育教学的发展,近些年基础教育进行了大量的改革,配套颁布了相关文件。这些给教师的教育理念、教学内容、教学方法、师生关系带来很大的冲击,社会期待越来越大;学生和家长的要求越来越多;学校的日常教学工作要求也越来越高。从教育部到地方各级教育行政部门,通过督导、检查、评审、评优、展示等方式不断规范教育、评选先进、宣传辐射。每一次检查都是为了规范,每一次考核都为了促进,每一次评比都是为了激励,在给教师带来了更多工作动力的同时,也给教师的日常教育教学增加了不少工作量和工作压力。

2. 班级管理能力要求高

对班主任来说,最大的压力源莫过于班级管理的要求。小学教师管理班级的责任有目共睹,除了上课,班主任基本都是坐在所任教班级教室中,对学生的餐饮、行为、学习等进行全程关注与管理;面对青春期的学生,初中教师的班级管理责任同样重要,学生半大不大、半懂不懂,情绪起伏大,困扰多,班主任还要引导学生正确的人生观、价值观和世界观的形成;高中班主任面对自我意识逐渐形成的高中生,不仅有学习引导的重任,而且更有理想信念和成人准备的指导重任。

现代学校的思想教育要求越来越高,根据教育部《国家中长期改革和发展纲要》(2010—2020年),要求建立学生发展指导制度,要加强学生理想、心理、学业多方面的指导。学生发展指导最重要的责任人首先是班主任,他们承载着学生全面发展的教育职责,需要协调任课教师和学生之间的关系,需要协调家长和学校之间的联系。例如,在班级管理中如何了解学生,如何与学生沟通?如何与家长沟通?如何与任课教师沟通?如何组织班级活动?如何增强班级凝聚力?如何指导学生选课?学生不肯交作业怎么办?学生恋爱了怎么办?如何指导学生进行时间管理?如何指导学生填报志愿?学生有心理问题怎么办?学生不愿意上学怎么办?这些"怎么办"其实都是现今班级管理对班主任提出的新要求,也必然要求班主任有能力处理应对,特别是当学生个性化越来越明显,未来发展要求越来越高时,在这种大趋势下,班主任必须尊重个性、尊重差异,促进每一个学生的长足发展。可以说班主任肩上的责任巨大,因此压力也很大。

3. 自身家庭生活得兼顾

根据心理学家舒伯的生涯彩虹图(见图4.2),人的一生生涯发展始终需要考虑不同的角色身份,一个班主任的角色是多重的。在学校是教师,是班主任;在家里,是父母的孩子,是孩子的父母,需要持家,维持家庭的稳固;在社会上是社会公民,是休闲者,每个班主任都有自己的社会生活圈。

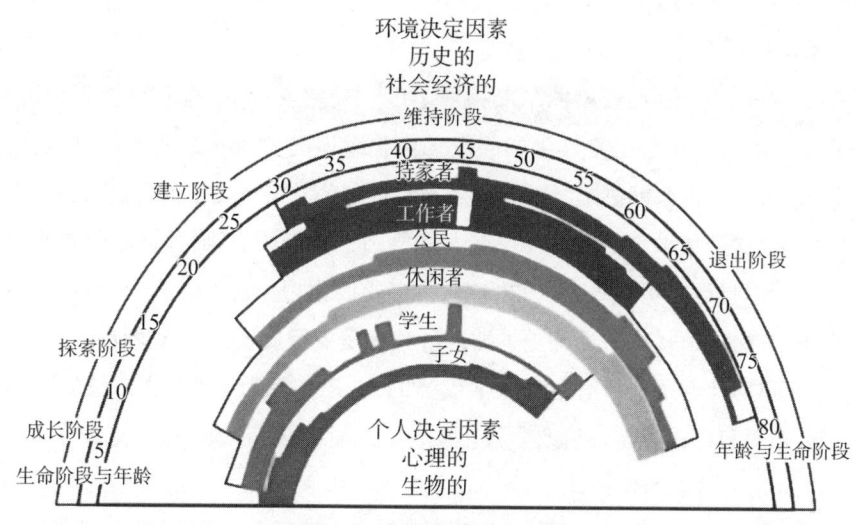

环境决定因素
历史的
社会经济的
维持阶段
40 45
35 50
30 55
25 60
65 退出阶段
70
75
80
持家者
工作者
公民
休闲者
学生
子女
建立阶段
探索阶段
成长阶段
生命阶段与年龄
个人决定因素
心理的
生物的
年龄与生命阶段

图 4.2 舒伯的生涯彩虹图

4. 时间管理策略待提高

每个人的时间都是一样多的,每天 24 个小时,如果需要完成的事情多了,那么必然会忙碌不堪,要么降低效率要么加班加点,废寝忘食,时间长了,对班主任的身心健康会产生严重的影响。

5. 日常情绪状态需调整

情绪是我们生活的晴雨表,遇到生活事件,每个人都会有自己的情绪反应和行为反应,也会有不同的影响,长期担任班主任,可能使他们持续处于高压力、高强度的应激状态,更容易滋生焦虑、急躁、烦躁、压抑、担心等情绪反应。有些班主任平时个性就不那么乐观,遇到事情容易悲观失望,压抑苦闷可能是常态,由于教师工作的特点,一般工作都是以学年为一个周期安排的,中途很难换人,因此,很多班主任虽然情绪上有诸多困扰但只能忍着,殊不知这样对身心健康是非常不利的,有些教师因为长期焦虑而肠胃不适,有些教师因长期烦恼而早生华发或者严重脱发,有些教师因为焦虑而失眠,有些教师因长期生气而肝部不适或者心脏不适,更有个别教师因为压抑苦闷而生抑郁症,严重的甚至猝死或自杀。班主任的日常情绪状态会影响班主任的身心健康水平,也会影响日常教育教学效果,甚至影响师生关系与班级学生的健康成长,因此,更需要班主任能及时识别自身与学生的情绪,能适切表达情绪并能及时调整情绪。

（三）班主任心理调适

1. 全面认识自己

"认识你自己"是刻在希腊德尔菲神殿上的一句格言，苏格拉底也常告诉人们要"认识自己"，因为认识自己是人生的起点。自我意识的矛盾状态使人们难以接受自己，于是，陷入更为消极的思维、情绪，最后导致抑郁的状态。要帮助自己告别痛苦，关键是要从心灵深处接纳现实的自我。首先是要调整消极的思维，如情绪性推理（感觉自己很笨，所以自己是很笨）、固执的期望（一定要成为一个优秀的人）、以偏概全的认知（一个小小的失败，认定永远都是失败）等；其次是要形成积极的自我评价，换一个角度看问题，例如，比起那些没有走进大学校门的人，毕业后为工作发愁的人，自己就是很幸运的，把对自己的否定评价改为肯定评价，自信会重新回到心中。

2. 寻找适宜的宣泄途径

我们说压力是客观存在的，个人或多或少都有生活压力，无论是什么职业，教师也不例外，所以，既然不可避免，有时就要与压力和平共处。面对工作压力，班主任要用积极的认知去看待它，我们可以采用适宜的宣泄途径积极化解压力。

（1）适度放松。

学习放松的一些方法，如呼吸放松、静坐放松、肌肉放松、瑜伽放松。当感到压力时，及时的短暂放松，往往比一小时睡眠效果更佳。

（2）学会倾诉

班主任工作非常繁重，当工作中遇到这样或那样的烦恼和压力时，试着与同事、与家人讲一讲、说一说，吐露心中的烦恼，宣泄自己的不满，畅谈人生几何……唠叨之后，不管问题是否解决，自己则会感到轻松许多。

（3）转移法

做一些自己感兴趣的事情转移烦恼，比如：和家人一起看场电影、一块散步，外出旅游。家里的事你恼火就赶快上班，班里的事使你生气就暂且往外走，离开烦恼你的情景，心情就不会不可收拾。这说起容易做起来不那么简单，常有人明知转移一下好，却要死守阵地，不肯躲开半步，似乎非要到最后胜利方可收场，结果事与愿违。

（4）宣泄法

适用于激情高涨之下，用适当的方式使怒气发泄出来。按情况做一个适合自己的发泄物，如果平时没有准备，就狠狠揍枕头或者摔倒不会坏的东西，这既有益于健康又不会造成可怕的后果。

（5）适当锻炼

锻炼也许是个老办法，正是因为老办法，才是一个长期有效的办法。每天坚持进行适度的锻炼，能够换来舒畅而平稳的心情，如游泳、做操散步，洗热水澡、听音乐、唱歌也十分有效。

（6）自我减压

可以试着上网玩游戏，或看泡沫剧，或在夜幕下反复思忖，或拿起笔记下心中感受，或拼命干家务，或默默流泪，这些都能达到释放压力的目的。

3. 学会时间管理

有些人总觉得时间不够用，常穷于应付他人的要求，而没有多余的时间从事自己喜欢的活动；而有些人则虚度光阴，导致该完成的事情没法如期完成，也增加了原本可以避免的压力。这些，都可能是缺乏有效时间管理而导致的。

每个人同样都有一天 24 小时，但有些人就是没有时间或时间不够用，有些人虽然很忙，但还是有时间喝杯咖啡、听听音乐、与朋友聚聚餐，如此之大的差异关键还在于是否善用时间。怎样才能更有效的安排时间呢？

（1）反省自己的时间管理

仔细回顾一下自己的生活，也许你会发现常常花太多的时间在一些琐事上，结果正事就来不及完成。花太多的时间做白日梦、闲逛或杞人忧天；或者每天都在做计划，结果到头来还是没有按计划执行。

（2）聚焦未来人生，树立合理目标

清楚自己的生活目标吗？生活目标是实际生活的指南，只有弄清自己的目标，列出长期计划和短期计划，订出适当完成的期限，让生活变得充实而有序。

（3）根据目标罗列自己想做的事情，让生活过得充实有意义

不妨列出一个心愿清单，让自己明确近期远期想做的事，并付诸行动。

（4）判断轻重缓急，合理分配时间

可以利用艾森豪威尔时间管理法则，把工作、学习任务按照重要和紧急两个不同的维度进行了划分，基本上可以分为既重要又紧急、重要但不紧急、紧急但不重要、既不紧急也不重要这四类。在时间管理上，可以按以下次序完成任务。

① 重要且紧急的事情必须首先处理优先解决。

② 重要不紧急的事情安排时间有序完成。

③ 不重要紧急的事情在完成一、二象限事情的基础上完成。

④ 不重要不紧急的事情有闲暇时间再完成。

（本节执笔：李文君，进才实验中学；沈慧，进才中学；刘丽秋，建平实验中学；李雪芹，上海尚德实验学校；向翔，南汇第二中学；徐佳，上南中学南校；汪海云，南汇中学；盛佳妮，周浦实验学校；张琪娜，华高小学；刘月英，航城实验小学；张晓冬，建平中学；曹冬梅，上海海事大学附属职业技术学校）

第三节　班主任心理辅导课程典型课例

班主任在日常实践中要密切地与学生家长合作，探寻多样的途径引发家长对心理健康教育的重视，帮助家长积累心理健康教育的理念与方法，从而驱动家长在家庭中对学生实施有效的心理健康教育。

一、家长学校

班主任要借助家长学校这一载体，对家长开展家庭心理健康教育的指导。家长学校的教学内容要体现针对性和开放性；教学方式要发扬体验、分享、互动的特征；家长学校的形式要丰富，可以结合"线上"或"线下"，并通过家长培训、家长讲座、家长团体辅导（家长沙龙、家长成长坊）等多种形式实施。[①]

（一）确立家长学校的课程内容

班主任可以通过对学生心理发展规律的观察和研究，并通过问卷调查、家长代表及家委会座谈等方式了解家长在家庭心理健康教育中的问题和困惑，遵循多元化和针对性原则，形成课程的系列内容。

（二）采用丰富的家庭教育组织形式

在组织形式上，要采用丰富的形式，如主题培训、主题讲座、家长成长坊、家长沙龙等。

主题培训或讲座：班主任可以借力学校心理辅导室，邀请心理教师面向家长开设心理主题讲座或培训，或者结合校级或者区域层面的心理专家讲座或培训的契机，做好互动、讨论、总结等工作。

---

① 王涛.办好家长学校的有效路径[J].广东教育,2020,(2).

家长成长坊：针对更具个性化的问题，班主任可以组织开展家长小团体辅导，如成长坊，其价值在于家长能在相对隐私的空间里，面对拥有相同困惑的家长，实现内心情绪的宣泄，获得支持，并且在班主任老师的引导下，能更深层次地对学生心理健康教育的议题进行探索，实现成长和转变。①

家长沙龙：既可以激发家庭心理健康教育的智慧，也是班级家长之间沟通交流家庭心理健康教育的契机。家长们在沙龙里互相了解，消除误解，结成互信友爱的关系。家庭心理教育指导的核心要义是助人自助，帮助家长实现自我心灵成长，提升家庭心理健康教育的能力。

(三) 挖掘家长学校的教育资源

家长学校的教育资源是非常丰富的，班主任要做个"有心人"，善于挖掘各类资源。

要善于挖掘区域层面的教育资源。青少年家庭心理健康教育是一项系统工程，得到了各方的关注，也需要各方努力。因而，从社会、区域等各层面来说，青少年家庭心理健康教育的资源还是比较丰富的，班主任要善于发现和收集。

也要善于运用好本校的教育资源。班主任要充分运用好本校的培训、讲座、活动等资源，并组织好后续的互动、交流、研讨等内容。

班主任本身就是优秀的教育资源。班主任在开展家庭心理健康教育指导时，对家长是很有影响力的，故而班主任本身就是非常好的师资。因此，班主任要加强家庭教育相关理论和实践的学习，要善于发现和解决问题，从而起到有效的家庭教育指导作用。

此外，家长也是独一无二的教育资源，是家庭教育的内在力量②。在家长学校实施过程中，班主任要努力将家长从传统的被动受教育者转变为主动参与者、组织者、实施者，完成角色转换，提升家长的主体性。同时也能够让家长间形成携手共担的家庭心理教育氛围，共同面对心理健康教育困惑，凝聚心理健康教育智慧，进一步形成家校合力，共同助力学生，提升其心理健康水平。③ 在实施中，班主任可以邀请家长代表分享相对成熟、成功的家庭心理教育经验和心得，供其他家长学习和借鉴④。当然，每个家庭都有值得其他家庭学习的地方。班主任也要善于发现，找出这些家庭的闪光点，

---

① 陆婷婷：家长同侪互助促进家校合作[J]. 上海教育，2020(Z1).
② 杨倩. 创新"家长主体"下的家庭教育指导模式[J]. 中小学班主任，2020，(3).
③ 曹俊红. 家校合作在小学心理健康教育中的应用[J]. 文学教育，2019，(12).
④ 吴湘英. 探家长学校示范化建设——以娄江实验学校为例[J]. 家长，2020，(1).

比如,哪些家长陪伴孩子运动时间多,哪些亲子活动做得好,等等。将这些内容在班级里进行宣传,这对于当事家庭是肯定与鼓励,对其他家庭就是学习和借鉴。

【案例】　　　班主任借助家庭心理健康教育资源,开展毕业班家长学校

2020年6月,是疫情期间返校复学后的考试季,为此很多中小学在此期间都召开了家长会,对家长开展指导。其中,对于考试心理辅导,上级推出了《中高考前(复习迎考阶段)家长应把握的要点》的指导,内容如下所述。

家长在孩子迎考阶段担负着为学生排忧解难和做好后勤保障的重要任务,加上中国式家长对于"分数""能力""等级"划等号的现实,物质与精神的现实背离和负担,处理不当,也可能起到相反的作用。班主任应提醒家长做到以下几点:

1. 保持自己情绪的稳定,避免自己出现"考试焦虑症"影响孩子复习。

2. 不要过多干涉孩子的行为,创造宽松的复习环境。

3. 适度给予精神和物质上的关照,避免过度照顾。

4. 根据孩子的实际水平调整期望值。

5. 家庭氛围不要改变过大。

6. 多和班主任及任课老师沟通,及时掌握孩子的学习和生活状态。

考试结束后,面对揭榜后的成绩,家长无论是自己还是孩子,都要注意调节心理的落差。尤其是中高考学生,完成了一个重要的人生任务,也意味着下一个人生阶段的开始。那么考试结束后,家长应该做哪些事情?

1. 关注孩子的考后情绪,及时对考试失利的孩子的心理进行疏导,如有必要及时寻求专业帮助。

2. 帮助孩子规划未来的生涯发展,指导孩子填报志愿。

3. 切忌让孩子过度放松,在假期中保持生活规律,劳逸结合。

某初三毕业班的班主任老师,就借助了以上资源,开展家长学校。以《轻松应考,迎接美好明天》为主题,结合具体的案例、做法,对家长进行专题指导,帮助家长更好地陪伴学生度过中考。这契合了家长的实际需求,解决了家长的实际困惑,获得了家长的好评。

二、家校互动

班主任还可以通过各种形式的家校互动,来开展家庭心理健康教育指导。可以开展集体指导(如家长会、校园开放日、各类家校互动活动),还可以开展个别指导(如各

种形式的家校联系)。

立足家长会、校园开放日等特点,班主任可以将心理健康教育渗透其中。在家长会上,班主任不但要会向家长反馈学生的学习情况和学习表现,还要向家长进行心理健康教育宣传。在校园开放日上,班主任要创造契机,增加亲子互动的契机,提升亲子关系、增强亲子沟通,为家庭心理健康教育创造良好的基础。

班主任还可以通过组织各类家校互动活动,如家庭心理健康教育趣味知识竞赛活动、"走上父母上班路"生涯体验活动、亲子读书活动、家庭心理健康教育智慧家长评选活动,增强亲子互动、家校互动,普及家庭心理健康教育知识,提供家庭心理健康教育知识与技能指导①。

通过家访等家校联系,班主任可以了解学生在家的表现,并可以对学生心理健康的具体情况进行分析总结,如果发现学生在家庭生活中存在不良心理表现,还可以及时地给予指导或者提供心理援助资源。班主任通过与家长面对面有针对性地探讨,解决实际问题,巩固和促进学生健康心理的发展。

【案例】　　　疫情期间,班主任开展家庭心理健康教育个别指导

疫情期间,浦东新区某班级学生常常表现出烦躁、易怒的情绪状态,家长向班主任反馈学生的情况,并希望班主任能给予指导和帮助。

该班主任首先学习了《浦东德育》微信公众号于 2020 年 3 月 11 日刊登的,由心理学教授梁宁建主讲的心理微课——《疫情期间,父母该如何舒缓孩子的心理压力》。

班主任从中学习了引发焦虑、担忧等负面情绪的原因:对未来的不安心理(如生活、工作、学习、就业、升学)、生活失序(如忙乱无序、丢三落四、无力应付)、达不到自己的期望(例如,想要达到高标准和目标,却事与愿违)等。班主任也学习到:疫情期间,不确定性易产生压力,生活琐事常有争吵,引起负面情绪,导致肾上腺激素分泌,使父母与孩子的冲突升级,家庭氛围不再和睦美满。

班主任还学习了父母要坦然面对孩子的负面情绪,同时需做好以下三点:(1)正确认识孩子在疫情期间出现的心理问题;(2)了解负面情绪产生的原因;(3)在亲子关系中,扮演好父母角色,增进沟通,营造和睦的家庭氛围。

学习了以上内容,该班主任对该家庭采取了视频家访这一家校互动方式,进行家

---

① 胡敏芳.班主任开展家庭教育指导的策略研究[J].家长,2020,(11).

庭心理健康教育的个别指导。班主任首先与学生进行谈心,表达了对学生的关心,也了解了学生的内心感受,并了解到该生产生负面情绪的原因是因为不适应在线学习的新方式,从而产生了烦躁、焦虑的情绪。接下来,班主任就如何调节情绪、如何更好地适应新的学习方式,与学生进行交流,并和学生一起总结应对方法。最后,班主任对家长进行指导,指导家长站在学生的角度去理解产生负面情绪的原因,并鼓励家长努力营造和谐包容的家庭氛围。班主任还引导家长可以就情绪调节、问题解决、提高适应、学习策略等议题和学生进行交流和沟通,引导学生用合理的方式进行情绪调节,善于运用资源提升问题解决和适应能力,学会根据实际情况调整学习策略,开展家庭心理健康教育。

三、传媒指导

班主任还要善于利用传媒指导(如书籍、电影、电视、广播、网络、新媒体等),打开家庭心理健康教育指导的新视角、新空间。

班主任可以将有益于家庭心理健康教育的各类传媒,如有益的书籍、引发家长学习和思考的电影、电视、广播,以及各类网络和新媒体资源,提供给家长,并结合实际开展一些讨论、互动等活动,让心理健康资源更好地成为家长开展家庭心理健康服务。在这个过程中,班主任可以调动起家委会,甚至家长的力量,来收集各方心理健康教育的资源。

互联网也为家校共同体的形成,提供了有效的支持和更加便捷的呈现形式。一是能拓宽家庭心理健康教育信息的来源渠道,丰富其内容和形式。一些网站、公众号中的有关心理健康教育的文字和视频资源,都是很好的资源。二是能增加互动交流的渠道、提升互动交流的及时性。例如,班主任可以通过班级群互动,向家长普及对家庭心理健康教育的认知,掌握家庭心理健康教育的方法,有效地实施家庭心理健康教育。

【案例】 班主任运用家庭教育心理漫画丛书《心爸心妈成长记》进行传媒指导

《心爸心妈成长记》家庭教育心理漫画系列丛书根据《全国家庭教育指导大纲》、《中小学心理健康教育指导纲要》、《中小学德育工作指南》等相关文件精神,从心理学理论的角度予以专业分析和支招,W-what 什么情况? W-why 怎么了? H-how 怎么办? 通过不同问题、不同模块,从觉察力、分析力和行动力方面予以家长指导,让父母透过现象,了解孩子心理成长的特点与规律,助力家长构建和谐的亲子关系。让科学的爱成为教育的注解,让家长暖心陪伴孩子共同成长。

某学校班主任,发现最近在班级中过度使用网络的孩子不在少数,于是运用了《心爸心妈成长记》中六年级"理解篇"：《孩子沉迷游戏，放不下电子产品怎么办?》(见图4.3)，将其通过班级群推送给家长，并组织了讨论和交流。家长也通过老师的传媒指导，收获了亲子沟通方法、家庭心理健康教育方法。案例中，班主任既借助了书籍这一传媒，又借助了微信群这一网络传媒，开展了家庭心理健康教育的指导。

图 4.3　《孩子沉迷游戏，放不下电子产品怎么办?》中的部分漫画内容

家庭是孩子的第一所学校。班主任帮助和指导家长,由家长开展好家庭心理健康教育,具有其现实意义和价值。开展家庭心理健康教育的需求是迫切的,也是任重而道远的。班主任需要借外力,练内功,方能更好地帮助到家长,从而让学生在成长的家庭中受益。

（本节执笔：盛佳妮,上海市周浦实验学校）

第四节　班主任心理辅导课程实施总结

一、研究成效

1. 明确了班主任在心理健康教育中的角色定位和教育目标

班主任的心理健康教育工作就是将心理辅导者的角色融合到班主任的教师和管理者角色中,班主任能够在学生的成长发展的过程中找到平衡点,并能科学、人本地处理学生在学习生活中的发展性问题。

根据学生在生理、认知以及社会性等各方面的发展与变化,小学阶段班主任的心理健康教育目标包括：提高学生对学校生活的适应能力;培养学生规则意识和集体观念;培养学生的学习兴趣,使其能对学习产生自主性的学习动机;耐挫力和抗压力的培养;帮助学生认识青春期。初中阶段的班主任心理健康教育目标以学生在青春前期的高速身心变化发展为依据,包括：帮助学生提高情绪的自我控制和调节能力;培养学生人际交往的能力;帮助学生正确认识“自我意识”,能积极开展自我评价,自信且自立。高中阶段的班主任从一个“家长”转变成一位“导师”,将要求和指令转化为启发和指导,这种转变是符合高中学生需要的。该阶段班主任的心理健康教育目标包括：帮助学生确立自身的目标,并根据目标制定相应的学习计划;帮助学生正确面对成长的压力,学会如何调试自身的不平衡状态以达到身心健康;指导学生建立更为成熟的人际关系,学会与人相处,与社会相处;指导学生完善自身的个性特点和意志品质,增强自觉性、果敢性和自制力。

2. 提升了班主任对学生心理健康教育的工作效率

班主任通过本课程的学习,加强了对学生心理健康的关心,了解了学生心理发展的规律,可能会产生的心理问题与困惑,并掌握了基本的心理辅导方法,包括建立关系、探讨问题、收集资料、建立目标、实施辅导与后续评估等几个阶段,可以给予部分学生以心理辅导和调适,进而提升自己的心理健康教育能力。同时班主任还学习了如何通过建设积极的班级氛围、指导家长、广泛宣传等方法为学生营造健康、和谐的家校心理环境。

3. 培养了一支专业性强的讲师团,制作一批优秀的培训课程

班主任心理辅导课程在试点的过程中,参与编写和讲课的教师锻炼了自身的能力,为区域培养了优秀的讲师团,同时也为制作优秀培训课程积累了大量的素材。

二、未来展望

2020 年上海市教委《关于推行中小学全员导师制的试点工作方案(讨论稿)》提出要加强学生发展指导,发挥教师队伍基础作用,提高全体教师的育德能力和家庭教育指导能力,推动教师人人成为学生健康成长的指导者,建立和完善中小学生身心健康守护网和现代学校治理体系。

导师的主要任务中包括:关注学生的心理健康和成长需求,通过个别谈心、座谈等多种渠道及时了解学生心理状况,帮助学生创设宽松的心理环境,疏导不良情绪,化解心理压力,正确对待成长中的挫折和烦恼,培养学生调控情绪、应对挫折、适应环境的能力,培育积极心理品质。经常性与学生家长沟通,了解学生的家庭情况,力所能及地帮助学生解决生活中的困难。掌握学生在家庭中的表现,配合家长指导学生养成健康的生活习惯,科学合理安排日常生活,培养学生自制、自主、自理能力。指导学生发现并了解自身的兴趣爱好,全面认识自我;明确发展方向,确立成长目标。根据学生个性特点,做好生涯规划指导,为学生的终身发展引路和奠基。这些也是《班主任心理辅导课程》的研究内容,所以,我们将根据文件精神,继续课程的完善和推广。

(本节执笔:吴俊琳,上海市浦东教育发展研究院)

第五章 "积极成长·幸福"课程研发与实践

第一节 "积极成长·幸福"课程研发机制与实施

幸福是一个永恒的主题,人的一生就是不断创造幸福、感受幸福、分享幸福的一生,这是人超越生存状态的强大动力,也是社会发展的巨大推进力。因此,作为培养人、教育人的活动——教育,也应该是以促进人的幸福作为价值追求的活动,而教育活动本身,也应该是能让人产生幸福感的活动。

自 2011 年起,黄浦区心理健康教育的骨干团队就开始了将积极心理学理论与中小学心理辅导工作相结合的研究与实践。2014 年,《区本积极成长·幸福区本课程指导纲要》编写完成,并在区域近十所中小学试点,探索积极心理学理论在学校心理健康教育工作中的应用。但是,从文本的"指导纲要"到真正落地推广仍有一定距离。

十三五期间,《黄浦区教育改革和发展"十三五"规划》提出,要为黄浦初步建成世界最具影响力的国际大都市中心城区提供坚实的智力支持和人才保障。同时,基于构建师生共同健康成长的教育生态、促进师生共同幸福成长的需求,2016 年,区本幸福课程的研发与实践再次启动,并申报了市、区级课题,希望通过"幸福课程"的探索,开发出相应的教与学资源,弥补、改善现有课程设置和内容的某些不足、局限,并提炼切实可行的实践路径与课程实施方法,创建具有区域特色的、关注中小学师生心灵成长的区本幸福课程,并开发相应教材和资源,促进中小学师生在生活中积极成长、获得幸福、实现人生价值。

一、课程研发价值

（一）落实学生发展核心素养的根本要求

随着我国基础教育课程改革的持续推进,人的素质被视为一个完整的结构。2016年,"中国学生发展核心素养"发布,明确学生应具备的必备品格和关键能力,从中观层面深入回答"立什么德、树什么人"的根本问题,它为当前学校课程改革指明了新的方向。其中健康生活所包含的基本要点:珍爱生命(理解生命意义和人生价值)、健全人格(具有积极的心理品质,自信自爱,坚韧乐观;有自制力,能调节和管理自己的情绪,具有抗挫折能力等)与自我管理(能正确认识与评价自我,依据自身个性和潜质选择适合的发展方向)等内容,与本课程建设所倡导的"培养人的积极心理品质和美德"的理念与目标是相一致的,所以,《幸福区本课程》的架构与实施也为学生发展核心素养的落地提供了可能。

（二）实现区域教育发展目标的有效抓手

《黄浦区教育改革和发展"十三五"规划》明确提出,要为黄浦初步建成世界最具影响力的国际大都市中心城区提供坚实的智力支撑和人才保障。这为区域教育提出了新课题——如何为全体学生提供可促进其持续发展的适切的教育。在这个大背景下,也为区域心理健康教育指明了新方向:面对有巨大差异的学生(家庭),如何以人为本,激发学生潜能,培育学生积极的心理品质,促进学生健康成长,使不同的学生与家庭都能得到属于自己的幸福。而"幸福区本课程"的研究与实施,正是朝着这样的方向努力:帮助师生获得坚实、正向的心理能量,学习做生活的主人,追求属于自己的幸福人生,从而为实现"智力支撑和人才保障"的区域教育发展目标提供支持。

（三）实现师生共同幸福的迫切需求

我区一直坚持"办学生喜欢的学校"的理念,致力于创设"让学生在成长中感受快乐,在快乐中得到成长"的育人环境,在促进学生当下发展的同时,也为学生的长远发展奠定基础。教师是学校育人环境中非常重要的育人资源。大量的教育实践与研究结果均表明,教师的心理健康状况和教育行为,会通过长期潜移默化的作用对学生的发展产生直接或间接影响,这些影响可以表现为影响学生的学习效果,以及学生乐观情绪的产生、健全人格的形成等。因此,教师在学生的成长过程中,扮演着非常重要的引路人的角色,只有幸福的教师,才能培养出幸福的学生。本课题研究的对象指向本区中小学生及教师群体,通过"幸福课程"的探索,提炼切实可行的实践路径与课程实施方法,帮助并引导中小学生及教师树立、发展正确的幸福观,在和谐互动、平等尊重的温馨环境中促进师生共同积极成长,从而助力区域教育发展。

(四) 对现有课程设置和内容的补充完善

近年来,以积极心理学理论为理论依据的团体辅导活动手册、心理健康教育教材等开始陆续出现,但是,缺少科学、系统的课程标准与课程方案等指导性的研究;且较多关注了学生的成长,恰恰忽略了影响学生成长的重要因素:教师。黄浦区自2013年就开始研究,形成了《中小学积极成长·幸福区本课程指导纲要》(初稿),并在区域近十所中小学中试点开展,在全区心理辅导教师群体中进行研讨,同时在心理辅导教师基本功竞赛中开展相关主题的教学评优活动。在前期实践研究的基础上,本研究将积极心理学成果的有效运用与中小学拓展课程、教师职后培训要求有机结合,进一步完善适合教师以及不同年龄段学生、体现素质教育思想和心理发展规律的积极成长课程指导纲要,并开发出相应的教与学资源,弥补、改善现有课程设置和内容的某些不足、局限,创建具有区域特色的、关注中小学师生心灵成长的区本幸福课程。

在接下来的篇幅中,主要介绍区域中小学生"积极成长·幸福区本课程"研究与实践的情况。

二、课程研发目标

依据当代积极心理学研究成果,在整合原有学生心理(辅导活动课、拓展课)课教学资源的基础上,建构中小学"积极成长·幸福区本课程",开发相应的教学资源,并在实践中归纳提炼区本课程实施的有效途径、方法与策略,促进学生在生活中积极成长,获得幸福,实现人生价值。

三、课程研发内容

(一)"积极成长·幸福区本课程"架构研究

1. 积极心理学取向的幸福课程文献分析。

2. 区域中小学生对自我认识、情绪管理、人际关系及自我成长方面的现状与发展需求调研;了解现有相关教材在具体教学实践中运用的不足,为架构中小学"积极成长·幸福区本课程"提供依据。

3. 围绕积极优势、积极情绪、积极关系、积极成长四大主题,探索建构"积极成长·幸福区本课程"整体框架(含课程理念、目标、内容、实施及评价、保障等,内容框架涉及不同年段学生)。完善《黄浦区中小学"积极成长·幸福区本课程"指导纲要》。

（二）"积极成长·幸福区本课程"实施研究

1. 依据形成的《黄浦区中小学"积极成长·幸福区本课程"指导纲要》，立足学校实践，开展"积极成长·幸福区本课程"开发研究。

2. 区域推进学校实施"积极成长·幸福区本课程"的路径研究。

3. 学校实施"积极成长·幸福区本课程"的策略与方法研究。

四、课程研发过程

（一）学习研讨，形成共识，厘清思路

在研究初始阶段，我们在原有形成的文献文本基础上，进行了归纳整理，供项目组成员自学；为每位项目组成员购置了相关的书籍，组织学习交流。项目组围绕"加强学习、着重实践、及时研讨"的指导思想，以每月一次开展学习活动的频率，一方面对上阶段的研究工作交流总结，另一方面通过互动研讨，梳理下阶段研究工作的要求。期间着重对本项目开展的问卷调研内容、幸福课程框架完善课程研发要求分别进行了专题研讨。

（二）现状调研，把脉学生，架构内容

信息提取，寻找问题解决的触点。

其一为课程开设之初的调研，以问卷调查为主，了解学生在"自我认知、情绪管理、人际关系与自我成长方面的现状与需求"，确保课程教学内容的构建有针对性。

其二为课程实施过程中的调研，采用课后反馈表、访谈、观察等形式，了解师生开展与参与学习后的感受，便于及时调整课程教学设计，逐步建立基于调研—改进教学活动的机制。

（三）聚焦课堂，研究教学，开发资源

我们将研究与工作合二为一，反思与优化齐头并进。依据调研后架构的课程内容框架，组织了三个学段的教学资源研发团队。同时，我们利用一月一次的区心理教师教研活动，组织相关的培训，将积极心理学的理念和方法，以及本研究形成的对积极成长课程教学资源开发的思路、原则和内容及时地传递给每一位心理教师，达成共识，从而为课程教学资源的准确研发提供支撑。我们组织示范课的观摩，利用区心理教学基本功竞赛的契机，将积极成长课程的内容纳入比赛要求，组织全区心理老师实践、观课、评课，既丰富了课程教学资源，又使得研发出来的教学资源有效性得到了进一步的检验。最终，我们研发了"积极成长·幸福区本课程"学生指导手册与活动指导手册各3本。

（四）试点先行，实践推广，有序推进

为了进一步提高各类手册的科学性和针对性，探索课程实施教学策略和评价方法，我们要求全区所有学校，选取某个年级的一到两个班级学生，覆盖全年段，进行"积极成长·幸福区本课程"相关手册的试点学习。同步，课题组成立课程试点实施研究小组，加强对课程实施的研究和业务指导，以提高课程质量。实际上，这个过程既是扩大宣传影响、推广研究成果的一个有效路径；同时，也通过试点工作，培训一支教师队伍。

五、课程实施路径

（一）行政部门政策引领，推进课程实施

区域行政部门将"幸福区本课程"纳入区域德育特色课程一体化框架中，通过以下工作，有序推进课程实施。

1. 明确要求

根据《区本积极成长·幸福区本课程指导纲要》，对课程实施如何管理，基于不同管理者的职责，提出了明确的要求。并在面向全区学校进行"幸福区本课程"的推介的基础上，深入宣传课程理念，介绍课程的架构与内容组成，就课程实施的各项工作与步骤在区域范围内达成共识。

2. 工作部署

在开展专题调研，完善《中小学"积极成长·幸福"区本课程指导纲要》的基础上，对课程实施途径、方式、授课教师的专业性以及课程教学活动的安排、教学资源的利用都作了详细的布署。

3. 辐射推广

在实践过程中，提供交流展示的平台，总结推广点上经验，包括学校落实课程教学的经验以及教师开展课程教学的经验，通过教学成果的展示和操作理念交流，不断提升课程实施的实效。

（二）教育学院专业支持，深化课程研究

课程实践的过程中，区域强化教师的实践反思和专家的专业引领相结合，教院相关部门成立"幸福区本课程"实施研究小组，加强对课程实施的研究和业务指导，以提高课堂教学质量。

1. 资源开发

教育学院相关部门以科研为引领，依据调研后架构的课程内容框架，组织了教学

资源研发团队,经过多轮的讨论、研究,完成了三个学段的《学生指导手册》与《活动指导手册》。

2. 教学指导

教育学院相关部门通过教研活动、研训一体等途径,组织教学工作的培训,将积极心理学的理念和方法,以及本研究形成的对积极成长课程教学资源开发的思路、原则和内容及时的传递到每一位心理教师,达成共识,同时,将开发完成的各学段的《学生指导手册》与《活动指导手册》的内容、使用建议传达给每一位心理教师,保证每位教师都能理解并有效使用相关教学资源开展课堂教学。

3. 研讨交流

教育学院相关部门通过组织示范课的观摩,还利用区心理教学基本功竞赛的契机,将"区本幸福课程"的内容纳入比赛要求,组织全区心理老师实践、观课、评课,既丰富了课程教学资源,又使得研发出来的教与学的资源有效性得到了进一步的检验。

(三) 学校积极探索,主动实践课程

区域各校积极配合行政部门与教育学院有关部门,积极主动开展课程的实践工作。

全区所有学校,以某个年级的两个班级学生为试点,覆盖全年段,进行"幸福区本课程"指导手册的学习。试点后收集师生对学习该课程后的体会和建议,汇集授课教师教学案例,进一步开发课程教学资源,探索总结课程实施的教学策略、评价手段,为后续的全面实施提供指导。同时,学校还将幸福课程与本校现有的课题研究、特色活动等相结合,拓宽了幸福课程的实施途径,也为学校教育教学活动的开展提供了丰富的资源。

六、课程教学策略

(一) 以人为本

老师和学生是幸福教育的主体,因此在整个课程实施中应充分尊重师生的主体地位。体现在授课教师要清晰地将"促进学生的积极成长"核心理念贯穿于课程的全过程中;要紧紧贴近学生的生活实际,以参与者的已有经验、发展需求为起点,采用多样化的教与学的方式,鼓励参与者依靠自己的力量去探索体验;要真诚回应学生在学习和生活中切实关心的话题,发挥同伴的积极影响,在互动反思中促进幸福能力的发展。

因此,教师作为活动的组织者与引领者,始终关注学生在活动中的体验以及师生、生生互动,无论是活动身心的"有氧操"还是引发思考与讨论的"大转盘",都关注学生的主体作用,以学生的感受与反馈不断推动课堂教学的进程。

(二) 关注过程

幸福从本质上言是一种感受,会因时、因人、因事而发生变化,这就决定了幸福教育一定要关注过程。课堂上要不断地为学生创设可引发其回忆、交流的情境,将学生曾经历的幸福事件关联起来,强化学生的幸福情感体验,从而帮助他们以积极的方式来看待他所处的环境和生活事件,以积极的方式对外界进行反应,拥有乐观的期望和快乐的素质。它应该是一个师生共同参与,在课前、课中、课后持续发展的动态教育过程。

例如,关于"感恩"的话题,教师在引导学生发掘生活中给自己带来温暖感受的人与事的同时,进一步启发他们思考一些挫折经历对自己的意义,以更为积极与深刻的认知去感受生活、感恩生活。课后,为了进一步强化感恩带给人的积极感受,还专门布置了作业,请大家以"写感谢信"的方式,进行以下活动:(1)先找出那些曾经照顾过自己、帮助过自己,自己却没有当面向其表达谢意的人;(2)向那些人写出表达自己谢意的信:包括回忆那些人给了自己怎样的温暖和善意;说出那些温暖和善意给自己的人生带来了怎样的影响;也要思考一下如果没有那些人的话,自己现在会是怎样的处境;(3)书信可以亲自交给本人或邮寄,或是不寄收藏起来。这个方法中有趣的一点是,即便是收信人没有看到写给自己的信件,写信人内心强烈的感恩之心也不会减少。当然,见到本人,将信读给他听,直接表达谢意也非常有效。感恩之心会更浓烈、更高涨。并且不光是写信人,连听的人也会非常感动。

(三) 整合资源

幸福课程的实施,不仅体现在课堂上,而且可以整合已有的资源,与人性化的校园环境营造相结合,借助丰富多彩的主题教育活动、社会实践活动等路径,使学生置身其中受到潜移默化的熏陶和影响;还可以充分调动不同学科背景的教师参与到幸福课程建设中,让幸福课程更具丰富性,让"积极成长"的理念成为每一位老师的行动力,从而使得师生的幸福感更有持续性。

因此,"积极成长·幸福区本课程"秉持着"师生共同幸福"的理念,将教师群体作为课程实施与推进的重要保障与资源,在对班主任以及各学科教师开展培训、提升教师积极心理品质的同时,也以提升教师幸福教育能力为目标,鼓励各学科教师特别是班主任将"积极成长"的理念与方法落实到具体的教育教学行动中,从而构建师生共同幸福成长的温馨校园。

(四) 多元评价

幸福课程的评价从根本上言就是师生以主体身份对生活意义、自身生命价值积极思考的过程,所以我们要从被评价教师和学生的个体差异出发,努力实现评价与师生感悟幸福、积极成长的一体化。通过评价内容、方法、手段、主体的多元化,促进评价对象实现对自身成长发展的积极肯定。

多元评价的实施还在试点实践中进行探索。目前,在学生幸福课程的试点过程中,对于学生的评价以过程性评价为主,评价主体以教师与学生本人为主,评价方式以质性评价为主,在关注课堂投入程度的同时,也关注学生在该主题学习中的收获与感悟。

（本节执笔：李峻、钱锦,上海市黄浦区教育学院）

第二节 "积极成长·幸福"课程建设与实施的成果

一、形成了"黄浦区中小学生生活现状调研报告"

本次调查的目的,是为"积极成长·幸福区本课程"各学段《学生指导手册》的编制提供依据。通过了解各学段学生在积极优势、积极情绪、积极关系、积极成长等维度的发展现状与发展需求需求,明确《手册》编制的目标、完善《手册》的内容架构、提升《手册》编制与课程开发的针对性与实效性。

（一）调研设计

1. 调研对象

本次问卷调查的对象为区域小学、初中、高中三个群体的学生,每个学生群体选择了三所具有代表性的学校进行问卷调查(见表 5.1)。其中,小学选择三、四、五年级,初中为预备年级至初三,高中的调查对象为高一年级。

表 5.1　学生群体基本信息

基本信息		小学		初中		高中	
		人数	比例(%)	人数	比例(%)	人数	比例(%)
性别分布	男	308	53.1	232	50.0	410	53.1
	女	272	46.9	232	50.0	362	46.9
是否沪籍	是	436	75.1	356	76.7	734	95.1
	否	133	24.9	108	23.3	38	4.9

基本信息		小学		初中		高中	
		人数	比例(%)	人数	比例(%)	人数	比例(%)
是否学生干部	是	242	41.7	251	54.1	463	60.0
	否	338	58.3	213	45.9	309	40.0
是否独生子女	是	307	52.9	331	71.3	691	89.5
	否	273	47.1	133	28.7	81	10.5

2. 调研工具

本次调研所使用的的工具是自编的《学生生活调查问卷》(小学版、初中版和高中版)。根据前期研究成果《积极成长·幸福区本课程指导纲要》,调研问卷分为四个维度,即积极优势、积极情绪、积极关系、积极成长,分别对小学生、初中生、高中生三个群体进行问卷调查。

根据问卷信息收集的需求,同时也为了使调查对象在选择时能够更客观、真实地表达自己的想法,在确定题目类型为封闭式问题的同时,将选项设计为五选一的等级选项,以便调研结果更为客观与真实。除基本信息调查外,小学版问卷有 33 题,初中版问卷 34 题,高中版问卷 38 题,同时,每个维度的题量也基本相同。

3. 调研方式

为方便调查对象填写问卷以及收集调查数据,本次调查方式为网上调查。

4. 数据统计

本次调查采用 SPSS 16 统计软件进行数据统计分析,主要进行了描述性统计、方差分析、相关性检验等,所使用的统计方法能满足本研究的需要,得到的统计结果能够反映本研究所要了解的学生现状与需求。

(二)调研结果分析

1. 积极优势维度

从调研结果可以发现,小学生对自身优势的认识还是存在不足,缺乏自信,缺少了解自身优势的途径与方法。

初中生对于自我的积极认知、对于自身优势的认识还存在较大的波动,很容易受到其他因素的影响,因此,有相当高比例的学生希望了解自己的优势以及运用优势的方法,可见,初中生内在的积极力量需要得到培育与滋养。

高中生相对而言,自我评价较为一般,缺乏信心,比较容易产生自我怀疑,因此,高中生能够意识到全面认识自我、探索自我优势的重要性,也愿意通过各种途径来提升个人优势,但是他们还是需要得到进一步的指导,需要老师为他们提供一个认识自我和提升自我效能感的方法和途径。

2. 积极情绪维度

在积极情绪维度,小学生的自我觉察还是存在矛盾的,因此,需要进一步提升小学生对于情绪的觉察,引导学生客观看待情绪的变化,从而真正提升其情绪调控能力。

初中生则在情绪觉察与情绪调控方面都存在较大的学习需求,特别是觉察自己的情绪变化、理性认识变化的原因以及对于情绪调控方法的学习,都有较大比例的学生提出了这些方面的问题,他们希望掌握自我调控的方法,以积极的眼光发现生活的意义。

高中生则在理性认识情绪变化以及情绪调控方面存在较大学习需求,有相当一部分学生需要在教师的引导下树立"乐观"的积极态度和理念,并将其从认知层面落实到行为层面。

3. 积极关系维度

在积极关系维度,小学生尽管能够有主动交往的意识,但是,在人际交往技能方面,还是存在学习的必要,特别是解决人际冲突、克服人际交往的紧张情绪等,而小学生也自认为对于人际交往技能的学习十分感兴趣。

初中生在人际交往方面有较大热情,但是,还是有相当一部分的学生对于处理人际矛盾存在困惑,同时,在感恩他人、欣赏他人等这些有助于增加与他人积极联系的交往能力方面还有进步的空间。学生渴望有能力建立起和谐的人际关系,提高自己的幸福感受。

高中生需要在同伴关系、家庭关系中进一步感受到归属感,特别是在团队中如何更好地与同伴合作,是高中生急需解决的问题。同时,在处理人际冲突的问题上,高中生也存在较大的学习需求。

4. 积极成长维度

在积极成长维度,小学生自身希望同时也确实需要进一步培养良好的习惯,从而提升在学习生活中的自信,享受学习与生活的乐趣。

初中生则在目标设定与执行以及自我效能感方面存在困惑,缺少行动力、缺少合理的目标规划等问题是初中生急需解决的。通过这些问题的解决,培养良好的生活、学习习惯,从而提升初中生的自我价值感。

高中生在缺乏行动力、缺乏对生活的合理规划等方面存在同样的困惑,同时,缺乏明确的目标从而无法感受到学习意义这一问题也是高中生急需解决的,执行力低下、决策力欠缺会给高中生造成一定的挫折感,又反过来影响学生的行动。可见,学生在抗逆力、自决能力、行动力等方面都具有发展性需求,而这些心理品质和能力对个体成长成才有重要的作用。

(三)调研结论

1. 从调研结果来看,高中生在三个调研对象群体中,在四个维度方面的自我评价与效能感是最低的。

2. 尽管调研对象在四个维度方面,整体的自我评价都较高,但是还是存在对这四个维度提升的需求,希望习得更多的方法。

3. 四个维度之间存在的高相关性,说明这四个维度密不可分,同时,也可以彼此促进。

二、完善了黄浦区中小学"积极成长·幸福区本课程"的顶层设计

在前期研究、调查、实践的基础上,项目组进一步完善了《黄浦区中小学"积极成长·幸福区本课程"指导纲要》。《指导纲要》共分为七大部分,其中,"导言"部分阐明了《幸福区本课程》的创建背景、课程定位、课程理念,另外六个部分围绕《幸福区本课程》的课程目标、课程设置、课程内容、课程实施、课程管理和保障、课程评价等进行了详细的阐述。

(一)"积极成长·幸福区本课程"理念

1. 以积极心理学理念、方法为指导,关注个体差异,培养主体意识,促进学生自身个体优势的发现、形成及健康发展。

2. 关注幸福情感体验,培养合作意识,为学生的人际交往和情商发展提供合适多样的课程资源和学习交流的经历。

3. 关注心理氛围和同伴的积极影响,促进学生良好心理品质的形成和积极心理潜能的开发、提升。

4. 建立多元制和等级制相融合、鉴定评价和过程评价相结合的,有利于学生个性积极成长、人格健康发展的课程评价体系。

(二)"积极成长·幸福区本课程"目标

1. 总目标

帮助中小学生形成积极心理品质和美德。通过潜能开发、美德培育,使人具有积极的理想追求、良好的社会适应能力、高效的学习状态、建设性的人际关系、健全的人格和幸福的精神生活,拥有正向的心理能量,促进学生个人的健康成长和发展。

2. 分目标

表5.2　各学段分目标

对象	分目标
小学阶段(一至五年级)	小学阶段着重帮助学生拥有积极的情绪体验,体验学习的乐趣,乐与老师、同学的交往,初步培养学生良好的行为方式与习惯。
初中阶段(六至九年级)	初中阶段帮助学生拥有积极的自我评价,能学会调节自己的情绪,建立良好的人际关系,以积极的心态面对学习及生活。
高中阶段	高中阶段,帮助学生进一步改善学习品质,促进社会适应,有丰富而稳定的情感,提高耐挫能力,完善个性品质。

3. "积极成长·幸福区本课程"内容框架

选择以下四大主题单元内容。每个主题单元下面划分为3—4个专题。每个专题内可以根据教学工作开展的需要灵活设计课时。

表5.3　幸福区本课程内容框架

主题单元	内 容 说 明
幸福的基石:积极个人优势	如何发现及利用个人优势和特长,开发自身潜能。
幸福的内在源泉:积极情绪情感	如何建立乐观的人生态度,感受过去、现在、未来的积极情绪,积聚和释放幸福的正能量。
幸福的人际环境:积极人际关系	如何建立良好的人际关系,学会运用有效的沟通方法和恰当的交往方式来促进人际关系的健康发展。
幸福的人生智慧:积极生命成长	良好生活、学习习惯的培养;热爱生活、合理规划珍惜生活;激发内在动机,实现人生目标。

三、开发了"积极成长·幸福区本课程"教与学资源

(一)开发形成了学生指导手册

《学生指导手册》内容框架的确定,是以积极心理学相关理论为指导,结合区域学生问卷调研结果中反映的学生发展需求,在研读各学段市《心理健康自助手册》内容的基础上,以进一步完善与补充为原则,确定了《学生指导手册》的内容关键词,最终开发

了《积极成长·幸福课程学生指导手册》(小学版、初中版、高中版),为更好地推广课程、传播相关理念,区域还拍摄了6节空中课堂,在区"文文明明幸福行"微信公众号上发布,并登陆了学习强国APP。

每个学段的《学生指导手册》含12—13个专题(见下面表格),每个专题大致由以下几个部分组成:1.幸福起点站(导入)2.幸福你我他(故事介绍、案例分享)3.幸福读心家(心理小测验)4.幸福大百科(理论介绍、知识传递、概念辨析等)5.幸福有氧操(团体游戏活动)6.幸福大转盘(小组讨论、头脑风暴)7.幸福加油站(方法、技术、工具的总结、传授)8.幸福持久力(课后作业、练习)。

在具体专题设计上,也注重了学段衔接与差异的问题。

以"积极成长"单元为例。该单元围绕学生的学习与生活,在立足学生当下发展现状的同时,也努力帮助学生不断实现自我。因此,通过学习风格的体验,帮助小学生提升学习的效能感,从而体验学习的乐趣,激发学习的动机。而到了初中阶段,则帮助学生在养成良好习惯的基础上,学习目标管理,提升学习与生活的效能。到了高中阶段,学习压力增大,同时也将面临更多选择的问题,因此,在提升心理弹性的基础上,针对目标设定,进一步提升学生的自决能力。

同时,在以往的学习过程中发现,学生的课堂学习成果很难得到坚持,行为改变较小,因此,在每个学段都设计了"促进行动力"的专题。小学学段在激发动机的同时,以激励的方式以及具体的指导帮助学生实现小目标;初中学段从分析问题入手,帮助学生制定切实的行动计划;高中学段则通过自我探索以及行动导图等途径,提升学生的行动力。

以下是专题内容的设计,回应了学生在问卷调研中反馈的具体需求,同时也是学生《心理健康自助手册》中较少涉及的内容(见表5.4、5.5、5.6)。

表 5.4　小学阶段(一至五年级)学习主题、专题和课时内容

主题单元	专题划分	课时内容举例	美德优势
积极优势	自我探索	走进我自己	洞察力
	欣赏自己	自信的秘密	自信、审美
	好奇心	探秘好奇世界	好奇心、创造力
积极情绪	学习乐观	更快乐的奥秘	乐观、希望
	发现生活乐趣	快乐魔方	热情、幽默
	希望和梦想	梦想始于足下	希望、乐观

主题单元	专题划分	课时内容举例	美德优势
积极关系	乐于交往	交际小达人	友善、社会智能
	学习感恩	感恩的心	感恩、爱
	学习原谅	多谅解多快乐	宽容、爱
积极成长	学习的乐趣	学习可以很 Happy	学习、好奇心
	养成良好生活习惯	习惯助力未来	自律
	促进行动能力	幸福冲冲冲	热情、毅力

表 5.5　初中阶段(六至九年级)学习主题、专题和课时内容

主题单元	专题划分	课时内容举例	美德优势
积极优势	自我探索	破解我的密码	洞察力
	自我肯定与认同	我的黑点与白点	自信、审美、开放思想
	发挥自身优势	优势的发挥	自信、热情
积极情绪	学习乐观	发现身边的"好消息"	乐观、希望
	发现生活意义	夺宝奇兵	洞察力、审美
	增加主观幸福感	积攒幸福阳光	审美、幽默
积极关系	学习感恩	说谢谢的一百零一个创意	感恩、爱
	悦纳他人	我们不一样	开放思想、友善、社会智能
	学习宽容豁达	宽容有智慧	宽容、爱
积极成长	养成良好生活与学习习惯	对话习惯君	热爱学习、坚持、自律
	学会目标管理	"聪明"的目标	自律、洞察力
	希望与梦想	写给未来的信	希望、热情、乐观
	促进行动能力	从行动开始	热情、毅力、坚持

表 5.6　高中阶段(十至十二年级)学习主题、专题和课时内容

主题单元	专题划分	课时内容举例	美德优势
积极优势	自我认同	自我认同之旅	洞察力
	自我效能	信自己	自信、审美、坚持
	挑战自我	跳出舒适圈,人生大不同	勇敢、开放的思想

主题单元	专题划分	课时内容举例	美德优势
积极情绪	学习乐观	乐观的秘诀	乐观
	探索人生	生命色彩由你绘	开放的思想、好奇心、审美
	情绪管理	慧眼识情绪,友善待情绪	洞察力、真诚、自律
积极关系	学习感恩	通往幸福的阶梯	感恩、爱
	团队合作	七个小矮人	团队精神、领导力
	竞争与合作	不能输给你	公平、洞察力、谨慎
积极成长	心理弹性	逆境,让生命充盈而丰满	勇敢、热情
	自决能力	我们的决定,决定了我们	开放思想、勇敢、
	希望与梦想	朝着希望出发	希望、热情、乐观
	促进行动能力	做"聪明的"行动者	热情、毅力、坚持

【课例】参考《学生指导手册》(初中)

宽容有智慧

【幸福起点站】

A·B选择题

请同学们全体起立,根据自己的第一反应迅速作出判断,选择 A 的同学"向左转",选择 B 的同学"向右转",当听到"全体归位"时面向黑板,进行下一题。

1. 在整理书架时,你会选择:

A. 随意排列　　　　B. 按照书的体积或类别排列

2. 平时想听音乐的时候,你会选择:

A. 与别人一起听歌　　B. 插着耳机安静地听歌

3. 乘坐地铁时,当座位比较空时,你倾向于选择:

A. 靠栏杆的座位　　　B. 中间的座位

4. 如果好朋友做了对不起你的事,你会选择:

A. 不宽容对方　　　B. 宽容对方

思考:最后一题难以决定,为什么?

事情发生之后……

语文老师让同学们带一些有纪念意义的物件去学校,课堂活动时给同学们欣赏。凯文带了爸爸从普林斯顿大学带来的纪念笔。同学们觉得笔很好看,都想试用一下。同学们的反应让凯文觉得自己带来的笔很独特,感到十分高兴,随即答应了同学们的要求。

可是拿回钢笔时,凯文发现钢笔的笔头坏了。于是,他立刻追问有关的同学,同学有以下的反应:

情境一 王鹏的反应

凯文:王鹏,这支钢笔的笔头怎么坏了?
王鹏:哎呀,不是我弄的,你不要赖我呀,你给我的时候已经坏了,不要冤枉我了!

情境二 肖亚的反应

凯文:肖亚,这支钢笔的笔头怎么坏了?
肖亚:啊,坏掉了,对不住了,哎哟,你的这支钢笔已经很旧了,修好了估计也用不了多久的呀!

情境三 陆绮的反应

凯文:陆绮,这支钢笔的笔头怎么坏了?
陆绮:哦,我知道坏了,原本我打算对你讲,是小兰弄坏的,小兰整天烦我,我就没有讲,不关我的事。

活动要求:

(1)每组选择1~3张相应的简笔人物代表应对方式;

(2)若没有所需选项,请在空白卡片上用漫画或文字自行设计应对方式。

如果你是凯文,选择的应对方式为(在所选图片上画圈):

当面斥责　　默默忍受　　不理睬或绝交　　询问原因　　平复心情

    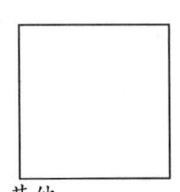

指出错误　　　自我反思　　　报复　　　体谅他人处境　　其他：＿＿＿

思考与分享：

1. 你为何选择该应对方式？请说明理由。

2. 你如何看待其他同学选择的应对方式？请说明理由。

【幸福你我他】

我的经历中多了一份宽容

我终于提起了笔，把我想说的话写在了那张漂亮的粉红色信封纸上，之后，我如释重负，长吁了一口气。

让时间倒回到一年前，我刚刚来到这所学校，进入这个陌生的班级，他就坐在我的后面。那时，我还是一个很腼腆的人，不敢跟别人搭话，但这也只是暂时的。过了不久，我便开始了我的快乐之旅。

虽然我表面上还挺像个老实人，但其实啊，我可会玩了，其实他也是，我们可真谓"臭味相投"呢，课间不笑到老师进教室是绝不罢休的。我们的调皮捣蛋引起了老师的关注，虽然还没有在班上公开点名批评，但是我们大家都是哑巴吃饺子——心里有数，很快地，我们就被记到了老师的"黑名单"上了。尽管有时候挨了骂，但我还是挺高兴的，因为在我心里他不是我的玩伴，而是我的朋友，我一直这么认为。

请相信物极必反的道理。以前，我们也经常为了一点小事弄得脸红脖子粗，但是事情很快就过去了，之后，我们依然能够在起说说笑笑。

没想到，不愉快的事到底还是发生了。

我俩的牌气非常像，都是属于爆竹式的那一类的，一点就着火。如果两人性格相像，那就非常容易相克了。那天，不知他从哪儿弄来一副恐怖眼镜，他以为我没看见，就叫我转过去看看。其实，我早就看见了，我知道他也是想逗我玩的，只是，我不愿看他得意的那副模样，所以，他一连叫了我好几遍我都没有回头。他生气了，我还是坚决不回头。第二天，我收到了一张小纸条，内容记不清了，但是可以看得出是一封绝交信。我也犯了倔，很快给他回了一封同样内容的纸条。就这样，我们从千度高温，降到了绝对零度冰封。

日子就这样一天天过去了。十天、二十天、三十天、一个暑假，我们谁都没有搭理过谁。他依旧坐在我的后面，我依然坐在他的前面。在漫长的日子里，我感受到了从未有过的无聊，反倒想起了他的种种好处。忽然有一天，我感到很伤心，原来我在下意识地细数着我俩沉默的每天，我在悄悄地期待着他的开口。

我为什么不能作一下让步呢？难道只有男子汉才会有宽广的胸怀吗？可我又为什么要让步呢，我并没有做错什么呀？

一场秋雨，带来了秋的凉爽。我突然患了感冒，很严重。好不容易弄来了药，却没有开水，我只能趴在桌子上等待同桌回来。若是以前，他一定会提前给我准备好一杯水。那一刻我哭了。

我为什么就不能让步呢，到底有什么大不了的事呢？这么长时间了，我到底要斗什么气呢？于是，我扯过一张粉红色的信纸……

思考与讨论：

你认为主人公在粉红色的信纸上写下了什么？为何会写下这样一段话？

【幸福大百科】

宽容别人就是善待自己，生活中与人相处难免会有一些磕磕碰碰，当一些矛盾发生的时候，宽容是一种调味剂，以宽容的心看待矛盾，以宽容的心理解他人，才能让自己更加冷静，重新分析事情的来龙去脉，审视事情的轻重，分辨出真正的是非对错。待人处事都要抱着一种宽容大度的心态，不但可以给予他人改过的机会，也是为自己留下转弯的余地。在一定程度上，也可以说宽容别人就是宽容自己，善待自己，给别人留一些空间，自己也将得到一片蓝天。

宽容是一种心境，是一种涵养，是一种境界，更是一种处世经验。

【幸福大转盘】

我们的世界

宽容是否就是一味地忍让呢？请同学们分组讨论，如下生活中的情形，哪种需要以宽容的心对待之？请你作出判断，在方框中用"√"或"×"表示，说明理由，并给出解决方案。

♥   同学总是让你请客吃东西。

☐   理由 _____

解决方案_____

♥ 当父母在气头上对你发火时……
□ 理由_____
解决方案_____
_____

♥ 课堂上,第一组同学偷听并使用我们小组的讨论方案。
□ 理由_____
解决方案_____
_____

♥ 好朋友答应保守我的秘密,结果还是说了出去。
□ 理由_____
解决方案_____
_____

♥ 将心爱的书借给同学,对方还回来时发现书被撕坏了。
□ 理由_____
解决方案_____
_____

♥ 同学未经我同意便拿走了我的笔记本。
□ 理由_____
解决方案_____
_____

【幸福加油站】

宽容是一种良好的心理品质,包含着尊重和理解。宽容也是一种待人处事的智慧,绝不是一味地迁就,不分是非,而是有原则的大度。在解决事情时既要做到"心中有他人",不能忽略他人,也要做到"心中有自己",不能忽略自身,把握好宽容的尺度以及宽容的方法。

生活中需要宽容,宽容的智慧体现在生活细节之中。

宽容的智慧	结果
平复心情	理性处理
不计较小事	双方心情轻松
体谅别人处境	双方心情轻松
询问原因	弄清事实，作出正确判断
说出情绪感受	让对方了解自身感受
反思自身责任	认清责任
维护他人自尊（注意场合、语气等）	双方关系和谐
指出不当之处（书面、语音、微信等）	改正对方错误
……	……

【幸福持久力】

成长行动

请同学们在空白书签上写下对"宽容智慧"的感悟与理解，或者查找到相关的格言或书签，送给自己，或者送给自己的同学、朋友！可以放在身边时刻提醒书签的主人。

图 5.1　成长行为的空白书签

（二）开发形成了《活动指导手册》

《学生指导手册》初步成型后，经过区域各校试点工作的开展，我们收集了教与学后，师生对学习该课程后的体会和建议。根据这些教与学的反馈，各学段编写组开展了《活动指导手册》的编写工作，希望能够将相关的理念有效落实到课堂教学中。

《活动指导手册》也分为积极优势、积极情绪、积极关系、积极成长这四个维度，与《学生指导手册》不同的是，《活动指导手册》各维度的内容编写是为《学生指导手册》提供实施的参考与建议，并更新了部分主题活动，以便各校师生在使用《学生指导手册》时，对于活动的设计意图、开展要求、目标指向有更清晰的认知。

《活动指导手册》各个维度都包含了"专题解读"、"活动建议"和"教案分享"三个部分。"专题解读"部分对于各个专题设计所依据的理论、学情进行了梳理，并介绍了专题的设计思路。"活动建议"部分对于各个专题的主要模块的活动设计作了说明，并根据课堂教学实践的经验与反馈提出了相应的活动建议。最后，在"教案分享"部分共享区域教师的有效教学探索。

《活动指导手册》的编写最终是为区域教师使用《学生指导手册》提供参考、开拓思路。

（本节执笔：钱锦，上海市黄浦区教育学院；丁烨，上海市第八中学；张依娜，上海市格致初级中学）

第三节 "积极成长·幸福"的课程示例

本节主要以"积极成长·幸福"课程的"积极成长"单元中，"促进行动力"专题为例，介绍《学生指导手册》与《活动指导手册》配套设计，并从三个学段例举中可以看到对于学段衔接设计的思考。

"积极成长"单元，主要是培养学生各类良好习惯，引导学生规划生活，激发学生内在动机，增强他们对生活的掌控能力。以下是对该单元的整体介绍，并以该单元中"促进行动力"专题为例，分学段展示设计与实施的思路。

一、单元辅导目标
（一）小学

1. 知道动机对成长的积极作用，体验到基本心理需要获得满足的积极情绪。能够感受主动学习中的乐趣,自愿提高课堂内外学习活动的参与程度和主动性的发挥。尝试运用合适的方法,将外在学习要求内化为自我决定。

2. 知道目标设置对于个人成长的意义,感受到目标承诺的积极体验。能够根据自身条件制定单一的目标和简单可行的行动计划,并养成一定的习惯。

3. 体验到克服困难的成功感和肯定自我的愉悦。能够从自身经历中发现并运用合适的方法,提高成功信心。

(二) 初中

1. 了解什么是良好的生活习惯,掌握养成良好的生活习惯的方法策略,平衡好生活与学习的关系,能够积极自信地生活。

2. 学会根据自身条件和能力制定合适的目标和可行的计划,并且付诸实施。主动感受达成目标后所产生的积极体验,不断努力去设置和达成新的目标,感悟目标设置对于个人成长的重要意义。

3. 明白若要达成目标,必须有持续行动的恒心毅力。学会寻找行动资源,灵活运用多样的方法策略去行动,体会实现目标后为自己带来的良好感受,培养和提升行动能力。

(三) 高中

1. 了解韧性或抗逆力的涵义及对个人成长的积极作用。能够从对挫折过度的消极情绪反应中解脱,感受到积极自我认同的情绪体验,推动自己作出积极的选择和改变,提升复原能力。

2. 了解个人决策风格和决策能力,以及决策对于个人成长的意义。能够主动并充分认识自身特质与需求、了解环境信息与特点。能够勇于面对选择与决策过程中的想法与感受,积极地进行自我澄清。能够系统地、交互地归纳多维因素,全面、科学地进行自主选择,提升自我决策能力。

3. 知道希望的涵义及对未来发展的意义。感受基于事实的积极信念,体验对未来预期的积极情感,从而激发迈向成功的动力。

4. 了解行动力的涵义,以及激发和提升行动力的方法。能够正确认知和评价自己的行动力,感受到高行动力发生下的积极体验。能够尝试运用方法,激发动机、制定合理目标与行动计划,发现提升行动力的途径,促进动机激发、目标设置和抗干扰力的提升,以此加强自制力和持久力。

二、单元课程内容

表5.7　单元课程具体内容

小学	专题划分	课时内容举例	美德优势
小学	学习的乐趣	学习可以很 Happy	学习、好奇心
	养成良好生活习惯	习惯助力未来	自律
	促进行动能力	幸福冲冲冲	热情、毅力
初中	养成良好生活与学习习惯	对话习惯君	热爱学习、坚持、自律
	学会目标管理	"聪明"的目标	自律、洞察力
	希望与梦想	写给未来的信	希望、热情、乐观
	促进行动能力	从行动开始	热情、毅力、坚持
高中	心理弹性	逆境，让生命充盈而丰满	勇敢、热情
	自决能力	我们的决定，决定了我们	开放思想、勇敢
	希望与梦想	朝着希望出发	希望、热情、乐观
	促进行动力	做"聪明的"行动者	热情、毅力、坚持

三、单元内容举例：以"促进行动力"专题为例

(一) 小学：幸福冲冲冲

1. 学情分析

在平时的工作中，我们发现小学生在行动力方面存在的比较普遍的问题有以下几个方面。

(1) 没有目标：没有清晰的做事目标，行动比较随意。

(2) 缺乏动机：没有明确的做事动机，缺乏自制力。

(3) 缺少方法：没有完善的做事方法，遇事容易慌乱。

这主要是由于小学生的身心发展规律产生的影响，小学生的年龄较小容易产生无助、畏难的情绪，又加上年龄和生活经验的限制，使他们更容易受成年人的影响，产生依赖情绪。

2. 辅导目标

(1) 知道目标设置对于个人成长的意义，感受到目标承诺的积极体验。能够根据自身条件制定单一的目标和简单可行的行动计划。

(2) 知道自我效能对个人成长的意义。体验到克服困难的成功感和自我肯定的

愉悦。能够从自身经历中发现并运用合适的方法,提高成功信心。

3. 主要辅导环节

(1)【幸福有氧操】

打活动目标

- 游戏准备:全班围成一个圈坐;准备一个纸团做成的小纸球。
- 游戏过程:邀请3位学生自愿报名作为"活动目标"站在圈中,可自由行走;由坐在座位中的一位学生开始,朝着圈中的"活动目标"扔小纸球,被击中的"活动目标"坐回座位,换成扔球的学生做"活动目标";没有击中的话,由坐在对面座位的学生继续朝圈中的"活动目标"扔小纸球;三分钟后结束活动,全场定格。现场采访学生谈感受。

(2)【幸福持久力】

为自己确定一个一月内能够完成的目标,并为这个目标做一份承诺表,可以贴在墙上,可以交给一个自己信任的人,制定好每周计划并一步一步实现它。

- 梦想成功一小步

出示自己的幸福梦想(是在"希望和梦想"这一课写的内容),思考为了达到这个梦想,我打算在这一个月里做到哪个小目标。

例如,每天阅读半小时,每天早晨读英语10分钟,每天跳绳1分钟,等等。

图 5.2　目标加油站 1

给自己加油是根据自己的完成情况给油箱涂色,10个涂满是完成得"10分满意"的意思。

可以贴在墙上,让家人看到,也是一种承诺。

● 梦想冲冲冲

一个月完成 4 周的小计划,就是 4 个车厢,可以得到一个火车头。

图 5.3 目标加油站 2

梦想要行动,行动才能实现梦想,祝每位同学驾驶着梦想的火车,驶向幸福的未来。

4. 辅导思路

"促进行动能力"主要分为目标设置和目标实施两个方面。目标设置要考虑时间的长短,目标实施要考虑实现目标的心理需求、实现目标的有效方法、实现目标的激励机制这三个方面。

【幸福有氧操】中的游戏活动,让学生真实体验制定目标和采取行动的关系,再通过讨论分享使学生在活动中思考,领悟目标和行动的关系。

充分利用【幸福持久力】中的小火车卡片,制定长期计划和短期计划。帮助学生将长期目标根据时间进行分割,制定短期目标。根据自己的心理需要和自身特点,联系自己的希望和梦想,制定合适的可视化生活作息和学习计划。在行动过程中寻求合作者或支持者,帮助自己实现自己的长期目标。学生制订了一周的短期目标后在第一节火车车厢上写上自己的目标、困难、解决计划,并每天给自己加油,每周完成一节车厢,一个月完成 4 节车厢后,就可以获得一个火车头,贴在 4 节车厢前面,组成一列前进的火车。学生在这项活动中体会行动的意义和成功的喜悦,进一步认识到行动能力的重要性。这项活动可以长期坚持。

5. 辅导建议

(1)【幸福有氧操】中的这个"打活动目标"游戏活动可以用于开场热身游戏,也可以作为整堂课的主要内容贯穿。由于受到场地的限制,我们可以邀请 10 名左右的学生在教室前面做一做,其他学生作为观察者,那么现场采访的时候可以多采访一类观察者;我们也可以利用体育课让学生事先在操场上做一做,然后把它录下来带到心理活动课的课堂上再进行采访和分享;采访学生的目的是引导学生了解目标对成长的积极作用,体验基本心理需要获得满足的积极情绪。现场采访三类学生:

● 一次都没有被击中的"活动目标"的学生:"此时此刻你感觉怎么样? 游戏中你作了哪些努力? 还有什么想对大家说的?"

● 击中"活动目标"替换上场的学生:"游戏中两次身份不同的体验,分别给你带来什么样的感受? 游戏中你作了哪些努力? 还有什么想对大家说的?"

● 一次都没有机会拿到小纸球的学生:"此时此刻你感觉怎么样? 还有什么想对大家说的?"

(2)【幸福持久力】可以选择制作小火车卡片,也可以运用其他学生喜欢的方式,总之,我们是希望通过这个课后活动,让学生明白:很多时候,我们起初的梦想未必很远大,它或许只是我们的一个小小的需求。但是一旦我们把这个需求落实在一个目标上,并为此在心里作一个承诺和一些计划,从而让自己来完成这个目标的话,那么我们的梦想也会一步步壮大起来。

(二)初中:从行动开始

1. 学情分析

前期问卷调查发现,学生在目标设定与执行上存在困惑,有 40.86% 的学生表示自己"对事情会有所计划,或常常没有行动或半途而废",有将近 44.51% 的学生会"因为没有执行好计划而后悔"。这些既是影响学生幸福感的原因之一,也是学生的心理需求与能力要求。2020 年年初,学生经历了前所未有的空中课堂,没有了平日里老师的监督、同学的陪伴,不少学生在居家学习都出现了不同程度的行动力缺乏,难以抵抗手机等电子设备的诱惑,行动的自觉性和持久度都差强人意。具体来说,行动力最为缺乏的学生表现出的是行动的主动性差,害怕冒险,不愿意面对行动过程中可能出现的任何困难与挫折;整体状态消极而懈怠,不主动思考和设立行动目标,放任自己沉迷游戏,连自主行动的第一步都不肯跨出。行动力较为缺乏的学生表现为有行动的意愿,能够试着去行动,有较为模糊的目标,但容易因各种借口而放弃行动,例如,行动当中遇到了困难就会马上放弃。而具有较强行动力的学生敢于主动挑战有一定难度的目标任务,敢于尝试不同的方法解决问题,不惧怕困难与挫折,对自己比较有自信。极富行动力的学生表现为敢于立即采取行动,不怕失败打击;对于目标任务的各个截点或分段目标总能按时或者提前完成;积极面对行动中的压力,不会被困难与挫折轻易打败,勇于不断尝试和寻找支持性的资源,善于在行动中提高自己;能够按照计划完成自己设定的目标。

2. 辅导目标

(1) 通过回顾过往经历,了解自身行动力的特点,提炼提升行动力的方法。

(2) 了解 POA 行动力法则的具体内容。

(3) 尝试使用 POA 行动力法则,建立即刻行动的信心。

3. 主要辅导环节

(1)【幸福大转盘】

请你回忆和分析过往经历中"行动力"的得失,与小组成员分享。

回忆一件自己最具行动力的事情:

你当时的动力源于:

你当时克服了哪些困难?

回忆一件迟迟没有行动而感到后悔的事情:

你当时有哪些想法让你迟迟没有行动?

你当时有哪些没有克服的困难?

(2)【幸福有氧操】

> **小欣如何行动呢?**
>
> 小欣是个初一的女生,9月她转校进入新初中,她发现同班同学的英语词汇量都特别大,做起英语阅读相当轻松,小欣向英语王老师讨教,王老师说:"学英语兴趣和坚持都很重要,有的同学尝试阅读原版小说,看原版电影,有的同学为原版电影配音,学唱英文歌,有的同学利用相关 APP 背诵单词,扩展阅读面。只要你行动起来,找到自己喜爱和能坚持下去的方法,你也会和大家一样的!"

假设站在小欣的立场思考,她想要本学期末词汇量从 1 200 个提升到 2 000 个以上,请完成如下行动力学习单并进行小组讨论。

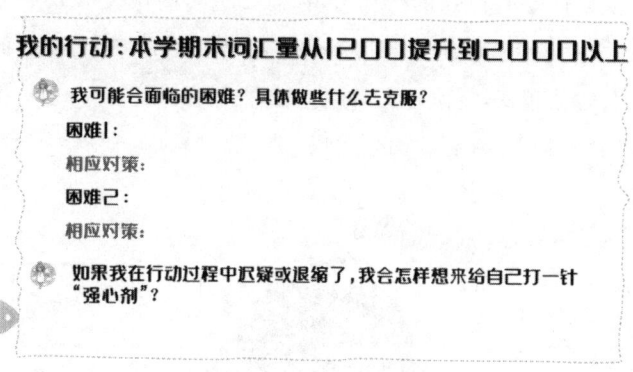

图 5.4 我的行动力

（3）【幸福加油站】

怎样才能克服行动中的摇摆不定,提升自己的行动力？ 让我们来学习一下"POA（Power of Action）行动力"的公式：

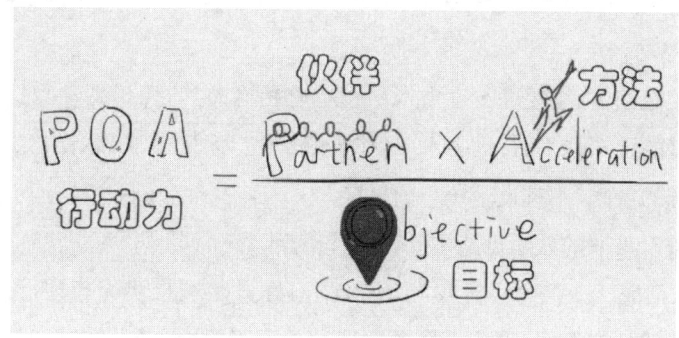

图 5.5 "POA 行动力"公式

目标（O）：

☆ 好目标背后有个 Why,找到目标（O）对自己的重要意义。

☆ 好目标会让人一想到就会有所触动。

☆ 好目标是聚焦的,目标（O）处于分母位置,所以目标（O）数目越多,人们行动力就越差,常常在不同目标间纠结犹豫,甚至错失良机。

伙伴（P）：是指对目标（O）有共鸣的小伙伴,志同道合的小伙伴越多,越能相互激发行动力,当然也可以是支持你的家人,还可以是你自己哟！

方法(A)：更多向着达成目标(O)的方法，行动力越强。

总的来说，如果你想有更强的行动力，你需要更多的伙伴(P)、更多的(向着目标的)方法/手段(A)和更聚焦和统一的目标(O)。POA不是三个元素，而是一个循环。它就像滚雪球，会越滚越快，越滚越大，行动力越来越强。

请你填一填自己的POA行动力公式吧！

图5.6　我的POA行动力公式

4. 辅导思路

即使是年纪相仿，学生的行动力水平也有着相当差异，探讨行动力提升的话题要基于学生现有的认知水平、行动力水平，在了解学生"基线"水平后，让学生主动思考自己行动力提升的空间，不宜设定统一的标准。

本专题可以采取的教学思路主要有以下四点。

(1) 引入话题——通过小游戏，学生对学习好方法进行快速梳理，说说好方法中自己去行动实践的有哪些，哪些没有去尝试过并说明原因，借助游戏和分享引入行动力的话题，激发学生探讨的兴趣。

(2) 深入剖析与探讨——采用贴近学生行动力真实现状的案例，学生分析行动力缺失的原因。在【幸福大转盘】的环节，学生回忆和分析自己最具行动力的事情和迟迟没有行动而感到后悔的事情，以小组交流方式讨论解决的对策，从中引出提升"行动力"的各种途径方法，【幸福大百科】中总结的行动力"三问"则能够引导学生以积极的视角看待自己的成功尝试带来的收获。

(3) 实践操作——学生结合【幸福有氧操】中"小欣如何行动呢?"的案例，代入自身实际情况，尝试用学到的新方法为主人公"开处方"，包括调整心态作好自我激励、设置行动目标,细化行动步骤、行动资源并在小组或班级层面交流,师生点评,提出修改建议(出示一些名人成功案例或视频作为启发)。

(4)总结与延伸——为学生布置一份有关于"提升行动力"的一周任务,一周后反馈任务完成情况,并作进一步复盘和指导。

行动力提升是一个"学而思,学而用"的过程,建议课后老师和学生可组成群组,相互支撑鼓励。

5. 辅导建议

(1)【幸福大转盘】

在探讨个体行动力的成功经验时,教师和同伴要给予积极暗示以提升自信,成就感会给人更多的动力前行,引导学生进行更多的自我激励,比如,取得一点小进步可以告诉自己:有进步就意味着更靠近成功。尤其是遇到困境时,以提升持续行动的动力。在探讨个体行动力不足而后悔的事情时,也要引导学生深入分析,为寻找对策作好铺垫。

(2)【幸福有氧操】

在填写行动表时引导学生明白树立一个合理目标、制定匹配计划、寻找支持与陪伴者的重要性。对于缺乏行动力的学生来说,学会制定清晰与合理的目标,可以让学生知道什么对自己而言是更加重要的,并采取相应的步骤。对于行动力不错的学生来说,一方面可以为其他同学作出示范,成为别人行动力的"支持者",另一方面教师也可以适当对他们进行个性化的指导,使他们的行动力水平更上一层楼。

(3)【幸福加油站】

在之前的环节中,学生在对自己行动力情况进行梳理、回顾和思考,而本环节实际上是从"实践"上升"理论",学生能更深刻地理解 POA 行动力法则,将行动过程中的困难由"事后回顾"提前到"事前设想"。在填写自己的 POA 法则时,探讨内容可以多元化,可以涉及如学习领域、兴趣爱好领域等,如果仅仅只局限于学习领域,可能会让学生觉得有些枯燥和单一,而挖掘学生的兴趣爱好领域往往能激发大家增强行动力的意愿。

(三)高中:做"聪明的"行动者

1. 学情分析

高中生主要在学习方面出现行动力不足等情况,根据日常咨询和访谈来看,学生具体的困惑有:如何找到鼓舞自己的目标,并为之奋斗? 不清楚待会应该复习什么?

如何才能不拖延？如何能较为自觉地完成当前任务？如何合理分配时间,工作量适当？面对有困难的任务,如何提高信心？每次开始学习前磨蹭很久,休息得停不下来,怎么办？

对高中学段的学生而言,他们一方面需要具备高动机以此驱动行为的产生；另一方面,他们在面对具体目标和问题解决过程中需要克服各种干扰和困难,具备自制力；同时,他们还需要足够的持久力,坚持不懈地展开行动来达成目标。

综合来看,高中学生的行动力与以下几个方面相关。

(1) 行动动机：具备高动机的个体能够更好地激发因应行为的产生。

(2) 行动规划(目标与目标分解和动态调整)：良好、有效的规划可以帮助个体明确具体的行动方向；合理的目标制定、分解与调整,可以使个体聚焦可操作性、可达成的目标和响应的具体行动；同时动态调整能力能够帮助个体快速缓解因半途而废产生的负面情绪,尽快投入新的目标行动中。

(3) 抗干扰能力：尽可能减少干扰,让个体保持对目标及因应行为的关注,促进行动的持续。

2. 辅导目标

(1) 有意识激发内在动机,在主动学习中享受愉悦,激发个体行动力。

(2) 运用 SMART 法则和行动导图,根据自身条件和能力制定合适的目标和可操作的行动计划,并且在实施过程中适时调整目标和计划,促进行动的持久性。

(3) 在实施过程中,发现并阻断干扰因素,提升抗干扰能力,加强自制力和持久力。

3. 主要辅导环节

(1) 幸福有氧操

吴忍同学感到非常困扰。他每次自主学习的时候,一会手机响了,一会摆弄桌上的手办模型,尤其遇到难题的时候,更加控制不住。为此他感到迷茫和苦恼,到底怎样才能提高自己的行动力,并坚持下去呢？

你是否遇到过类似的情况？你认为有哪些"隐藏怪"会在我们学习的时候干扰我们？请你和小忍同学一起来做打怪任务。

打怪任务有 4 个步骤。第一步,请找出属于你的"隐藏怪",可能是诱惑怪,如手机、家里的猫咪；或者困难怪,如数学难题、需要背诵的单词、诗词；还有休息怪,等等。第二步,摸清敌人的攻击特点和方式,知己知彼方能百战百胜,所以手机、难题,他们到底如何干扰、阻断你的学习过程呢？第三步，根据怪的攻击特点，寻找打怪攻略和秘籍。第四步，收集打怪掉落的可用资源，你打的怪可以为你提供积极有效的资源，帮助你在学习中不断升级吗？现在，就请你来思考一下吧。

表 5.8　找出"隐藏怪"，升级"加技能"

隐藏的干扰怪	怪的攻击方式与特点	打怪攻略与秘籍	打怪掉落的资源

（2）幸福加油站

SMART 大法

科学的"怎么做"，能够帮助我们实现行动目标！

Specific：具体的。

举例：每天睡前阅读十分钟英文书。

Measurable：可测量的。

讨论：如何使"学习进步"变得可测量？

Attainable：可实现的。

讲解：你知道"最近发展区"吗？

Relevant：目标相关的。

思考：你制定的目标与其他目标有着什么样的联系？

Time-bound：有时限的。

思考：如何使"每天看书半小时"变得有时限？

（3）幸福持久力

绘制行动导图

将动机、行为及其结果可视化，能够提高我们的行动力！

请在画纸正中间画出最近一项任务目标的图像。然后在它的两点钟方向画出这是一件什么样的事情（WHAT）。顺时针方向画一画为什么要做这件事情，能够获得什么(WHY)。最后,画出需要怎么做(HOW)。

在小组展示交流后,根据教师指导完善并具体化导图,进一步分析自己的内部动机(WHY),以及可以改变和做到的方面(HOW),从而提升个人行动力。

示意图:

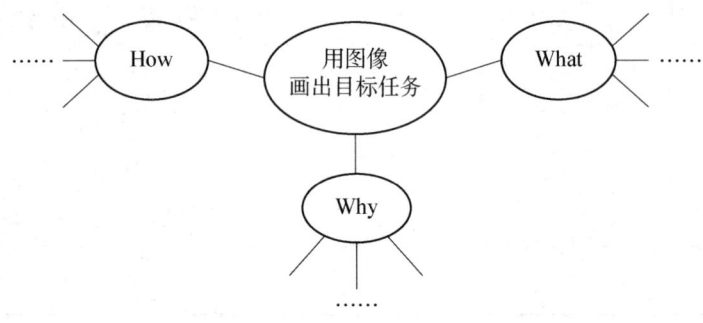

图 5.7　行动导图

4. 辅导思路

根据对黄浦区高中阶段学生的学情分析和对行动力的概念界定,结合高中学段学生的生涯发展阶段、学业发展阶段等情况,课堂中可以结合学生的生涯发展、学业发展等目标,展开课堂探索和讨论。从动机激发、目标与计划制定、抗干扰等方面,帮助学生激发内驱力、学习制定目标、绘制行动导图,进一步提升行动力。

(1) 激发动机

个体的行为产生都源于某一个动机,外部动机可以促使某些行为的产生,但是真正促使行为稳定持续,还是源于内部动机。【幸福大百科】中阐述了行动力与内部动机的关系,并且说明了内部动机的三种内驱力。教师可以结合大百科中的理论和【幸福大转盘】的思考与讨论,帮助学生向内寻求资源,找到适合自己的提高内部动机的方法。

(2) 目标与行动规划

行动力的促进不仅需要激发足够强烈的动机,而且想要稳定而持久的行动力,离不开目标制定和具体行动规划,否则就会产生不少学生在问卷调查中出现的“半途而废”等情况。在【幸福加油站】中,教师可以向学生介绍目标制定的 SMART 大法,并邀请学生结合生活实际需求,制定一个具体的 SMART 目标,及相应的行动规划。

（3）抗干扰能力

在问卷调查和咨询经历中，不难发现不少学生行动力受阻或难以持久的另一个原因，在于实际生活中的各种干扰因素。因此，课堂中可以与学生开展"消灭干扰怪"活动，邀请同学们发现阻断行动的各项干扰，并尝试寻求方法，解决各种干扰行动力的因素，让行动更稳定而持久。

（4）综合运用

结合以上三个方面的课堂学习、探索与讨论，开展【幸福有氧操】活动，将对于个人行动力提升的探索，以"行动导图"的形式综合指导个人的行动，从做什么（SMART 目标）、为什么（动机提升）、怎么做（具体行动规划与抗干扰方法），全面地梳理个人行动力提升的方法和具体做法。

5. 辅导建议

（1）【幸福有氧操】

本活动可以结合学生学业中面临的困扰和咨询中的学生个案来开展。通过引导学生觉察来发现问题，澄清来寻找问题根源，进一步寻求解决方法，发现其中的可利用资源。在引导思考的过程中，可以创设一些情境，让学生联系自身实际情况。在讨论分享的过程中，可以重点引导学生互相学习和借鉴有效的抗干扰方法，通过同伴互助和经验分享，促进并提升行动力。

（2）【幸福加油站】

教师在课堂中可以结合日常生活中的事例，与学生具体讲解 SMART 目标制定方法，通过事例的讲解，帮助学生准确理解并学习自己如何运用该方法进行目标的制定与调整。在讲授之后，建议教师可以邀请学生结合自己的实际情况，选择一个当下正在进行的目标或是将来打算开启的目标，进行具体的目标制定与调整。可以利用小组讨论交流的形式，借助同伴的力量更好地学习运用 SMART 法则。

（3）【幸福持久力】

本活动通过可视化方式呈现目标，通过思考具体做什么，细化目标；通过思考为什么要做，可以收获什么，不断激发学生动机；最终成功通过画面呈现，学生动机进一步激发。最后，思考具体的行动方案，积极落实行动。活动过程中，教师需要观察学生作品，将内容不断具体化。在学生分享时，也可以邀请其他同学反馈和补充。

（本节执笔：陈嫣，黄浦区卢湾三中心小学；马书臻，上海市尚文中学）

第四节 "积极成长·幸福"课程实践成效与展望

自 2019 年起,《"积极成长·幸福区本课程"学生指导手册》在区域各校进行试点,同时,在小学、初中、高中各学段中招募了部分试点校,启动了《"积极成长·幸福区本课程"教师培训手册》的班主任校本培训工作。为了了解各《手册》的使用成效,我们也设计了相应的课后反馈问卷,请参训者(学生、教师)在学习后填写,通过对问卷反馈结果的统计,可以发现"积极成长·幸福"课程研发与实施的目标基本达成,在学生团体与教师团体取得了一定的成效,但还有继续完善的空间。

一、课程实践的成效

(一)课程受到学生普遍喜欢

2019 年 4 月至 6 月,《"积极成长·幸福区本课程"学生指导手册》在区域各校进行试点。为了了解教学目标的达成度、学生的学习感受等,在结束每个专题的学习后,请学生填写问卷,包括对本专题的整体印象、印象最深的部分以及建议等。通过搜集、整理学生的反馈,可以发现该课程的教学工作受到学生肯定,除了任课教师教学能力的因素之外,学生对《指导手册》中的各类活动、知识、方法等也表示了喜爱和欢迎。

根据目前收到的各校反馈(小学 25 所、初中 25 所、高中 17 所),各个学校根据教学进度,选择了不同主题单元开展教学工作,根据对每个专题的学生学习感受的调查,有相当比例的学生认为相关专题学习"吸引我!"(统计结果见表 5.9、5.10、5.11)。

表 5.9　小学学段统计结果

单元模块	积极优势			积极情绪			积极关系			积极成长		
专题名称	自我探索	欣赏自己	好奇心	学习乐观	发现生活乐趣	希望与梦想	乐于交往	学习感恩	学习原谅	学习的乐趣	养成良好习惯	促进行动能力
学生感受	88.8	94.6	85.9	80.9	84.7	92.2	92.5	91.6	97.9	96.1	90	100

表 5.10　初中学段统计结果

单元模块	积极优势			积极情绪			积极关系			积极成长			
专题名称	自我探索	自我肯定与认同	发挥自身优势	学习乐观	发现生活意义	主观幸福感	学习感恩	悦纳他人	学习宽容豁达	养成良好习惯	学会目标管理	促进行动能力	希望与梦想
学生感受	80.4	67.8	80.2	74.6	71.7	63	75.3	62.3	64	68.3	55.7	73.3	77.1

表 5.11　高中学段统计结果

单元模块	积极优势			积极情绪			积极关系			积极成长			
专题名称	自我认同	自我效能	挑战自我	学习乐观	探索人生	情绪管理	学习感恩	团队合作	竞争与合作	心理弹性	自决能力	促进行动能力	希望与梦想
学生感受	76.1	70.6	65.6	81.4	52	71.1	82.3	63.9	80.4	94.2	89.5	61.8	88.4

注：以上数据为"觉得专题学习有吸引力"的学生百分比

从以上数据可以发现，大部分学生认为各个专题的学习对自己是有吸引力的，说明《学生指导手册》的试点工作在一定程度上得到了学生的认可。当然也有个别专题的学习反馈不是很好，一方面可能与教师教学能力以及对专题的理解相关，另一方面也为我们课程内容的进一步改进完善提供了空间。

（二）课程引发学生情感、认知以及行为的改变

以"积极关系"单元为例。小学生在学习"感恩"主题后，学生受到了很大触动，不仅是《指导手册》提供的故事等教学资源让学生深深感动——"看《苹果树》绘本我哭了……很大的震撼，我再也不能只索取，不回报了……"。更有学生提到自己行为的变化："每天晚上妈妈回来，我以前都不予理睬。现在我都不忘问上一句'在单位忙些什么呀？''是不是同事又让你操心了？'"有的学生在学习相关内容后，用学校鸡蛋节发的鸡蛋为父母做了蛋炒饭。很多学生也都感受到自己行为改变带来的积极结果，例如，有的孩子提到，在每天关心问候父母后，也感受家长的回应，亲子间的沟通使家庭关系更为亲密。

在同伴关系方面，学生们也有很多收获。在学习了相关主题后，有的孩子明白了"交朋友可以主动一些、热情一些"，有的孩子进一步在行为上作出了改变，在校外辅导班里,想到了学习过的内容与感受,于是"主动跟旁边的同学说话,她也跟我说话了,下课后我们就成了朋友了"。

《学生指导手册》对于中学生来说,也是充满吸引力的,在填写反馈问卷时,问到"印象最深的",无论是故事、活动都成了学生的答案。正如有的学生所说:"老师会跟我们分享一些故事、一些绘本、一些漫画、一些活动,每一节课我都很投入,每一个活动都深深吸引我。"

同样是"感恩"的主题,中学生的感恩对象又进一步拓宽。有的学生说,该专题的学习"让我这个十分容易害羞的女生学会了许多表达感谢的方式:写一本和她在一起的时光手账本送给她;写下与她在一起的点点滴滴……"学生们认识到,值得感恩的不仅是父母,还有朝夕相处的同伴等。关于"感恩",学生还体会到感谢的方式有许多,不仅是说"谢谢","也可以用行动表示,而且要了解 TA 喜欢的方式",可见,从感恩的话题进一步引申到换位思考,从对方的需求出发来表达自己的谢意,这也正是形成积极关系的重要因素。

以上的例举,我们可以感受到学生在学习后的深入思考,并能将这些思考转化为实际行动,从而为学生的生活带来了积极的感受,也促进了学生的成长。

(三) 课程提升教师幸福感

为提升"幸福区本课程"的实施效度,拓展课程的实施途径,区域选取部分中小学开展了校本培训的试点探索,课程研发团队送教上门,为试点学校班主任团队开展培训,并认真听取反馈。

丰富新颖的培训形式、深入的分享,为教师带来愉悦感受的同时,也融洽了人际关系。有位高中老师在培训小结中这样写道:每到周五的班主任工作会议时间,大家就会热烈地讨论着,今天幸福课程会是什么内容呢? 很期待呀。每一堂课形式新颖、内容充实,既有游戏互动、又有经验、感想分享,老师们沉浸在活动带来的喜悦中,难得地敞开心扉,相互交流,畅谈自己的感受。

体验式的培训,激发教师参与热情的同时,也提升教师的积极心理品质。有位小学老师反馈:我们班主任教师团队有幸参加了系列幸福课程培训,犹如享受了一场心灵的SPA,注入了满满的正能量。在第二次培训中,我们团队合作,群策群力,用三根火柴在桌边吊起一瓶水,一开始我一筹莫展,但是在团队每个成员的共同努力和出谋划策下,我们还是巧妙地完成了任务,真的是人多力量大。团队的力量让我觉得充满了希望,有了团队就能乐观地去迎接任何挑战。

结构化的设计与系列化的培训，围绕不同人生主题，为教师们提供了有助于提升主观幸福感的技巧。比如，在"探索人生的意义"中，通过对自己个人成长、财务状况、专业发展、自我实现、健康、家庭、娱乐、亲友八个指标的打分、分享讨论，老师们找到了如何让自己更幸福的窍门。"乐观与希望"教会了老师们遇到问题或挫折后，如何用五步解决法，用积极的心态与思考方式去面对问题，寻找解决路径。"战胜拖延症"让老师们懂得了有效预防拖延的时间管理方式和 woop 思维法对于行动力提升的实践运用。

关注培训效果的巩固与知识、技能迁移，以紧贴实际的课后行为训练激发教师改变的动力与行动。比如，有位老师在学习了《告别拖延，提升行动力》后，她正视了自己的轻度拖延症，并尝试为自己定下一个可操作的具体的小目标，还考虑了可能出现的障碍以及应对的对策："现在每天完成小目标后，我都有一种成就感和自豪感，为完成任务雀跃不已。有了这次的体验后，我可以在工作、生活中的各个方面定下自己能完成的小目标，也有了实现目标的信心。通过这次培训，我确信，无论在什么时候、什么年龄，我们都可以积极成长，在成长中自我完善，在看到更好的自己时感受幸福。"还有不少老师在培训小结中提到："如何将自己在幸福课程中的所学、所感、所悟去影响、引导、引领我们的学生，帮助他们构建幸福人生，这是我们接下来要思考的问题。"

（四）课程激活教师研究冲动

研究的实践与推进促动了施教者主动去研究学生、研究教法，不断提高教学效果，真正发挥好幸福课的功能和价值。比如，有位即将入职的心理老师分享了她的收获：本次区《教师幸福课程》，我共参与了 6 个主题 9 节课，体验了五位老师不同教学风格。我也在思考，当我从心理学专业去分析一个工具或活动时，认为它是有意义、有价值的，但我要如何使用、如何提问、如何运用，才能让非心理学专业的老师，甚至是我们的学生也能在参与中获得感悟、获得启发。一个好的课程，本身要具有意义，也要让参与者体会到参与课程对自己是有帮助的。

承担"教师幸福课程"的五位培训师也作了深刻的反思：

1. 教学设计与教学实施有落差

预设与生成的时间安排和互动效果有明显的差别，这是每堂课后老师们的共同感受，需要再思考，再设计，再调整。

2. 培训效果与培训者和受训者的状态直接相关

相同的课题在不同的学校实施后效果有明显不同，这和教学双方的临场发挥及现场反应密切相关，这也是对培训师教育机智的考验，培训师越战越勇，越研磨越有实效。

3. 教学与教法有界无边

五位老师的教学风格不同,教法各异,参训者的互动和反馈给了培训师很多启发和灵感,每次教学都是挑战和创新,教学相长,乐在其中,研修无度。

二、反思与展望

本课题研究有着较为丰富的前期研究实践的成果,在此基础上,基于调研结果开展了更为深入的研究,从理论到实践,从文本到行动,从区域到学校,从学生到教师,在这些历程的循环反复中,不断推进研究往纵深发展。但是,回顾整个研究的历程,还存在可改进之处,可以在后续的研究中不断完善。

例如,关于调研问卷的设计。调研问卷的结论是对研究开展必要性的重要论证,本研究中的调研工作基本达成了这个目标,因为各年段人群的回答还是有着前后基本一致的趋势。但是,在统计数据时发现,不同年段在回答问题时还是有着不同的倾向:小学生大多会选择看似较为积极的答案,于是会出现一些前后矛盾的回答,尽管最后还是表达了自己的发展需求,但是也掩盖了一部分的发展现状。因此,如何在问卷设计时,考虑到不同年段人群完成调研时的态度,更巧妙、更有针对性地设计问卷题目,以获得更为真实的答案,从而为研究的开展提供更为充分的论据,是需要在前期工作中进行严谨设计的。又如,在各类《指导手册》的试点实践阶段,在开展课程评价工作时,可以将质性评价与量化评价相结合,更直观地了解师生对于课程的接受度以及对于课程改进的意见。

当然,在完善研究设计的同时,为了"积极成长·幸福区本课程"后续的进一步完善,以及实施工作的深入推进,可以在以下途径开展更为深入的研究与实践。

1. 丰富课程实施途径,延展师生幸福成长空间

目前,"积极成长·幸福区本课程"主要在学校心理辅导活动课中开展实践,在教师职后培训中进行试点使用。为了营造师生共同积极成长的氛围与环境,今后,可进一步拓展课程实施途径,将"幸福区本课程"与班会课等相结合,拓展课程实施途径,从不同角度、以不同形式开展"幸福区本课程"的教学实践,将课程内容与学生的校园生活紧密结合、与教师的教育教学目标紧密结合。同时,在开展区本培训的同时,可将"幸福区本课程"纳入校本培训的范畴,对学校不同教师群体开展相关主题的培训,从而在营造学校教育教学环境中,持续提升师生主观幸福感。

2. 跟进教学转型步伐，完善课程各类指导手册

在现有的研究与试点过程中，"幸福区本课程"各类指导手册的使用效果得到了培训对象的肯定，但是，在具体使用过程中，还是发现了诸多的问题，例如，作为"读本"性质的手册，希望使用者在没有指导的情况下，也能通过阅读了解相关知识、学习相关技能；希望能够为使用者提供更有操作性、设计性的练习，以便使用者可以在学习相关知识的同时，有计划、有目标地提升自我……因此，还需要进一步提升各类《手册》可读性，在保证专业性的同时，做到通俗易懂，并具有一定的趣味性，这是需要在具体的教育教学实践中不断完善的。

3. 深入开展评价探索，提升课程的教学成效

评价目的是为了促进被评价对象的良性发展，"幸福区本课程"在研究过程中，对学校的实施、学生的学习、教师的教学等方面提出了一系列评价的原则与方法。在今后的实施过程中，将进一步开展相关评价工作的落地探索，将这些原则与方法在学校工作与教育教学实践中进行实践与完善，通过不同层面、不同对象、不同维度的评价工作的研究与开展，提升"幸福区本课程"的教学成效，同时也进一步提升区域、学校心理健康教育工作的品质。

（本节执笔：李峻、钱锦，上海市黄浦区教育学院；姚项哲惠，上海市敬业中学；余珏，黄浦区卢湾一中心小学）

第六章 "阳光男孩花样女孩"课程建设

第一节 "阳光男孩花样女孩"课程建设的背景与缘起

一、借鉴国内外先进经验,聚焦学生青春期教育

开展青春期教育是中小学生身心健康发展的现实需要,课题组在贯彻实施《上海市中小学生生命教育指导纲要》的过程中,进一步加强了这方面工作的实践与探索。在推进上海市中小学生生命教育过程中,我们从关注学生生命成长的角度出发,认真研究青春期学生身心发展的特点,努力创设适合他们的性别角色认同教育,课题组借鉴国内外先进经验,开展了十多年青春期教育课程建设的探索,让每一个生命如花绽放。

(一)国际视野中的青春期教育

近年来,世界上不少国家分别采取措施,从不同方面和在不同程度上改进男生、女生的培养教育工作。20世纪70年代开始,性别生理学、心理学、人类学及社会学等学科的兴起与发展,分别从不同角度研究了人类性别差异的产生、分化以及性别角色的形成,人们开始探索如何有效地对男女学生进行适合各自性别特征的教育。进入21世纪,各国纷纷开展相关研究,并制定相应的政策法规,以确保单一性别教育的顺利实施。例如,针对男孩问题,英国于2000年开始实施历时四年的"提升男孩成就"(Raising Boys' Achievement)计划。2002年1月8日美国国会正式通过并颁布了"不让一个孩子掉队"法案,为单一性别教育的发展提供了合法的依据①。这里介绍澳大

---

① 聂琴.单一性别教育的再度兴起——以英、美、澳为例[J].复印报刊资料:中小学教育,2009年第4期,第83—86页.

利亚、瑞典开展的性别教育。

1. 澳大利亚开设性别教育课程

澳大利亚在悉尼,如何加强对男孩的教育这一问题引起的争论非常剧烈。这个问题在近十年一直是澳大利亚社会关注的焦点,而随着议会对这个问题的关注增加,辩论更趋于白热化。很多人认为,一直以来,女孩在社会上所受的关注就远远少于男孩。在提倡男女平等的今天,还要给男孩更多的特殊优待,男女差距将进一步扩大。

但实际情况是,在过去的十年里,澳大利亚女孩成绩超过男孩的趋势愈演愈烈。逃学率、升级人数等数字也说明,男孩的学习表现比女孩差了一大截。调查表明,较之女孩,男孩缺少明确的目标和学习的动力。另外,教师的女性化也不利于男孩的健康成长。现在澳大利亚社会中,男性的平均阅读能力水平要略低于女性。出台相关措施来改进对男孩的教育势在必行。

澳大利亚政府规定学校要开设含有性别内容的课程①。

2. 瑞典政府致力于提升男生阅读能力

据瑞典政府网站 2012 年 7 月 27 日消息,在 2010 年春季入学的小学生的瑞典语考试中,男学生不及格人数是女学生不及格人数的两倍以上。因此,教育部将致力于提高男学生的阅读兴趣和能力。早期校园性别平等项目的重点是提高女生身心健康水平和防治女生性骚扰问题。

2012 年瑞典政府提出:校园性别平等经费除了应用于继续加强女学生健康及防治性骚扰外,还应将重点放在加强男学生阅读上②。

(二)国内中小学开展性别教育的探索

中华人民共和国《宪法》第 48 条第 1 款就对男女平等问题明确指出:"中华人民共和国男女在政治的、经济的、文化的、社会的和家庭的生活等各方面享有平等的权利。"2012 年 11 月中国共产党第十八次全国代表大会中,将男女平等作为基本国策写入报告。广东省妇儿工委、省教育厅、省妇联 2018 年联合下发《关于在我省全面开展中小学性别平等教育的通知》,文件规定 2018 年 8 月开始在广东省全面开展中小学性别平等教育工作,实施范围为全省中小学校、中职学校;天津市妇儿工委、市教委、市妇联三部门 2018 年也联合下发《关于在我市中小学开展性别平等教育的通知》,从 2018 年 12 月开始在全市中小学校实施性别平等教育工作。性别与教育研究是当今一个多学科、

---

① 光明日报,2002 年 12 月 27 日,作者,小林.
② 世界教育信息,2012 年 13 期.

跨文化的学术热点，其中，学校教育的性别平等是国内许多地区政府和学校所关注的重要问题。

1. 广东中山中小学的性别平等教育

广东中山市于 2014 年被广东省选定为性别平等教育试点。中山市以贯彻落实男女平等基本国策为主线，将性别平等教育纳入妇女儿童发展规划八大示范性工程，纳入社会主义核心价值观建设，纳入社会创新治理和全民修身行动的范畴，推动教育工作贯彻落实性别平等原则。中山市通过开设专题课、融合课、实践课将性别平等理念融入各级各类学科课程，在探索增强教育工作者、学生和家长社会性别意识，促进教育全过程落实性别平等、构建和谐包容的社会文化上取得了一定成效，为全省乃至全国提供了学习借鉴的先进经验，得到国务院妇儿工委办公室和教育部的肯定①。

2. 天津市中小学开展性别平等教育

2018 年天津市妇儿工委、市教委、市妇联三部门联合下发《关于在我市中小学开展性别平等教育的通知》，从 12 月 1 日开始，全市中小学将实施性别平等教育，这是天津市从中小学入手落实男女平等基本国策，构建先进性别文化的生动实践。

天津市不断探索先进性别文化传播途径，积极开展男女平等基本国策宣传倡导工作。自 2016 年起尝试从中小学入手开展性别平等教育，启动"每区一校"试点工作，为性别平等教育工作在全市中小学全面铺开奠定了良好的基础。

性别平等教育将作为天津中小学教育内容之一，融入教学内容、教学实践活动和学生素质培养过程中，培育和增强学生的性别平等意识，构建男女两性和谐发展的校园文化，并通过发挥学生的辐射作用，将先进性别理念传播到家庭、社区，影响带动更多民众参与到和谐性别文化构建中来，让男女平等理念成为社会共识、时代风尚②。

（三）青春期生命教育的实践与推进

2004 年《中共中央国务院关于进一步加强和改进未成年人思想道德建设的若干意见》（中发〔2004〕8 号）颁布，从而开启了我国中小学生命教育大面积开展的航程。当前作为生命教育的重要组成部分的中小学公共安全教育，已受到国家教育行政部门的高度重视，已列入全国中小学教学计划。教育部在现行的《中小学生守则》和《中小学生日常行为规范》中也列入生命教育的内容。如《中小学生守则》中就有"珍爱生命，注意安全，锻炼身体，讲究卫生"。《中学生日常行为规范》就有"珍爱生命，不吸烟，不

---

① 林志文. 广东中山：将中小学性别平等教育覆盖全市[N]. 中国妇女报，2016 - 06 - 21.
② 陈欣然. 天津中小学开展性别平等教育[N-OL]. 中国教育新闻网-中国教育报，2018 - 12 - 01.

喝酒,不滥用药物,拒绝毒品"。多年来国内各省市因地制宜,对青春期学生进行生命起源、性别教育、青春期教育、心理健康教育、生存训练等生命发展的指导,使学生人格获得健全发展。这里主要简介上海、云南、湖南等地开展的青春期生命教育①。

1. 上海市中小学生生命教育的实践

《上海市中小学生命教育指导纲要》指出:生命教育是帮助学生认识生命、珍惜生命、尊重生命、热爱生命,提高生存技能和生命质量的一种教育活动②。

初中阶段着重帮助和引导学生了解青春期生理、心理发展特点;掌握自我保护、应对灾难的基本技能;学会尊重生命、关怀生命、悦纳自我、接纳他人;养成健康良好的生活方式。学会欣赏人类文化。

初中阶段的教育内容重点为:了解人体的构造与各器官的功能、分娩过程及染色体对遗传特征的决定作用;认识青春期的生理现象,认识性差异;培养积极的自我认同,包括自尊自信、自我评价意识和社会角色认同;学会自我悦纳;认识友情与爱情的区别和联系,建立自然美好的性别角色形象,等等。

2. 云南省实施"三生教育"

云南省"三生教育"课程以人为中心,以"三生教育"的理念为指导,关注学生整体素质的发展,尊重学生的自主性和个性差异,努力使每个生命都能得到适宜、充分、全面的发展,使课堂成为学生生命成长的乐园。"三生教育"课程已于 2008 年秋季开始在云南省部分学校实施,初步形成了"三生教育"的独立知识体系和逻辑框架③。第二版教材在呈现方式上,引导学生形成"活动—体验—感悟—总结反思"的学习方式,与此相对应,每课设立四个栏目:学习园地、活动天地、阅读感悟和收获与体会。生命教育部分以"认识生命,发展生命,提升生命质量"为主线。认识生命是生命教育的基础,发展生命、提升生命价值是生命教育的追求。

3. 湖南雨花区开展青春期生命教育

生命是教育的起点,关注生命是教育永恒的主题,完善生命是教育不懈的追求。近年来,湖南省长沙市雨花区坚持以尊重生命和教育规律为前提,在全区中小学校深入推进生命教育区域特色建设,积极引导广大师生尊重生命、发展生命、成就生命。2016 年 4 月,全国生命教育年会在雨花区召开,雨花区生命教育经验向全国推介;

① 郭喜永. 中小学生命教育的基本现状与实施策略[J]. 现代教育科学(中学教师),2009,(1).
② 吴增强,高国希. 上海市中小学生生命教育研究[J]. 上海教育出版社,2006,(12).
③ 杨国良. 云南省实施"三生教育"情况的报告[J]. 课程教材教学研究(教育研究),2010,1:10—10.

2019 年,雨花区举行生命教育开放活动,全区 84 所中小学校全面开放校园、课堂,展示教育风采,展望美好教育。

雨花区以培养创新精神、实践能力为核心,努力建构开放、公平、和谐、发展的课堂,让每一个鲜活的生命都能全面发展。雨花区全面统筹,精心组建研究队伍。一是核心研究方阵。各学科教研员组建了研究团队,确定研究点校,制定和完善各学科生命化课堂的实施指导意见、评价指标等,分学段、年级,逐年打造经典课例,逐步在全区推广。二是学校项目方阵。全区 21 所小学、5 所中学立足校情,相继开展课题研究,探讨生命化课堂的实施策略。三是研究同盟方阵。着力打造生命化课堂教学体系,从最初的 26 个生命化课堂研究点校,到 18 个研究小同盟,再到 10 所研究示范校,不断探索生命化课堂教学改革新路径[1]。

二、尝试突破,区域开展男生女生性别教育的实践

教育的性别平等,不仅仅指两性受教育机会的均等,在当前社会其更重要的内涵是关于教育过程、内容和教育结果方面的公平,即在教育过程中,两性学生平等地享用教育资源、教育环境,接受公平化的教育,获得公平的自身发展的条件和机会。随着时代的发展,主要探讨教育的性别公平问题,揭示和剖析阻碍性别公平教育的影响因素,寻求学校教育促进性别公平的有效途径和方式[2]。

儿童青少年面临的心理发展主要任务是自我认同感的建立,其中性别角色认同是一个重要的因素,从生命教育角度推动儿童青少年人格塑造是新的切入点,性别教育是一种人格教育。基于这样的认识,课题组开展了中小幼实施性别教育的实践,进行了小学阶段男生、女生性别教育的探索,这些实践和探索促进了青春期学生生命成长课程的研发和实践。

(一)中小幼开展性别教育的实践

2010 年上海市原闸北区教育学院德育室携手区域内中小学开展男生、女生教育的课题研究,内容涵盖幼儿园、小学、初中、高中试点学校,课题组以行动研究的方式,让基层学校教师在理论学习和实践操作相结合的模式中推进男生教育和女生教育,既有生命教育理念与男生女生教育内容的认知与建构,又有教师间不断地专业知能对话与团队合作,发展出符合男生女生身心发展需要的性别教育。2012 年,原闸北区教育

---

[1] 张新卫. 生命教育,让教育更美好[J]. 湖南教育(C 版),2020,(2).
[2] 强海燕,马莎,张翠云. 性别差异与女生的教育[C]. 首届儿童发展国际论坛论文集,2005 年 10 月.

学院德育室集全区各校经验，编辑了男生性别教育案例集和女生性别教育案例集，让男孩和女孩一样得到健康成长。

静安区彭浦新村幼儿园开展了《幼儿园男孩性度培养的实践研究》；静安区闸北三中心小学、上海市市北初级中学北校等将男生教育渗透于日常的教育教学中；上海市向东中学做了《解码男生性别特点，挖掘成长正面能量》的课题研究。与此同时，课题组在安庆幼儿园、广中新村幼儿园、育群中学、彭浦三中、彭浦初级中学、新中中学等中小幼学校开展女生教育，受到了学生和家长的欢迎。

（二）小学青春期课程资源建设的实践

从 2010 年开始，课题组成员参加了《小小男子汉》《花样女孩》等小学男女平等性别教育课程资源的开发与建设，课程从"人"的角度，围绕男生成长必须面对的与性别相关的生理、心理等方面的困惑组织内容，以尊重性别差异为男女平等的重要原则，以健康人格培养为课程资源建设核心。

《小小男子汉》小学男生课程资源建设经过整整三年的艰辛探索，课程共有 6 课，每课分为 3 个模块。例如第一课"我是男孩"，主要帮助男生理解"为什么我是男孩不是女孩？""男孩和女孩究竟有哪些不同？""怎样才能成长为'最好的自己'？"等问题；第二课"拥抱我自己"主要帮助男生理解"为什么要正确认识我自己？""什么样的男孩算得上'酷'？""怎样才能减少难言的烦恼？"，等等。①

《花样女孩》小学女生课程资源建设为小学女生提供多样化、个性化的课程资源，是在多年的教学实践和研究中诞生的，供小学四、五年级开设女生专题课程选用。例如，第三课在《保护好自己》章节，主要讲授女孩们"认识身体有哪些部位是'禁区'"、"怎样提高自我防范意识"、"如何寻求身边有效的保护"三大问题。以"怎样提高自我防范意识"为例，教材设置了"夏天在公交车上有人在你身后贴紧你"、"邻居大伯用手摸你的脸，夸你漂亮"等几大每个女生日常生活里都极有可能遇到的情境，让女孩们明白哪些场合与人群需要提高警惕，引导女生增强自我保护与寻求他人保护的能力，等等。②

《小小男子汉》、《花样女孩》课程资源建设帮助小学男生女生了解性生理、性心理等方面的知识，增强保护、悦纳自己的能力，男生女生突破性别刻板化，自信并完善自我，提升珍惜生命、懂得感恩、敢于担当等人文方面的素养。

---

① 尤睿、李正刚、钟向阳. 小小男子汉[M]. 上海：上海教育出版社，2016 年 8 月.
② 徐静、李正刚、钟向阳. 花样女孩[M]. 上海：上海教育出版社，2017 年 9 月.

三、调查研究，寻找促进青春期学生生命成长的资源

课题研究组从问题出发 2016 年开展基础调研，调查到样本数为 601 人，本次调研对象为中学生，其中男生 317 人，女生为 284 人，问卷内容包括学生基本信息、性与生殖健康知识、态度和行为、从学校、家庭、媒体、社区等途径获取性信息情况等方面外，还询问了对象家庭内实际性别角色分工、自身性别角色特征及对传统性别角色的刻板印象。本次调查运用 SPSS 数据处理软件，课题组对获得的数据信息进行分析处理，并以此为基础开展男女平等的青春期学生性别教育，让青春期学生的生命教育有新的增长点。

（一）家庭性别角色氛围调查

该调查通过列举 11 种家庭事务决策或家务活动，如家庭日常开支、购买大件物品、孩子的升学/就业、买房/盖房、做饭、洗碗、洗衣服、打扫卫生、照料孩子、干力气活、与邻里交涉，询问中学生这些活动在满 18 岁家庭成员中的性别分工情况。为综合分析研究对象的实际家庭分工，我们按以下原则对对象的回答进行赋值：回答与传统性别分工相符赋值为"1"、回答与传统性别分工相悖的赋值为"－1"、回答男女共同决定或共同承担则赋值为"0"。对象的得分总和越高。

本次调查显示，报告家庭日常开支、购买大物件、孩子的升学就业、洗衣服、收拾屋子、打扫卫生等选项男生和女生存在显著差异（见表 6.1，6.2）。

表 6.1　家庭性别角色氛围

	男生	女生
家庭日常开支*		
由男性家庭成员为主做决定	17.67	12.68
由女性家庭成员为主做决定	40.06	51.76
男女共同商量决定	38.80	30.28
不适用	2.84	4.58
购买大件物品*		
由男性家庭成员为主作决定	24.61	13.73
由女性家庭成员为主作决定	14.20	16.90
男女共同商量决定	59.62	64.79
不适用	1.58	4.58

	男生	女生
孩子的升学/就业*		
由男性家庭成员为主作决定	14.83	9.89
由女性家庭成员为主作决定	20.19	15.55
男女共同商量决定	63.09	69.96
不适用	1.89	4.59
买房、盖房		
由男性家庭成员为主作决定	14.20	10.92
由女性家庭成员为主作决定	12.30	10.56
男女共同商量决定	69.09	72.89
不适用	2.52	4.58

＊：p<0.05,表示男生组和女生组有显著性差异。

表6.2　家务活动承担角色

	男生	女生
做饭		
由男性家庭成员主要承担	17.35	16.20
由女性家庭成员主要承担	45.43	45.77
男女共同承担	35.65	33.10
不适用	1.58	4.93
洗碗		
由男性家庭成员主要承担	18.93	17.61
由女性家庭成员主要承担	42.27	44.37
男女共同承担	37.22	33.10
不适用	1.58	4.93
洗衣服*		
由男性家庭成员主要承担	9.78	8.87
由女性家庭成员主要承担	54.26	62.77
男女共同承担	34.38	23.40

	男生	女生
不适用	1.58	4.96
收拾屋子、打扫卫生*		
由男性家庭成员主要承担	11.99	6.34
由女性家庭成员主要承担	48.58	53.52
男女共同承担	37.85	35.21
不适用	1.58	4.93
照料孩子		
由男性家庭成员主要承担	11.36	8.80
由女性家庭成员主要承担	39.75	40.85
男女共同承担	45.74	46.13
不适用	3.15	4.23
力气活		
由男性家庭成员主要承担	57.10	61.62
由女性家庭成员主要承担	13.56	12.68
男女共同承担	25.87	19.72
不适用	3.47	5.99
与邻居、村/里委、领导交涉		
由男性家庭成员主要承担	33.12	31.69
由女性家庭成员主要承担	23.66	27.46
男女共同承担	39.43	34.15
不适用	3.79	6.69

　*：$p < 0.05$，表示男生组和女生组有显著性差异。

（二）性别角色分类

　　本课题借鉴卢勤等人的研究结果[①]，采用简化修订的 Bem 性别角色量表（包含 13 个男性化性格特征条目和 11 个女性化性格特征条目）来评价青少年的性别角色分类，

----

① 卢勤,苏彦捷. 对 Bem 性别角色量表的考察与修订[J]. 中国心理卫生杂志,2003 年,第 8 期,第 13 卷,550—553.

采用常用的计分方法——中位数分类法将研究对象归于不同的性别角色组。男性化和女性化得分都很高的被划分为双性化型;得分都低的被划分为未分化型;在一个量表上得分高,但在另一个量表上得分低的分别属于男性化或女性化两种类型。

本次调查显示,男生和女生在性别角色的男性化、女性化、双性化以及未分化四个纬度都存在显著差异,具体见表6.3。

表 6.3　性别角色分布

性别角色分布 *	男生	女生
男性化	12.93	7.04
女性化	11.36	21.13
双性化	42.90	29.23
未分化	32.81	42.61

* : $p < 0.05$,表示男生组和女生组有显著性差异

本次调查发现,相当比例的男生对家庭事务领域的性别刻板印象要高于社会和两性关系领域,说明传统的性别角色观念在青少年中仍有一定的影响,并且在家庭领域内更为明显。

从性别角色类型分布来看,双性化个体大大增加,而未分化的比例有所升高,本次调研呼唤课题组积极开展性别教育,帮助男生女生进行自我调节和自我悦纳,促进男女平等。

（本节执笔：钟向阳、李正刚、廉启国、徐静、尤睿）

第二节　青春期性别教育课程建设的探索与实践

一、系统构建青春期学生的生命成长网络

社会不断进步,文明不断发展,时代不断前行,新的成长环境给男生、女生带来新的资源,但也给男生、女生带来新的挑战,特别是人们对婚姻、家庭和性行为的理解和观念的急剧变化,给男生、女生的健康成长带来新的挑战,课题组通过系统构建青春期男生女生的性别平等教育网络,强化男女平等性别教育,给男生、女生提供科学的健康知识和信息,课题组从男生、女生的身心发展规律出发,开展男女平等性别教育的实践与探索,努力促进学生人格的健康发展。

（一）性别平等的青春期学生生命成长网络的介绍

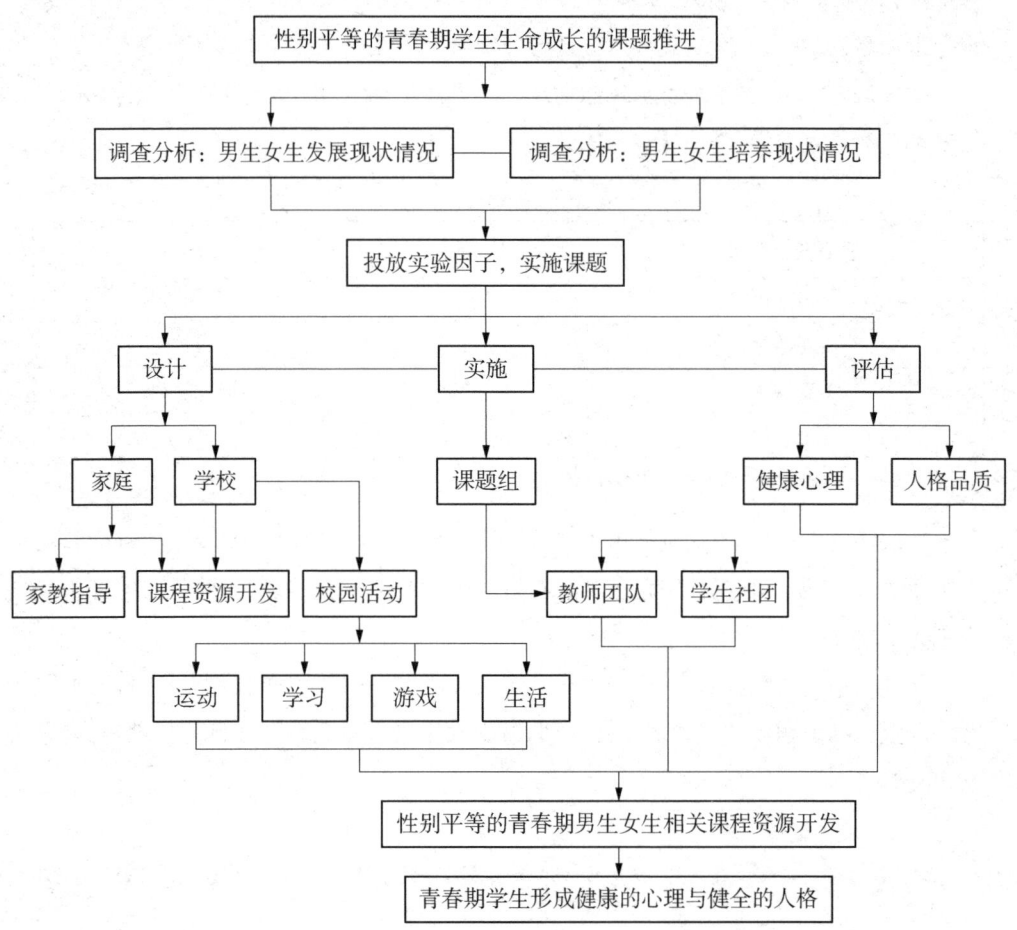

图 6.1　性别平等的青春期学生生命成长课题推进导图

（二）青春期男生女生生命成长网络构建的实施和意义

1. 青春期男生女生生命成长网络的实施

青春期男生女生性别平等教育网络是在区域长期坚持开展青春期生命教育的实践与探索的基础上建构的。青春期教育是门科学,面对纷至沓来的、可能影响学生性意识的干扰,要科学地确立我区的青春期教育的立足点,确保青少年健康成长既需要学校、家长和社会各方的共同努力,更需要教育者的智慧和热忱①。

———————————

① 袁园.基于生命教育的学校青春期教育的实践探索[J].国际生殖健康,2010 年第 6 期.

课题组整合区域各种资源和力量,着力推进青春期学生的生命教育。把青春期学生的生命教育有机地融入学校德育工作中,逐步形成了以心理健康教育和班主任为主体的师资队伍,课内外相结合的教育方式,具体有如下五种形式。

(1) 实施青春期生命教育课程

从80年代后期区域率先开设青春期教育课以来,课题组又开设青春期学生男生女生课程,通过心理游戏、心理体验和心理调适等形式,培养学生积极、健康的人格,引导学生认识生命、尊重生命、珍惜生命和热爱生命。

(2) 建立学校青春期学生心理咨询室

学校的青春期学生心理咨询室有心理倾听室、心理宣泄室等,在这些场合,具有一定资质的教师为学生解疑释难,学生也从教师自制的图片、教具、活动玩具中重温"快乐"的滋味,驱走了笼罩在心头的阴影。

(3) 构筑师生"心灵通道"

一些学校设立了青春期学生生命教育的"悄悄话信箱",开通了知音热线,让学生有问题找老师解答,有问题找老师倾诉,有压力找老师宣泄。

(4) 开设青春期专题广播

学校开设了青春期学生的专题广播,用学生喜闻乐见的形式,向学生宣传青春期生命教育知识。让处在成长烦恼中的学生感受美妙的旋律、抒情的小曲和感人的花样故事。

(5) 建立区青春健康示范点

区青春健康示范点、部分学校参与社区亲青服务室进行心理辅导,同时社区亲青服务室也积极配合学校开展青春期生命教育。

在近40年开展青春期学生生命教育过程中,不断健全青春期学生生命教育可持续发展机制,使青春期学生生命教育的模式、内容、途径、形式、方法不断地加以改进和完善,既吸收国际、国内的先进理论、经验,又适合区域开展素质教育的实际,拓展了区域开展中小学性别平等教育的方法,走出了基于生命教育的青春期学生成长之路。

2. 青春期男生女生生命成长网络构建的意义

性别角色是青少年在社会化过程中通过模仿学习获得的一套与自己性别相应的行为规范。目前该领域的研究比较一致地认为男性化、女性化是相对独立的单一维度,并将性别角色类型划分为双性化、男性化、女性化和未分化四种类型。性别刻板印象是指人们对有关男性或女性性别属性的相对固定的看法与观念。我国社会文化背景下存在性别属性的分化现象,要求男性"独立、自信、控制、竞争",要求女性"被动、谦逊、温顺、忠诚",等等,虽然青少年的性别刻板印象并不必然地决定他们自身的性格特征、职业和行为等方面的性别角色认同,但或多或少地影响他们的社会适应能力和心理健康。

青少年面临的心理发展主要任务是自我认同感的建立,其中性别角色认同是一个重要的成分,因此,"性别差异"是很重要的教育资源,课题组开展男女平等性别教育,帮助确立男生、女生对自身性别的性别认同,认识到性别是存在差异的。因而,课题组开展性别教育,就要尊重差异、包容短处、因性施教,开设性别教育系列课程,开性别教育的系列活动,让每一个男生、女生都健康、阳光、快乐成长。

(1) 为男生、女生生命成长提供系统支持

男生、女生的成长除了需要物质支持外,更需要心理、精神层面的支持。开展性别教育有助于了解男生女生发展的现状,更有针对性地对其进行引导,有效解决男生女生成长中的各种困惑,提出符合男生女生身心发展实际的对策和建议。开展性别教育也能帮助这些学生更多地进行自我探索、自我规划,为男生女生健康成长提供帮助。

(2) 为区域推进男女生命成长提供成功模式

目前在中小幼学校系统开展性别教育的模式相对较少,本课题通过性别教育,从一定程度上拓展了性别教育的研究范围,丰富和充实了性别教育的研究内容,为有关学校开展男女平等的性别教育提供模式。

(3) 有助于进一步推进生命教育

课题组开展生命教育多年,但生命教育的实施内容涵盖范围相当广泛,几乎包含所有学校、社会、家庭层面,因此,本课题组开展基于生命教育的青春期学生性别平等教育研究,从男生女生生命成长的角度,展开性别教育系统的实践研究,拓展了区域开展中小学性别平等教育的方法,丰富了区域开展生命教育的内容和途径。

二、团队合作开展青春期学生的生命教育培训

课题组开展分层次、分阶段的培训,旨在提高教师队伍的素质和业务工作能力。在多年的探索与实践中,形成了富有成效的面向青春期学生的心理培训模式。

各种心理培训贯穿于初中男生女生课程资源的开发过程中,涌现出了作风好、师德高尚,具有团队合作精神、专业精神和奉献精神的师资队伍。

（一）运用"PDS"培训模式开展青春期心理培训

课题组开展青春期学生男女性别平等教育，借鉴了"PDS"培训模式：教师专业发展学校（简称 PDS 学校）是 20 世纪 80 年代中期以来美国教育改革中出现的一种教师培养的新形式。它不是建立一所新学校，而是在原有中小学的基础上与大学合作形成的一种新功能。在面向青春期学生的心理培训中，课题组（区教育学院）和中小学之间形成新型的伙伴关系。在"PDS"培训中，中小学教师与教育学院教师组成合作小组，对参加课题组的中小学教师是一种很好的帮助，与教育学院教师合作可以获得新思想、新知识、新技能，得以反思自己的教育教学，积极发展自身；参与合作的教育学院教师通过阅读，通过教学实验，获得了使自己发展的机会。一般采用的是这种培训模式中的以下几种培训方式。[①]

第一种，美国教师职业发展学校培训方式。区教育学院与心理教师一起持续不断地学习、共同探索青春期学生心理健康教育中的问题、研究解决问题的途径等方式。PDS 工作的特点是在实践中合作，在合作中共同研究，研究提供了个体和整体的变化。

第二种，观察的实践方式。十多年来区教育学院参与上海市学生心理发展中心、上海市中小学德育研究协会青春期专业委员会开展的各类青春期教育项目，提供给心理教师观察思考的方法，观察同伴以便于认识自身的体验，并以这种学习方法，反思自己在知识、技能、态度上与优秀心理教师的差距。教育学院教师能够观察到教学工作的第一手资料，以利于今后与中小学教师共享青春期学生的心理辅导经验。

"PDS"培训实例

2016 年区青春期教育现状调查显示，青春期教育中一个比较突出的问题就是对学生的青春期教育存在许多困惑。一部分心理教师当开展青春期教育遇到困难时，也很少想到向其他教师求助。针对这一现状，课题组通过个案交流——集体实践——集体反思的形式，在区德育室带领下，依托上海市学生心理发展中心的支持，把心理教师凝成一个整体，形成一种共识：一个心理教师遇到的开展青春期教育的难题是大家都可能遇到的难题，让心理教师通过学习、反思和交流，在一个会思考的环境中成长。同时，结合区域和学生的具体情况，我们将青春期教育研究的侧重点定位为男生女生性别平等教育方面，希望能通过本课题的研究，解决青春期学生的一些实际问题。

培训流程：个案分析——观摩实践——集体研讨

---

① 蒋吉优.美国专业发展学校(PDS)模式及启示[J].当代教育科学,2009 年第 5 期.

个案分析：课题组和学校优秀心理教师通过个案分析，找到开展青春期教育中可能遇到的问题。

观摩实践：学校将研究的侧重点定位为学生同伴交往和异性交往方面问题的提出与解决，让心理教师通过观摩学习，得到思考和交流。在实践中心理教师集思广益，提出了两套方案：一是用团队辅导的方式让男生女生体会合作的重要性；二是召开主题班会，让学生通过自我教育，提高认识。

集体研讨：在两套方案实行后，要进行反思，对实际效果进行评估，并进一步发动心理教师开展青春期教育的学习和讨论，通过这一形式实现心理教师的自我持续提高与主动开展青春期教育，提高课题实施的有效性。

（二）以卡内基训练为途径开展青春期心理培训

卡内基训练是目前较流行的人力资源开发项目，以卡内基训练为途径开展青春期心理培训具有以下特点：[①]

1. 设计合理课程内容

内容包括五讲：第一讲：熟悉彼此，说说我们的远景。第二讲：定立突破性目标，增加自信。第三讲：热忱的承诺，改变态度改变行为。第四讲：合理处理挫折及克服困难，冲破障碍。第五讲：加强人际关系等。结合卡内基训练课程内容，在培训中把青春期教育的许多内容融入进去。例如，性健康青少年的行为：欣赏自己的身体，以尊重和适当的方式与同性和异性交往等。关系和个人技能：把家庭作为提供积极支持的重要方面，恰如其分地表达爱和亲昵，对自己的行为负责任等。社会与文化：倡导人们获得准确性信息的权利，接受对他人提供性教育，探讨方法形成对青少年生命成长有利的氛围。

2. 互动体验的培训方式

培训方式包括：通过对话、体验、互动等环节，让参加培训教师真正走进培训，感悟培训内容，经历一次深刻的培训体验。

3. 寓意深刻的鲜活案例

订立突破性目标，增加自尊、自信

1. 抽卡片分组（分为五组）

2. 分组热身游戏——捉虫游戏

---

① 戴尔·卡内基著，詹丽茹译. 成功有效的团体沟通［M］.2008 年 01 月，北京：中信出版社.

3. 对本讲内容进行简单说明

我们设定了目标,创造了愿景,在这之后,我要么让自己有更大的突破,才能在整个过程中不断地往前迈进,而籍由对自我的了解,有更多的自尊、自信才能达成愿景。所以在本课例中,我们将对自己有全新的了解,同时,为良好的人际关系建立稳固的基础我们将学到人际关系基本原则,并且要针对家人、同事、朋友或学生的人际关系设定突破的目标。并且通过对未来的展望来增加我们的自信,这一系列活动将促使我们朝我们的愿景迈进。

主题活动(一)——我的名片

主题活动(二)——人际交往 PAC

主题活动(三)——我的未来不是梦

(三) 开展与亲青服务相关的心理培训

课题组开展学生青春期教育中,对中小学生开展了"亲青服务","亲青服务"是指在开展青春健康项目中为青少年提供亲切友好、科学准确并且为青少年乐于接受的性与生殖健康服务。面向青春期学生,课题组创造各种机会使心理教师受到专门培训,以满足青少年的需求。例如,尊重青少年,保证隐私和保密,有足够时间和青少年交流,理解青少年成长发育方面的要求,认可青少年之间的差异等。[①]

课题组组织区优秀心理教师,依据教师撰写的心理辅导的案例,通过观察分析、评价案例,在理论与实践操作上给予辅导和帮助,提高教师对青春期学生心理辅导案例的理解和操作技能。

青春期心理个案的心理培训一般包括以下五个过程:(1)建立良好关系;(2)双方共同拟订个案辅导;(3)确定个案辅导方法;(4)选择合适的个案;(5)协助心理教师做好个案结案工作。

【案例】

青春期个案的心理培训

李明(代名),男,是某中学初二的学生,不仅篮球打得好,而且学习成绩也不错。一次,学校举行篮球联赛,李明是班级的主力。他像往日一样在球场上纵横驰骋,随着得分的上升,他赢得了一阵又一阵的掌声。就在这时,他无意间一次回眸,啦啦队里一

---

① 王筱金.上海青春健康促进项目效果评估[D].复旦大学,博士论文,2006 年 4 月,摘自知网文献.

个女孩甜美的声音扣动了他的心弦。几天后,李明坐在教室里,突然,窗外又传来了那甜美的声音。

从此,李明像变了个人似的,他再也不随便和同学打闹,说话也不粗鲁了,他开始注意自己的衣着,而且,只要那位女同学经过,他就突然气喘心跳,想抬眼搜寻那双眼镜又不敢,只是脸涨得通红。

李明感到了一种前所未有的烦恼。他既渴望见到那女孩,但真的在走廊上与她照面时,又手足无措,狼狈不堪。前几天,他还梦见了她,那甜美的声音像刀刻一样印在了李明的脑海深处了。上课时,他开始走神了,学习成绩也直线下降。

终于有一天,李明在学校的心理咨询网站上倾诉自己的困惑,并主动要求帮助。

学校的心理教师把他的情况带到了我们的亲青服务活动,我们对他提供了相关建议:在求助者同意的情况下作心理测评;通过老师的观察根据对临床资料的收集:该求助者智力水平、个性、情绪、整体心理健康水平;综合分析所获得的临床资料,对求助者问题持续的时间、强度和典型心理与行为异常表现的性质和严重程度进行分析、判断等;根据评估和诊断,同求助者进行协商,通过咨询方案的制定确定如下咨询目标:

(1)具体目标与近期目标:缓解求助者的抑郁和焦虑等不良的情绪,解答青春期困惑。

(2)最终目标与长期目标:协助求助者建立良好的异性交往关系,学习有效的异性交往技巧,养成求助者健康的心理,掌握并灵活运用人际交往的原则、方法和正确途径,培养健康而高尚的人格。

综合上述的原因求助者的心理问题都是在成长经历的背景下和个性特点的基础上,不断习得和形成的,这其中无论是情绪的变化,还是行为的异常,也都同样存在着个体认知的偏差和能力的欠缺。所以应及时地采用操作性、时效性、目标性很强的认知疗法和行为疗法,使求助者尽快摆脱目前的困境。家庭环境和学校环境之间的转换,再加上学校适应不良的催化,所以应转换到家庭环境后用支持心理疗法,在合适的时机再回到学校,融入学校正常的学习、生活。

在培训活动中,对于这个案例的处理,那位心理教师谈到她的几点感受。培训着重调动教师本人的智慧,找到更多、更好的解决问题的方法。

一段时间后,李明的困惑得到了满意的解决,他和那位女生开始友好地往来,但彼此保持着间疏的距离,李明学习也有了进步。为巩固心理辅导成效,我们还不时地与心理教师进行交流讨论。

通过亲青服务相关的心理培训，引发教师对自己亲青服务过程的反思，再通过与同事、专家的商讨，提高参与亲青服务教师的理论水平和进行学生个案研究与辅导的实际操作能力，帮助教师全面地、真实地了解学生，在促进其专业化发展的同时，促进亲青服务工作的针对性与实效性。

(四) 通过参与式培训模式开展青春期学生教育

课题组在开展青春期心理健康教育中，采用了参与式培训模式：即启示、分享、讨论以及训练角色扮演等方式，通过团体内人际交互作用，引导青春期教师改善自我观念，开发潜在力量，促进成长发展。课题组针对心理教师自身的困惑和在教育教学中的需求，运用参与式的理念方法进行培训，促进心理教师成长。[①]

这种参与式培训的流程主要有六个环节：一为热身活动（创设接纳的，自由宽容的气氛）；二为情景体验（聚集问题）；三为分组讨论与交流（开放自我，倾听他人）；四为示范性案例分析与理论学习；五为练习（反思与重新检视，并寻找走向改变行为的积极方向）；六为结语（新的领悟）。

参与式培训实例：

在沟通培训中，我们通过参与体验的方式，进一步激发心理教师的沟通能力。

（1）**热身活动——同心圆活动**：全体成员围成一个圆，面对圆心的指导者也在其中，指导者先做一个动作，要求成员不加评论，模仿做三遍，然后每一个人一次做一个自己想起来的动作，大家一起模仿。

（2）**情景体验**（略）

（3）**分组讨论与交流**（略）

（4）**示范性案例分析与理论学习**（投影）

学生到心理辅导室来进行团体游戏，一位学生坐在窗台上险些摔下去，教师随之发怒地大叫。"你给我下来！你太不小心了！"

教师在预备铃后进教室，学生看到老师后，非但没有停下来还讲得更加厉害，教师愤怒了："这是岂有此理！你们不懂得遵守学校纪律规定吗？"

---

① 于海莲、封锦平、曹庆丽、龚宝华、胡素芹. 参与式互动式教学方式在青春期生殖健康教育中的效果评价 [J]. 中国妇幼保健，2003 年第 18 卷.

以上两个情景中，表面上教师传达给学生的只是一种自己的"愤怒"情绪，而学生就很可能不理解教师在这种情绪后面尊重、关心学生的真正动机，把教师的这种情绪理解为责怪、责骂、追究责任等动机。

教师需要经常思考自己的表达方式，当学生认定教师一方的沟通动机是善意的，师生沟通才能有良好的开头。

（5）小练习：就刚才的情景，换一种表达方式

我们在面对面的交流过程中还可能有哪些方式表达情感和意思？

提问：在师生沟通中，你是否用身体语言流露了不好的情绪？青少年感觉到这些情绪会有什么感觉？什么样的身体语言会使服务人员感到受欢迎和尊重？怎样规范自己的非语言交流方式？

练习：放松技巧训练、微笑训练、身体姿势训练、合适的语言技巧训练等。

（6）结语：师生成功沟通的首要原则是尽量准确地表达自己的良好动机。教师一般都抱有良好的沟通动机，但常常被学生误解。教师要善于把他们的真实动机清晰、准确地表达出来。

三、青春期男生女生生命成长课程建设的初步探索

青春期学生生命成长的课程建设需要有科学性、针对性和有效性，面对纷至沓来的、可能影响青春期学生的各种干扰和困扰，要科学地建设青春期学生生命成长课程，促进青少年健康成长。课程建设既需要学校、家长和社会各方的共同努力，更需要教育者的智慧和热忱，课题组在原先开设心理健康课程的基础上，根据青春期男生女生的年龄特点和身心发展规律，确立主题和目标，既各有特色又有延续，更科学和系统地培养男女学生的健康人格。

（一）初中生成长伴手礼的微课程建设

课题组从"人"的角度，围绕男生女生成长必须面对的与性别相关的生理、心理等方面的困惑组织内容，以尊重性别差异为出发点，以完善人格为核心，着重帮助男生、女生了解性生理、性心理等方面的知识和增强保护、悦纳自己的基本能力，提升珍惜生命、懂得感恩、敢于担当等人文方面的素养。

通过对初中男生、女生生理、心理成长状况的描述，帮助学生了解自己、了解成长、了解即将来临的变化。本次初中男生女生教育以国家教育部和上海市教委颁发的关于中小学生心理健康教育、生命教育、生涯指导教育、安全教育纲要为主要依据，密切

关注国内外相关教育发展与动态,形成为初中男生女生量身定制的成长"伴手礼",为在此基础上形成的"阳光男孩"和"花样女孩"课程建设打好基础。

1. 适应需求

社会对于学校开设性别教育相关的课程早有呼吁,可是迟迟未能实施,关键在于中国传统观念和道德观念对此的制约。学校和家长在青春期学生性别教育的问题上,能回避就回避,甚至有部分家长对性别教育的知识掌握甚少,无法理解学生青春期的种种表现,由于沟通不畅导致很多矛盾激化。为此,我们首先遴选尊重男生、女生教育规律的教师和学校,编写青春期学生的区域特色课程。

2. 专业研究

为了提升教师的人文素质,区域特色课程编写过程中十分重视为教师提供学习、研修、考察的机会。主要方法途径有课题研究引领、男生女生教育的技能培训、男生女生教育的校本研修,等等。在编写教材的磨练中,涌现出了作风好、师德高尚,具有团队合作精神、专业精神和奉献精神的师资队伍,初步形成了初中生成长伴手礼区域课程资源(见表6.4)。

表6.4　初中生成长伴手礼(青春期学生生命成长课程资源节选)

男生篇	女生篇
成长的天空	成长变变变
我和同学的那些事儿	青春的味道
网络生活	"艾"与被爱
敢梦想飞	爱 de 表达
小小少年撑起一片天	心中的小桔灯

3. 家校合作

当今信息时代为家校互动提供了多种方式,如微信、微博、qq 信箱等,但课题组开展青春期男生女生教育时把父母领进课堂,让他们从思想认识上认同:男生、女生成长需要父亲和母亲的陪伴;在家人陪伴下孩子学艺术、游戏、旅游、锻炼、尝试新鲜事物等过程中感受到了家人的呵护,也了解家人的工作和生活;亲子互动有效促进男生女生主动去学习父母的有责任、有爱心、懂坚持、能奉献的精神,家校合作有利于开展男女生教育,目前课题组在试点学校都开展了家校互动的青春期学生性别教育。

4. 网站助力课程资源开发

课题组根据男生、女生对青春期教育的需求,通过《青春飞扬》网站运用计算机、通信、电子、多媒体等先进的信息技术,探索网络资源共建共享,统一筹划、多方位、多渠道开展男生、女生教育,目前一些学校取得一定的成果,彭浦初级中学的老师是这样交流她的体会"首先联系本校的信息课教师,利用学校的网络课对初次接触该网站的女生进行指导——包括网站的介绍、栏目的介绍等,对网站上的一些敏感的话题进行讨论;第二,定期地向女生征集对网站的体会与建议,让女生写下对《青春飞扬》的心里话,不断使女生体会脑力激荡,实现自助"。

课题组把男生、女生教育作为生命教育的重要内容,通过开发《青春飞扬》网络资源,打破一些认识上的误区,课题组开展网络生命教育,依托网站对男生、女生的分别采用不同的方式进行教育和指导,如开展了如何跨越青春期烦恼的网络宣传活动,在世界艾滋病日运用网络知识进行了预防艾滋病的教育,通过网站与学生家长沟通,加强男生、女生家长中生命教育的指导工作。

(二) 试点学校男生女生校本课程资源的实践

1. 初中女生的"情绪团辅"

课题组试点学校上海市彭浦初级中学结合学校开展医教结合的优势,确立 2016年度上海学校德育实践研究立项课题《初中女生不良情绪团辅活动开展之探究》。

这个课题在学校将"情绪团辅"模式校本化,并继续以初中阶段情绪问题困扰突出的女生群体为团辅对象,积极开展相应的 CBT 认知行为团辅干预。

从 2015 年 12 月至 2016 年 12 月历经整一年时间,通过平均每月 2 次的团辅干预频率,至结束共计团辅干预 10—12 次,在 1 年后,对起初 32 名参与社团活动的学生进行访谈评估,其中有效坚持参与社团的学生有 29 名,这 29 名同学中对这一年来社团活动的评估见表6.5。

表6.5 《"天鹅计划——阳光女生"团辅活动表现评估表》

项目内容	满意	一般	不满意
人数	24	5	0
百分比	82.8%	17.2%	0

学校尝试在"医教结合"推进过程中结合 CBT 行为激活技术(行动→认知→自我形象)通过团体认知行为干预(CBT)、团体动力学及青春期女生心理、生理保健等方法

内容,以学校"静漪坊"女生社团辅导实践为载体来探究积极正向的初中女生健康情绪教育,矫正女生群体中常见的不良情绪倾向,促进正处于青春期成长阶段的初中女生塑造积极自信、健康的心理状态,养成她们开朗、平和、乐观、豁达等良好情绪特质,最终期待她们积极、健康地学习、生活和成长。

2. 培养阳光少年的男生课堂

课题组试点学校市北初级中学北校的青春期学生课程设置符合学校的培养目标要求,紧紧围绕建设"课堂有生命力、教师有创造力、学生有活力、学校有凝聚力"的和谐校园办学总目标。学校通过问卷调查,了解男生需求,并渗透与教育教学的各个环节中,建设校本男生课程。

学校的男生课程建设通过需求驱动。男生的需求决定学校设置合理的男生校本课程。例如,预备年级的男生,他们初到一个新环境,急切想获得认可,可又不大习惯初中学习生活,自制力较差。学校因此设置了微型男生课程《培养兴趣,养成行规,"和合"衔接》。其中包含《我是初中男生》《培养学生的自控能力》《我的好老师》《阳光好心情》等。初一男生,他们渴望交往,寻求认同。学校设置的男生课程便是《我的偶像是真汉子》《寻找自己的铁哥们》《让人欢喜让人忧的女生》。初二男生进入青春期后,叛逆,行为习惯散漫。学校因此设置《男生粗心的是与非》《玩不转的时间》《对面的女孩看过来》等课堂。初三男生,他们渴望好成绩,却又往往贪玩,有时迷恋网络。因此,《偏科:不得不说的痛》《游走于课堂之外的男生》《千里之行始于足下》等课堂便成了他们的首选。

学校的男生课程建设注重有机镶嵌。该校的男生课程建设既有独立的校本教材资源,同时也将其渗透于日常的教育教学中。学校的《和田中学一日常规(打油诗版)》就对男生的仪容仪表作了规定:"风华正茂美少年,青春洋溢最显眼。仪容仪表应注意,整洁规范有朝气。规范仪表从头始,男生短发才帅气……"并通过拓展课《我是国旗护卫兵》人员的海选来增强全校男生对男生仪表及气质的认同。体育运动可以培养男生的体力、意志力、勇敢和拼搏精神,学校发挥体教结合和手球特色项目的优势,以每天"四定"——定时、定点、定人、定教练,确保手球、田径队的正常训练;学校以每周"三课二操二活动",确保学生每天活动一小时,增强男生体质;学校还增设《武术》《篮球队》等拓展课,激发男生运动天赋,关注男生健康。

(本节执笔:钟向阳、程核红、盛毓、揭文富、洪颖馨)

第三节　阳光男孩课程建设与实施案例

课题组在原先开设心理健康课程的基础上,根据青春期男生女生的年龄特点和身心发展规律,确立主题和目标,既各有特色又有延续,更科学和系统地培养男生、女生的健康人格。

一、阳光男孩课程设计理念和编写框架

(一)阳光男孩的课程设计理念

1.《阳光男孩》课程的编写视角

阳光男孩的课程设计理念:充分关注青春期男孩的发展,充分挖掘课程价值,以满足男孩生命成长的需求。为此,课程设计中首先是面向青春期男孩,精心确定课程主题;其次是敢于突破,巧妙设计课程内容。

围绕这样的课程设计理念,课程设计了若干小栏目:"思维火花",是通过案例、故事、名人名言等,激发青春期男孩进行深层次思考;"活动天地",是引导男孩参与体验式的活动;"知识小百科",是对相关知识性内容给予简明介绍;"阅读无极限",是给出相关的拓展阅读材料;"快乐魔方",是引导男孩参与有趣的相关活动或阅读能豁然开朗的资料。

2. 在《阳光男孩》课程设计中融入生命教育内容

根据生命教育的概念和目标,在《阳光男孩》课程设计中融入了生命教育的内容。第一,从生理、心理和伦理三个层面关怀青春期男生的生命历程,基于人的全面发展的理念,既要把青春期男生看作一个完整的生命体加以培育,使男孩身体健康、心理健康、人格完善,体现生命教育的层次性;根据青春期男孩的身心发展规律和特点,确立重点内容,体现生命教育的阶段性;根据青春期男孩在生命历程中与自我、他人、社会和自然建立和谐关系的目标来提出具体的教育内容,体现生命教育的和谐性①。

(二)阳光男孩课程的编写框架

《阳光男孩》课程包括三单元:自信乐学篇、悦纳爱群篇和幸福人生篇,共计15课时的内容,课程的编写框架如下。

———————

① 吴增强,高国希.上海市中小学生生命教育研究[M].上海:上海教育出版社,2006.

1. 自信乐学篇

（1）家有男儿初长成

通过对青春期男孩生理、心理成长状况的描述，帮助男孩了解自己、了解成长、了解即将来临的变化，培育做一个勇敢男孩的意识。

（2）男孩的特长

认识男性角色在生活中的形象和价值，引导男孩学会大气、宽容，培育承担重任的角色意识。

（3）时间管理

让男孩认识时间对人生的意义，认识坚持与发展的关系，学会安排自己的作息时间，并在这过程中领悟时间管理对男孩发展的价值。

（4）敢梦想飞

让男孩认识梦想对人生的意义，学会寻找自己的梦，并认识梦想的实现不但取决于人生的机遇和天分，更重要的是自己的努力，男孩要学会为实现梦想而努力奋斗的意志。

（5）创造与创新

让男孩认识创新对人的发展、对社会、对世界的意义，并认识男孩在创新方面的潜力和长处，了解创新能力形成的一些基本要素。

2. 悦纳爱群篇

（1）我和同学的那些事儿

让学生认识友谊对男孩发展的价值，引导男孩主动摆脱孤独、封闭、自以为是的心态，学会与人友好交往，并形成自己的朋友圈。

（2）爱心的传递

让男孩了解人的成长是社会群体关爱的结果，人类的繁衍不但需要接受、接纳，而且更需要付出、奉献；并在这过程中引导男孩学习关爱父母、关爱同学、关爱需要帮助的人。

（3）预防毒品和艾滋病

让男孩认识，生命成长过程中，既有鲜花和天使，又有诱惑和陷进，因此如何学会坚持自己的初心，拒绝诱惑和欺骗是男孩成长路上必须拥有的意识。

（4）异性交往

让男孩了解异性交往是人类繁衍的基础，懂得进入青春期的男孩应有的生理、心理知识，了解男孩与异性交往的必要礼仪，学会分清友情、亲情和爱情之间的关联和界限。

（5）尊重他人

让男孩了解尊重人、特别是尊重女性是一名男人应该具有的风度；良好的人际关系源于自己对他人的尊重,而真正形成尊重的意识就要从尊重自己、尊重父母、尊重老师开始。

3. 幸福人生篇

（1）网络生活

今天生活已经离不开网络,男孩的成长也离不开网络。让他们了解网络不但是一个良好的学习资源,而且更是与世界保持联系的窗口；面对纷繁复杂的网络,既要学会运用网络,使之成为自己创作发展的助推器,又要学会识别网络信息,拒绝不良诱惑；更要学会正确表达,说有利于成长的话。

（2）我是体育达人

运动是男孩所爱,要重视引导学生认识运动和健康对人生发展的意义,培养自觉参加体育运动的习惯,培养控制自己的意识,让运动成为自己成长的助推器。

（3）我的偶像

偶像是男孩成长的标杆,也是男孩业余生活的导向。把两者结合起来重在让男孩认识正确地选择偶像对自己的发展具有积极意义,特别是在偶像形成过程中,真正体悟偶像的目标、形象、意志、品质的积极意义,学会像偶像一样积极地面对生活。

（4）行行出状元

让男孩了解职业选择是一个男孩应该自己处理的事情,为此要引导他们认识每一项职业都由价值,每一项职业都需要特殊的关切和能力,每一项职业都可以做得尽善尽美,在此基础上培养学生学会选择,学会对自己负责。

（5）男子汉撑起一片天

让男孩认识和体验作为男生所承担的责任和义务,具备的意志和品质,应该发展的能力和智慧,形成"天降大任于斯人也"的男子汉气概。

二、呵护男孩的生命健康与安全(案例)

【案例1】   成长的天空

（一）设计背景

进入初中,青春期开始了,青春期男孩正经历变化——从生理上来说：男孩个子长高、体型也有变化,身体可能产生异味、体毛生长、肌肉开始增长,可能会经历青春痘增多、声音变化以及性梦。从情绪情感上:开始在意容貌和表现,可能对自己处于变化中的身体感到不安,开始意识到自己的个人倾向与行为方式,并寻求刺激。在人际上:同龄人群体的交往让他们受益,并需要父母以外的成人的影响,渴望获得自由、尊重,希望担当重任,在某些方面会表现出发展中的、类似成人的性格,在青春性方面敏感性增加。在心理上,好奇心强,对超自然现象感兴趣,喜欢冒险和耸人听闻的经历,过于在意自我,可能认为每个人都在看我,能进行自我评估与自我批评,能看到问题的正反两方面,能够收集信息形成观点,开始能够解决复杂的问题。[①]

刚刚进入青春期的孩子们正在踏上一个非凡转变的旅程,其中包括身体、认知、情感和社会的转变。而身体开始发育是人生进入青春期阶段的一个重要标志。青春期最明显的身体变化就是第二性征的发育以及身高的突增。

而当下新媒体技术的普及使得孩子们在青春期遇到更为复杂的问题,例如,媒体上缺乏隐私、校园欺凌、不健康的性信息等问题给青春期男孩的日常生活增加了困扰和烦恼。

(二)设计意图

步入初中的男孩正处在青春期那个进入一个自我发现的阶段,他们的兴趣和能力一直处于变化中,他们开始考虑自己是谁,自己相信什么。他们生活的焦点就是寻求自我。青春期中,男孩们有很多疑惑与担心例如,正常的青春期发育到底是什么样的?此课《成长的天空》就是帮助青春期男孩揭开青春期的神秘面纱,了解自己的身体,探究自身,思考成长为怎样的人。在设计中不能过于神神秘秘、遮遮掩掩,而是让男孩们回顾自己的成长,发现自己的不同,欣赏自己,而且感受成长的惊奇与美好,同时能够自我表达、彼此倾听,以帮助男孩建立正确的性别观,并开始寻求与接纳自我。

(三)活动过程

1. 成长大不同

课程设计一个方块分成了四份,每一份代表不同时期的男孩,第一个代表了婴儿时的男孩,第二个代表了幼儿园的男孩,第三个代表了小学时期的男孩,第四个代表了现在的男孩你,用四种颜色涂在四个格子里面并进行分享。

---

① 乔希·西普.解码青春期[M].长沙:湖南教育出版社,2019年.

我用＿＿＿＿＿＿颜色代表婴儿时的我,因为＿＿＿＿＿＿＿＿。

我用＿＿＿＿＿＿颜色代表幼儿园的我,因为＿＿＿＿＿＿＿＿。

我用＿＿＿＿＿＿颜色代表小学的我,因为＿＿＿＿＿＿＿＿。

我用＿＿＿＿＿＿颜色代表现在的我,因为＿＿＿＿＿＿＿＿。

在涂色和分享的过程中,男孩会发现自己的变化。

2. 认识青春期

青春期一般指人的发育过程中,介于儿童期和成年期中间的过渡时期,是婴儿期后人生第二个生长发育的高峰期(见图6.2)。

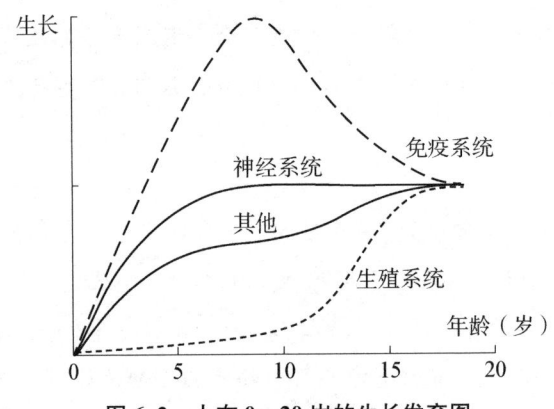

图 6.2　人在 0—20 岁的生长发育图

青春期有以下三个特点。

(1) 我们的身体会迅速长高,变壮;

(2) 运动系统、心血管系统、消化系统、内分泌系统和神经系统不断成熟;

(3) 生殖器官不断发育和成熟,第二性征出现:长出喉结和胡须、声音变粗等。

青春期的身体发生巨大变化来源于下丘脑—垂体—性腺轴的觉醒。在儿童期,下丘脑处于抑制状态而一直静息。目前的研究揭示,是神经肽吻素(Kisspeptin)这把"钥匙"打开了青春期发育的大门。

而在青春期最初,男孩在生理上和女孩有以下方面的不同之处。

男孩的变声期:

男生的喉腔在成年后会增大，声带较宽、较厚，语音语调会变得低沉、粗糙。而在这个转变特殊的时期，因为生理的变化，声音会变得嘶哑、发音疲劳、嗓子干哑。有时人们会用"公鸭嗓子"去描述此时的男生嗓音，如果生活中遇到了这类情况，请不要难过，变声是一时的，或许你就是下一个帕瓦罗蒂呢！不过我们要注意如何在这个阶段保护自己的嗓子。

➢ 正确使用嗓子，不大声喧哗，不过度唱歌，不喝过冷或过热的水。

➢ 注意喉部保暖，尤其是冬天，尽量不穿低领的衣服，同时小心感冒。

➢ 生活中劳逸结合，不仅要积极参加体育活动，增强体质，而且每天要保证充足的睡眠，不熬夜。

男孩的遗精：

男孩青春期常见生理现象，随着睾丸的发育和体内性激素水平的提升，男生会在这一阶段首次出现遗精现象，当发现有这种情况发生时不要紧张，青春期男孩要做好的是自身的清洁和卫生工作，勤于换洗贴身衣物，保持良好的卫生习惯即可。

3. 思维火花

请男孩思考一下还有哪些地方是自己希望所拥有的？

中国传统文化认为"君子"应具有八德：孝、悌、忠、信、礼、义、廉、耻[1]。

孝：是孝顺。孝顺父母，这是为人子女的本份，孝顺是报答父母养育之恩。往大了说，可以是对国家尽忠，这也是大"孝"。

悌：是悌敬。是兄弟姊妹之间的，就是兄弟友爱，相互帮助。扩而充之，对待朋友也要有兄弟姊妹之情，这样人和人之间才能消除矛盾，相互谦让。

忠：是尽忠。尽忠国家，这是作国民的责任，就是要忠于祖国和人民。"忠"也是要忠于组织和自己的工作职责。

信：是信用。信用朋友，对朋友言而有信，不可失信用。将来到社会服务时，"言必忠信，行必笃敬"，说出的话，一定要有忠有信，不欺骗他人。所做的事，必须要有恭恭敬敬的态度，认真去做，绝对不敷衍了事。

礼：是礼节。见到人要有礼貌，我们应该遵守各种规定，遵纪守法（也包括礼貌）。学生见到师长要敬礼，见到父母要敬礼，见到客人要敬礼。不但表面上要敬礼，心里上更要恭敬，这是一个人的道德修养的体现。

---

[1] 卢巧玲.传统"八德"的时代解读——《中华传统八德注解丛书》评价[J].孔子研究,2017年02期.

义：是义气。是说人们应该有正义感，要有见义勇为的精神，无论谁有困难，要尽力去帮助，解决问题。对朋友要有道义，大公无私助人为乐，绝无企图之心。

廉：是廉洁。有廉洁的人，无论见到什么，不起贪求之心，没有想占便宜的心，而养成大公无私的精神。

耻：是羞耻。凡是不合道理的事，违背良心的事情，绝对不做。人若无耻，等于禽兽一样。"耻"也是自尊自重。孔子曰："知耻近乎勇"，知道错误就去改过，为当所为，不也是勇的表现吗！

4. 快乐魔方

请男孩思考自身具备的性格特点，圈出符合的性格特质的形容词，数量不限。

严肃的	主动的	拘谨的	天真的	粗犷的	刚强的
温暖的	整洁的	个人主义的	偏激的	敏感的	顺从的
独立的	随便的	纯洁的	细心的	冒险的	冒失的
伶俐的	动人的	武断的	保守的	浮躁的	有同情心的
有主见的	胆小的	讨人喜欢的	深沉的	自夸的	文静的
亲切的	竞争的	胆大的	爱美的	慈善的	好斗的
豪放的	热情的	温柔的	稳健的	端正的	被动的
害羞的	果断的	多愁善感的	支配的	善谋的	有野心的
文雅的	依赖的	干练的	顽固的	纯情的	勇敢的

5. 总结

我们都是独特的，进入青春期，人生开始了更多的可能，顺利褪去青涩，慢慢成长为一个真正的男子汉。

（四）注意事项

第一，课程内容涉及青春期男孩生理部分，可以结合生物学、青春卫生知识告诉男孩们青春期的内在变化，例如，觉醒的下丘脑如何分泌促性腺激素释放激素，如何影响到整个青春期中期后期的影响，让男孩感受到身体好似是一部精密神秘的机器，也让男孩们对未来的身体变化做好准备。

第二，课程实施时引导男孩们明白青春期身体变化的发生时间、顺序和速度有一定的规律和节奏，同时是有个体差异的。

第三，青春期的男孩可能会自己在身体方面的焦虑和烦恼，课程实施时需对男孩进行引导——保护好自己爱美的心灵，追求美的同时不会迷失自我，用自信武装心灵。

青春期的男孩子是非常需要被别人需要和认可的,可以让男孩子们多谈谈理想自我,如何承担更多的责任,获得更多的自信心和成就感。告诉青春期男孩们控制冲动和作理智决定的大脑皮质在青春期仍未完全发育成熟,要控制好自己的行为。

【案例2】 我和同学那些事儿

(一)设计背景

生命教育是青少年成长历程中不可缺少的重要一课。人的生命只有一次,人生的全部过程是由一次次的生命活动所组成,每一次的生命活动质量决定了人的生命质量,因此对青少年进行生命教育,不仅让学生学会尊重他者与自己的生命,改善目前存在的冲动性自杀及校园欺凌等行为问题,更重要的是让学生学会重视自己的生命过程,意识到生命的珍贵,并学习如何让自己的生命过得更有质量,从而活出属于自己的幸福人生。

生命教育不但要让学生学会爱自己,还要爱同学、爱父母、爱老师、爱生活、爱自然。关怀是爱的一种体现,真正热爱生命的人,不仅仅关心自己,更会关心他人、关心弱者、关心社会、关心自然[1]。

(二)设计意图

同伴关系对于青少年的成长十分重要。依据发展心理学理论,12岁以上的青少年,同伴对其的影响要渐渐超过父母的影响[2]。因此,要重视青少年同伴之间的影响力,积极引导树立正确的榜样,发挥同伴治疗的正向力量。目前对于青少年来说,同学关系是最重要的人际关系,学会和同学之间友好相处,学会如何正确化解同学之间的矛盾,是青少年的必修课。

尤其对于正处于青春期的男生,学会和同学友好相处十分必要。正处于青春期的男生体力好,精力充沛,容易冲动,生理上渐趋成熟但心理上仍不成熟,在处理同学之间的矛盾时很容易冲动,采用简单粗暴的方式解决问题,如肢体、言语冲突,这不仅会对青少年带来生命威胁,而且更容易产生校园霸凌事件。因此,要充分了解青少年的生理、心理特点,针对性地开展青春期教育,合理地引导青少年处理同伴关系,掌握化解矛盾的有效方法,构建良好班级氛围,进而促进青少年的健康成长。

---

[1] 吴增强,高国希.上海市中小学生生命教育研究[M].上海:上海教育出版社,2006.
[2] 陈华平、陈书洋.青少年同伴关系对自我意识发展的影响[J].辽宁医学院学报(社会科学版),2009.

（三）活动过程

本课时的主要活动过程主要分以下四个部分。

1. 我是哪个主人公①

武侠小说是初中男孩的课余读物，其中男孩比较喜欢的武侠小说作者就是金庸先生，他笔下的男主人们大都帅气，武功高强，行侠仗义，让人印象深刻，一些男孩在生活中还忍不住去模仿他们。请男生介绍自己欣赏的男主人公，并给出理由。

郭靖——《射雕英雄传》

未曾玩过半点花样，说过半句假话，行过半点诡诈，生性单纯刚直，重孝义、勤奋、爱国，模范的侠义精神典范。

乔峰——《天龙八部》

意气豪迈，行笔光明，胸襟广阔，看来看去，总是一条凛凛大汉在你的面前。

令狐冲——《笑傲江湖》

生性放荡不羁，爽朗豁达，豪迈潇洒，不拘小节，喜欢乱开玩笑，却有高度的忠义心，天生侠义心肠。

石破天——《侠客行》

为人忠厚老实，性情温和，天赋极高，记性极好。

张无忌——《倚天屠龙记》

虽然武功配置很好，不过为人懦弱，对人对事都是拖泥带水。

杨过——《神雕侠侣》

叛逆机智、情绪激烈、风流英俊，创作为黯然销魂掌。

……

2. 思维火花

依次说出当我遇到校园欺凌时我应该怎么做，使更多有效的方法让他人知晓……

应急方法：

（1）告诉自己不要害怕。

（2）大声喝止并准备报警。

（3）及时向老师、警察求助。

（4）要冷静面对，机智逃离。

---

① 陈平.妙笔生花绘众生——浅谈金庸小说中的人物形象塑造[J].邢台学院学报,2009年9月,第24卷第3期.

......

3. 阅读无极限

东汉末年,朝政衰败,豪杰纷争,民不聊生。桃园里,满怀雄心的刘备与关羽、张飞,三位三国时期的风云人物,意气相投,言行相依,举酒结义,对天盟誓,有苦同受,有难同当,有福同享,张飞、关羽愿与刘备共同干一番事业,共同实现自己人生的美好理想。[1]

这一环节设计了"桃园三结义"的故事对男孩的启示:三国时期的刘备、关羽和张飞,一开始只不过是几个平民小贩,而他们却凭借共同的志向走到了一起,结成了生死之交。正是他们之间深厚的手足情,才有了那一个个英勇杀敌的表现,才有了那一个个忠君爱国的行为,才实现了刘关张三人的雄心壮志,才完成了兴国大业。

4. 快乐魔方

通过传递友谊活动环节的设计,让男孩在和同学相处中,选择适度的交往方式。

喜欢这样和同学相处:

(1) 给同学取了一个有趣的绰号;

(2) 校运会我要为班级而跑;

(3) 值日生生病了,工作我代劳;

(4) 帮助同学解决难题;

(5) 对同学的道歉欣然接受;

(6) 看到同学被欺凌我挺身而出;

......

(四)注意事项

本课时是男生的青春期性别教育课堂。青春期的男生正处于发展的第二"飞跃期",这期间的青少年男生生理上趋于成熟,其心理上也发生很大变化,其心理特点是对于事情没有耐心,非常容易恼怒,他们开始向往自由的生活,心理上认为自己已经长大成人了,从而非常抵触父母、老师的掌控,对于长辈的教育经常表现出烦躁的状态。因此,课程实施时需要意识到青春期男生的心理特点,采用平等的沟通态度与其进行交流,并且尊重每位男孩的表达,充分倾听他们的声音。

青春期的同伴会对青少年产生极大影响。在和同伴相处中,越被同伴接纳,同伴

---

[1] 宋辉.论"桃园三结义"的价值取向及作者文化心理[J].湖北大学学报(哲学社会科学版),1992年04期.

关系就越会发挥更大的影响力,带来跟多的愉悦感。但是当隔阂发生时,也会对学生带来痛苦,甚至带来创伤。因此课程实施时要注意正确引导青少年采用合理的方式化解矛盾。同时,要十分注意在班集体中扮演领导角色和有重要地位的学生,要对其进行积极教育和引导,让其发挥正面影响,从而更有利于和谐同学关系的营造。

课程实施时要十分注重对"欺凌"问题的讨论,不仅让学生们意识到欺凌的行为不可取,同时让学生学会自我保护、自救的方式方法,以避免悲剧的产生,如果在课程实施时观察到可能存在或已经形成的欺凌现象,需及时进行干预和处理,为青春期男孩健康快乐的成长构筑一道安全的防线。

【案例3】 网络生活

（一）设计背景

网络是时代发展的产物,得到人们的普遍欢迎,它的便捷性、高效性正逐渐改变人们的生活,网络已经渗透到了衣食住行等各个方面。青春期男孩作为社会成员之一,他们合理利用网络本身就具有了一定的现实性。不管主动还是被动,互联网的发展与普及,让中学生都成为了新的网民。互联网的新奇,对中学生的吸引是非常强烈的,而这时的初中生刚步入青春期,在这个阶段的青春期男孩进入了快速发育期,他们开始好辩、焦躁、喜怒不定。十几岁的男孩是非常"任性"的,他们热衷于自己的想法和兴趣,很容易忽视他人的感受和社会约束,而且他们会有自己的朋友圈,与家庭生活也越离越远。

青春期男孩有些会遇到升学、就业、家长期望、榜样等都给他们带来很大压力,他们中一些人就会通过网络逃避问题、转移压力。部分学生不能正确处理真实生活与网络生活的区别,把过多的时间花费在网络上,沉溺于网络的垃圾信息、网络游戏、网络聊天等,深陷其中而不能自拔,引起了社会、学校、家庭对学生健康成长问题的担忧。[1]

（二）设计意图

利用网络,学生可以查阅课外的学习资料,可以增强同学之间的人际交往,拓展课外的娱乐活动,了解这个时代的发展进程,可见网络有着不可替代的作用。网络生活

---

[1] 史蒂夫·比达尔夫. 养育男孩[M]. 北京：中信出版社,2010年.

已经成了青少年生活的一个部分,它能为我们提供优质的服务,同时又会对我们产生负面干扰和不良诱惑。作为青少年男孩,他们血气方刚,但辨别是非的能力有限,抵制诱惑的意志力不够坚强,容易染上"网瘾",由此部分男孩出现心理或行为问题上的偏差。通过课程设计,让男孩认识网络在生活中作用,形成合理利用网络的积极态度;另一方面,让男孩能够识别网络生活中的陷阱和隐患,提高防范意识和抵抗诱惑的能力。

(三) 活动过程

1. 知识百科

通过引入一些专业的网络语言,如人工智能(Artificial Intelligence),英文缩写为AI。它是研究、开发用于模拟、延伸和扩展人的智能的理论、方法、技术及应用系统的一门新的技术科学[①]。人工智能是研究使计算机来模拟人的某些思维过程和智能行为(如学习、推理、思考、规划等)的学科,主要包括计算机实现智能的原理、制造类似于人脑智能的计算机,使计算机能实现更高层次的应用。

通过知识百科,让男孩了解在线会议、手机支付、刷朋友圈、地图导航等功能,已经成为了人们必不可少的运用,生活、学习越来离不开网络……与男孩产生共鸣,感受到真实性,并以此拓展学生的知识面,感受网络世界浩如烟海。

2. 活动天地

在心理活动中,贴合男孩的需求,创设适合的情境,

例如,我的网络生活中,让男孩回顾自己使用手机的经历,交流网络的几大功效:

(1) 最近有什么重要事情发生了,我可以通过手机上的_____去浏览新闻网页。

(2) 有道题我想了很久没有做出来,我可以通过查阅_____去掌握解题思路。

(3) 学习累了,我可以用手机上的_____音乐软件来放松一下自己。

(4) 出门可以不用带现金,我只要通过手机上的_____支付来购买物品。

(5) 人生地不熟也不怕,我只要打开手机_____导航就能到达目的地。

3. 思维火花

中国是世界上最为古老的国家之一,诞生出了很多伟大的人物,他们的想象力极其丰富,从古代的诗人的诗句中可见一斑,如王之涣的"白日依山尽,黄河入海流。欲

---

① 谭铁牛.人工智能的创新发展与社会影响[EB/OL].中国人大网,2018年10月29日.

穷千里目，更上一层楼。"①又如刘禹锡的"自古逢秋悲寂寥，我言秋日胜春朝。晴空一鹤排云上，便引诗情到碧霄。"②无不体现了古人的想象力。

想象力可以推动创新，而网络又给创新提供了无限的可能。从最早的汇编语言到现如今的人工智能，作为青春期男孩，如何从网络中开拓我们的视野，使之成为自己创作发展的助推器？在整个的过程中，不断激发学生的主观能动性，让学生感悟得更深刻。

4. 快乐魔方

网络是一把双刃剑，学生步入中学，我们发现有些同学沉迷于网络，成绩下降，上课注意力分散，谈论的话题只有游戏角色装备，对学业漠不关心，有时还会莫名烦躁……

辩论会主题：我喜爱这样利用网络的活动。让男孩对下面的问题进行思辨，例如，(1)双休日，我在同学群里聊天；(2)出门在外，我和家长视频；(3)有一部新动画片，我要去看看；(4)没有吃晚饭，游戏玩了2个小时；(5)老师还没有教，我先自学一下；(6)中东地区不太平，我了解一下原因；(7)不知道真假，先转发这个帖子；(8)网络上也可以赚钱发财；(9)暑假去旅游，先做一下攻略；等等。

通过课程设计引导男孩合理使用网络。男孩在轻松、愉快的氛围下表达自己真实的想法，投射自己真实的内心世界，体验和反思自己的行为，分享同伴的经验和感悟。

(四) 注意事项

本课时是男生的心理课堂教育，初中男生体力好，精力充沛，容易冲动，例如，在网络生活中，一些青春期男孩的自控能力偏弱，有存在逆反心理，很容易迷失自我，甚至有的会染上"网瘾"。在本节课课程设计中引导男孩明白网络生活可以拓展视野，知道网络是自我发展的推进器。同时，课程设计注意选取男孩的使用网络情况，辨识网络中不利于身心健康发展的一面，引导男孩正确合理使用网络。

(本节执笔：钟向阳、郑晓平、王子浩、陆婷、王景文、赵佳稆、戴荣婷、徐芸生、李铭钰、王娜、袁萍)

---

① 《登鹳雀楼》，王之涣，古诗文网.
② 《秋词二首·其一》，刘禹锡，古诗文网.

第四节　花样女孩课程建设与实施案例

一、花样女孩课程设计理念和编写框架

（一）花样女孩的课程设计理念

1. 花样女孩课程的编写视角

与阳光男孩的课程设计理念相同，花样女孩课程设计理念，都是为了青春期男生女生接受系统的、科学的性别教育，从而达到完善人格、健康发展。花样女孩课程设计中，主要运用行动研究，辅以文献研究、调查研究等科研方法，探索花样女孩课程的编写框架、编写意图、编写内容、实施操作注意事项等。

围绕这样的课程设计理念，课程同样设计了若干小栏目："思维火花"、"活动天地"、"知识小百科"、"阅读无极限"等。

2. 在《花样女孩》课程设计中融入以下三方面的生命教育构架。

在《花样女孩》课程设计中同样根据生命教育的概念和目标，融入以下三方面的生命教育构架[①]。

（1）生命健康与安全。生命安全是生命教育的基础，它包括身体安全、性安全、安全意识、安全知识和安全技能。生命教育以青少年的成长为主线，帮助他们解决与生命成长相关的问题，促进健康发展。生命健康的内容可以侧重于以下几个方面：身体健康、心理健康和性健康。

（2）生命情感与态度。生命的活力、生命的生生不息离不开对生命的热爱和激情，青春期男孩女孩只有热爱生命才会珍惜生命，尊重生命，而热爱又必须建立在对生命正确认识和正确态度的基础之上。

（3）生命价值与意义。从精神、伦理的层面思考生命教育，就是要探讨生命的价值与意义。生命教育最终要引导青春期男孩女孩建立积极的生命价值观，建立积极的人生态度，鼓舞青春期男孩女孩走向光明人生[②]。

（二）《花样女孩》课程的编写框架

《花样女孩》课程和《阳光男孩》课程一样包括三单元：自信乐学篇、悦纳爱群篇和幸福人生篇，共计 15 课时的内容，具体课程的编写框架如下。

---

①② 吴增强，高国希. 上海市中小学生生命教育研究[M]. 上海：上海教育出版社，2006.

1. 自信乐学篇

（1）成长变变变

相由心生，境由心造，引导青春期女孩明白通过自己的努力可以营造美丽心情；可以展现灿烂笑容。女孩悦纳自己，尊重自然，用自信和愉悦的心情守候青春的美丽。

（2）自信密室"探秘"

认识到女孩自身有哪些独特的个性特点，尝试积极表达自己，做最棒的女孩！同时自信需要尊重和呵护。

（3）思维魔方

关注女孩的思维能力，玩转女孩的"思维导图"，走进女孩"有理与无理"的世界——趣味数理化，让女孩在处理事情之前，先冷静地分析一下，跳出思维的定势，找到合适解决问题的方案。

（4）生命的"化妆"

青春期的女孩，做好青春期的自我防护、睡眠充足、多读书、多欣赏艺术作品、多思考……可以让女孩们更加健康美丽。

（5）神奇的"四叶草"

四叶草寄托着人们的美好祝愿，它可以象征很多，例如，积极的人生态度、友善的与人相处、永不言弃的奋斗精神……女孩们用心找到"四叶草"，爱惜自己、保护自己，拥有一个灿烂精彩的人生。

2. 悦纳爱群篇

（1）"艾"与被爱

艾滋病在全球肆虐流行，已成为重大的公共卫生问题和社会问题，引导女孩了解艾滋病的传播途径，阻止艾滋病的传播，珍惜生命、保护生命，同时引导女孩认识到可以用关爱的态度来对待艾滋病病人或感染者，关爱和防艾一样重要。

（2）一分钟印象

良好的第一印象决不仅限于仪容、仪表，而且来自于一个人的修养与气质，气质是一个人内在涵养或修养的外在体现。

（3）相聚"诗词会"

诗歌犹如清晨绿叶上晶莹的露珠，犹如絮春湖面上温煦的微风，它可以让女孩表达成长中的企盼，憧憬中的希冀。让女孩在书香幽静的校园与同学们撷取优美诗歌的芬芳,吟诵女孩花样的年华。

(4)青春的味道

异性同学正常交往对于男生和女生都有非常积极的作用。女孩和异性交往既要互相尊重,又要自重自爱;既要主动热情,又要注意交往的方式、场合、时间和频率。

(5)爱 de 表达

引导女孩体会来自父母的爱,学习用适当的方法和父母进行爱的表达。

3. 幸福人生篇

(1)巧女无敌

巧女是如何"练成"的？动了手就会动脑,手和脑是密不可分的,女孩的手巧促使心灵,心灵导致手巧,巧手匠心,巧女无敌。

(2)蕙心兰质"女儿节"

女孩通过了解、体验一下令人心动的"女儿节",了解女孩也可以通过自己的努力而多才多艺。

(3)我的闲情逸致

一张一弛文武之道,别把时间总是搞得那么紧张,生活需要七彩阳光。女孩可以一同在草地上嬉戏欢唱,也时常在紧张学习功课之余,相邀逛街购物,休闲时光让女孩一起增进友情,畅谈理想,开拓视野,丰富生活。

(4)心中的小桔灯

了解古今中外的女性名人的小故事及其社会贡献,引导女孩探讨如何把社会责任与自己的生涯完美结合。

(5)玫瑰人生

爱心是无价的,它不需要回报,但却可以心心相传。真诚地帮助和关心别人,能使女孩体验到爱的快乐和愉悦。

二、呵护女孩的生命健康与安全(案例)

【案例1】　　　　　　　　　　　成长变变变

(一)设计背景

《正当青春期》的作者詹姆士·杜布森(James Dobson)曾言:"如果你问 10 个青少年,问他们最不快乐的事情是什么,他们中的 8 个人会回答:他们对自己身体的某些特征感到不满意。"①可见，我们都有相似的问题，每个都会对自己的外貌产生烦恼，在心理学中称之为"体像烦恼"。伴随青春期，初中女生也迎来身体发育、第二性征发育的高峰，女生会经历一些身体的变化，她们也会因为这些变化而困惑、迷茫；此外，青春期女生渴望自己拥有苗条的身材和美丽的面庞，注重美，渴望受到关注和赞赏，也会因此带来一些对体貌的过度关注、对外表的焦虑等问题。一些女生会过度聚焦自己体貌的瑕疵，认为它是不可逆、不可改变的因素，忽略了自身的优点和长处，进一步走进固执的自我否定，陷入自卑、孤僻的心理；一些女生会受到网络环境、"网红文化"等影响，担心自己的体重超标、眼睛太小等，对自己外貌不认可、不自信，甚至进一步引发不健康节食、整容等问题，影响自身的身心健康……科学地帮助女生看待青春期身体的变化，认识自己的身体，接纳自己的体貌，解决体貌烦恼，可以帮助学生更好地接纳自我，建立自信，不会因为外界环境而自我否定，真正做到内在坚定、自信自爱。

（二）设计意图

青春期的女孩情绪情感丰富，渴望与外界交往，渴望得到外界的认可，但她们的认知、阅历有限，对待自己的一些烦恼和困惑往往缺乏恰当的处理方式，很容易陷入一个极端。本课就着手于初中阶段女孩常有的"体像烦恼"话题，以活动、阅读等形式开展课题，以学生为中心，着重关注女孩的身心感悟，启发女孩自由表达，帮助女孩正确地对待自己的身体发育中的变化，客观地评价自己的身体及外貌，从积极心理学的角度，以积极的眼光对待自己的体貌特征，摆脱体像烦恼，以积极的心态面对青春期困惑，进一步建立自信，悦纳自我，促成更好的青春期自我成长。②

（三）活动过程

1. 情境创设，巧妙引入

以优美诗歌引入课题，在轻松、愉悦的氛围中开展课题讨论，为接下去讨论成长中的自信美进行铺垫。

2. 故事接龙，启发思考

本课时设计了故事的前半段：有一个女生，在她还是一个孩子的时候，就得了一种无法治愈的皮肤病，她的病情使她的皮肤布满白斑。从小到大，她经常被人嘲笑，被

---

① 詹姆士，杜布森. 正当青春期（精选版）[M]. 北京：中国社会科学出版社，2004.
② 骆伯巍，高亚兵，叶丽红，周丽华，鼓文波. 青少年学生体像烦恼现状研究[J]. 心理发展与教育，2005(04)：91-95.

取外号。课程设计引导女孩从积极心理学的角度,站在积极的视角启发学生去续写这个故事,最终达到生活态度的改变可以再不经意之间转变人生。课程设计指出,这是真人真事,这位女生是一位专业模特,因为她的自信和努力,人们意识到她的美丽,她也获得了许多拍照、上杂志的机会。

课时设计不直接将故事的起因经过结果呈现在学生面前,而是以故事接龙的方式启发学生去感同身受故事当事人的感受,预测她的未来,进一步加深女孩的理解:对生活状态的改变转变了这位女主人公的人生。

3. 阅读体验,笑对烦恼

本课时通过陈玉蜀、伏尔泰、布雷默、列夫托尔斯泰的名人名言启发女孩展开关于外貌和美丽的思考,借以让女孩以积极的眼光看待体像烦恼,进一步感悟相由心生以及内在美的重要性。

4. 思维碰撞,接纳自我

课时设计中鼓励学生以积极的视角看待自己,完成三句填词练习,引导女孩寻找自己身高、体型上的闪光点,而不是一味地关注自己的不足和烦恼,进一步帮助学生建立自信,摆脱体像烦恼,接纳自我。

5. 快乐魔方,乐观成长

课程设计以打油诗结尾,开拓学生的思维,相貌是可以通过穿着美化的,要以发展的眼光看待自己的变化,更重要的是接纳自我,积极成长,遇见最自信、内在更美丽的自我。

(四) 注意事项

"体像烦恼"是很多青春期女孩会面临的话题,学生在提到这个话题的时候会出现很多共鸣,课程实施需要多听学生感受感想,积极倾听,不评价,不评判。

第一环节是情境引入,建议因境生情,快速带领女孩进入课堂情境。第二环节是女孩进行故事接龙,在学生的接龙中,启发学生去思考态度的改变是否会对故事的结局有影响。第三环节是阅读体验,可以以"开火车"的形式让女孩轮流阅读名人名言,变换朗读形式,激活课堂。第四环节是思维火花,建议可以将填词句子做成小纸条,在填完以后,请女孩张贴在黑板,最后由女孩上台指认自己的纸条,并自信地读出,如此一来,女孩可以获得双重肯定,进一步建立对自己体像的认可和对自我的接纳。最后环节旨在告诉女孩审美是主观的,可以以积极的心态和行动去改变。

【案例2】   爱 de 表达

（一）设计背景

良好的亲子沟通存在诸多的好处，它可以让女孩比较早地懂得人与人之间关系的重要性，女孩可以通过交往享受到人与人之间交往的乐趣，享受和满足家庭成员、同学、师生之间的情感需要，理解什么是爱的真正意义。另外，女孩通过亲子沟通，能够明白人际和谐的真正意义，和别人说话做事能够懂得替别人着想，懂得如何战胜自己的弱点，如何控制自己的情绪，等等。

就初中学生的年龄特点以及人的生理发展特征来看，初中这一时期正好处于青春发育期，其中女生的生理发育早于男生，这对女生的心理变化会产生更为激烈的影响，最突出的表现就是独立意识和自我意识的增强，希望从父母的心理依存关系中逐渐独立出来，导致她们常常对父母关闭心扉，而喜欢向同龄人倾吐心声。但此期的女孩实际上并不能完全摆脱父母而独立，尤其是在经济上，这使得她们常处于独立与依附的心理矛盾中，一些女孩因此采取过激的行为，使得其人际关系紧张。

亲子沟通教育实质上也是人生教育，让女孩从小就接触人生目标和人生规划，能比较早地确立自己的人生目标。研究证明，年龄越小，人生目标明确，成功几率就越大。因此及早在沟通教育中进行人生目标的学习对于未来的成长有着重要的意义。

（二）设计意图

青春期的女孩浪漫而富于幻想，喜欢寻求刺激，但她们认知能力不足，社会阅历有限，常不能正确估价自己和他人，易受外界的暗示和影响，缺乏正确的人生观和道德观。故而易作出错误的判断，导致行为的偏差。[①]

亲子关系作为人生接触的第一种关系具有重要的意义，它将父母与子女紧密联系在一起。良好的亲子关系对女孩的成长有着不可估量的作用，它有利于家庭和谐，从而促进社会的和谐和稳定。

本课时从"爱"出发，学会对父母的感恩，明白如今社会发展中，沟通在人类发展中占有显著地位和重要作用，沟通也成为现如今最具竞争的本领之一，沟通对人类的发展起着至关重要的作用，那么要想让自己掌握这项与人竞争的技能，首先从和父母进行良好的亲子沟通开始。通过对本课时的学习，还能让女孩掌握和父母进行有效沟通

---

① 源靖.女生密码[M].北京：电子工业出版社，2017 年 3 月.

的技巧和方法,从而建立和谐的家庭关系,有利于女孩的学习和身心健康的发展。

（三）活动过程

1. 创设情境,引入主题

本课时创设情境:父母的爱,犹如天降甘霖,沛然而莫之能御。生命之最大、最古老、最原始、最伟大、最美妙的力量莫过于父母对我们的爱。通过创设这样的情境,直接引入主题,吸引女孩的注意,激发她们的学习动机。

2. 活动天地,爱的解读

本课时在活动天地中,让女孩深刻感悟,有一个字无论它有多少种读音,多少种写法,在任何国家的语言里,它永远会无比重要地存在着,世界上若少了这个字会变得黯淡冷漠,让女孩充分理解爱的含义。

3. 思维火花,启发思考

在思维火花中,表达的是父母真的不易,起到承上启下的作用,尽管知道父母的不易,但有时也会发生矛盾,这是正常的,然而有了矛盾,如何化解才是问题。

4. 贴士巧传,沟通妙计

本课时设计当遇到不愉快的冲突时,最重要的是知道在日常生活中建立和谐的沟通状态的方式方法。

方法一是直接说出来:最好的方法就是直接向父母表达你对他们的关心和爱,直接地说出来吧,虽然可能觉得有点难说出口,但不妨尝试一下,说出来之后,相信他们也会十分感动的。

方法二是间接说出来:以"我"的讯息表达自己的想法与感受,如短信,微信,QQ等方式;闲暇之余和父母聊聊自己的学习情况或生活感受;关心社会热点时事,多与父母讨论交流自己的想法。

方法三是陪伴父母:父母一天一天在变老,我们能做的最好的事情就是多抽出一些时间去陪伴他们,不让他们感觉到孤单。孩子的陪伴是父母最想要的。

方法四是帮父母做点事:有时间了,帮父母做点事情吧,帮妈妈做点家务事,和爸爸一起做喜欢做的事情,一起度过一个温馨的时间,或者是帮爸妈按摩一下。

5. 快乐魔方,爱的传递

本课时设计女孩亲手给父母做一份小礼物:爱的小球——可以挂在手机和皮包上的暖意。让心灵手巧的我们给父母一份暖暖的爱意。让女孩明白,学会营造一份家的温馨,每个人是责无旁贷的。

（四）注意事项

本课时要教会女生如何与父母沟通，体验父母的辛苦，从而进行情感教育。本课时设计从情境引入，要让女孩了解父母在孩子成长道路上，背后默默对自己的付出，体验父母的不易，形成爱父母的共情。[①]

父母和孩子的关系是世界上最亲密的关系之一，更应该一起分享喜怒哀乐。如此一来，那么父母就能感觉到孩子对他们的信任和尊重。本课时还要引导女孩学会站在父母角度看问题，这样更加会与父母拉近距离，沟通就更具有有效性。只有换位思考，才会理解父母的心和想法，就不会再觉得他们的举动是无意义的。

本课时设计中告诉女孩沟通的方式有多种。在沟通方面要有足够的耐心，帮助孩子慢慢认识，慢慢沟通，长此以往，孩子才能与家长成为知心朋友，才能共建和谐的家庭生活。

在女孩的成长过程中，亲子沟通是家庭教育的前提，亲子沟通有利于孩子身心健康的发展，促进亲子关系，有利于孩子健康快乐成长。

【案例3】　　　　　　　　　　　心中的小桔灯

（一）设计背景

小桔灯代表着理想的光芒和积极向上的精神。青春期女孩如何合理规划自己的生涯，如何提升自我的社会责任感是一个值得关注的话题。

初中生阶段是性别生理和心理骤变时期，也是接受正确的性别教育、养成良好的性别意识的关键时期。目前女生虽然比较看重学习成绩，但对自己的兴趣、个性、价值观了解不够，不知道自己的发展空间或者未来的发展前景是什么。这就导致了她们学习情感态度不积极，学习缺乏刻苦钻研的毅力和决心，容易受到周边事物的干扰。女孩对"将来能够成为什么样的人"的期望值较高；但是现状却是：部分女生对自己缺乏足够的认识，对于自己的未来走向定位模糊，有些还出现学习缺乏动力、自控力差等问题。

由此，依据《上海市生命教育指导纲要》、《中国妇女发展纲要（2001—2010 年）》、《中国儿童发展纲要（2001—2010 年）》和新《未成年人保护法》等一系列教育文件中有

---

① 罗纳德·阿德勒，拉塞尔·普罗克特著，罗索非译. 沟通的艺术[M]. 北京：世界图书出版公司，2010 年 12 月.

关"性别角色教育"、"促进青少年健康性别角色发展"等指导思想是本课的设计背景。

《上海市生命教育指导纲要》还提出,初中阶段的专题教育,要结合学生青春期的成长特点,培养学生正确对待成长过程中的困惑和压力,探讨关爱他人、保护自己的途径与方法等①。另外,新《未成年人保护法》规定:"学校应当根据未成年学生身心发展的特点,对他们进行社会生活指导、心理健康辅导和青春期教育。(第十九条)"②

责任感也称责任心,是人们对自己和他人、对家庭和集体、对国家和社会承担义务的一种复杂情感的体验③。社会责任感是指一个人或一个团体对社会有所奉献的意识。对学生责任感的培养是一项育人的系统工程,需要学校、家庭、社会各方面教育的共同努力。提高女生的社会责任感意识,促进女生综合素质的提升,帮助女生树立正确的理想信念。

(二)设计意图

初中生阶段是性别生理和心理骤变时期,也是接受正确的性别教育、养成良好的性别意识的关键时期。我们希望通过积极正向的社会责任感教育、生涯教育辅导,使成长阶段的初中女生塑造积极自信、健康美好的性别角色形象,培养她们适应社会发展需要的现代女性良好个性特质,最终期待她们成为推动社会进步的有用之才。我们特别关注处在青春期的女生心理变化,通过帮助和指导,使其树立积极、健康的性别角色观念,让全体女生平稳度过青春期,为她们健康、自信、科学地度过美好的少女时代提供一个良好的发展平台。对女生进行指导和交流,有效整合探索女生全方位生涯教育与社会责任感教育的新途径,提高女生个体生涯发展的适应性、认同感与积极建设能力。④

我们期望青春期女孩拥有以下的珍贵的生命财富:

生命——自知、性别、责任、感恩

关系——自我、父母、周围、界限

情感——自爱、情绪、规则、独立

价值——自由、学习、选择、潜能

我们希望通过本课时设计来积极开展女孩成长教育的探索,鼓励女孩在现代社会

① 吴增强,高国希.上海市中小学生生命教育研究[M].上海:上海教育出版社,2006年12月,209.

② 《中华人民共和国未成年人保护法》,第十三届全国人民代表大会常务委员会第二十一次会议第二次修订,2020年10月17日.

③ 贺红霞,杨立君.坚持四个"三结合",培养学生的责任感[J].知识窗(教师版),2015年01期(p79).

④ 庄子运.双性化性别角色教育——重视性别间的优势互补[J].中小学心理健康教育,2019年32期.

中积极参与社会,与他人建立正向互动的关系,发展自身价值,促进健康自信和正向的成长,在了解自我的基础上确定自己的人生方向和目标。

(三) 活动过程

1. 引言部分的设计

首先,本课时用这段作为开场白的导入。

"……她用小手在面前画一个圆圈,最后接到我的手上:'我们大家也都好了!'显然地,这'大家'也包括我在内。

我提着这灵巧的小橘灯,慢慢地在黑暗潮湿的山路上走着。这朦胧的橘红的光,实在照不了多远,但这小姑娘的镇定、勇敢、乐观的精神鼓舞了我,我似乎觉得眼前有无限光明!……"①

——选自冰心《小桔灯》

"我们大家也都好了!"显然地,这"大家"也包括你我她在内。让这心中的小桔灯照亮女孩心中关爱社会的责任心田。

2. 活动天地的设计

"小桔灯"论坛——星光灿烂的女性生涯

例举一名你心目中欣赏的成功女性,谈谈你对她的欣赏之处?

本课时设计中请女孩畅谈她们心目中的偶像,结合《女生励志自我形象设计表》了解女生自我励志意识现状。

通过"女生励志自我形象设计"活动来促进女孩励志自信成长,指导她们积极改善自我成长生涯的规划技巧和提高生活、学业的幸福指数。

《女生励志自我形象设计表》的具体内容如下:

(1) 我心目中所欣赏的一位女性励志偶像:(包括欣赏的理由,如居里夫人)

(2) 我对自己的形象要求:(如有礼貌、成绩好、健康、整洁等)

(3) 我的人生志向与目标:(如做人民教师、医护人员,等)

……

3. 知识百科的设计:中国女性英才榜

本课时设计选择了中国第一位诺贝尔科学奖获得者——女药学家屠呦呦的故事,旨在让大家学习这样对社会作出杰出贡献的女性。

---

① 冰心.小橘灯[N].中国少年报,1957年1月31日。

4. 思维火花的设计

本课时设计运用"女生明镜台游戏",关于责任请女孩各抒己见。

观点一:我是爸妈心头的"宝贝妞妞",平时连削个苹果爸妈都怕我割破手,只要学习好就可以,根本不需要承担社会责任。

观点二:我们还没成年,为什么要承担社会责任呢?

观点三:古人云:"各人自扫门前雪,休管他人瓦上霜","明哲保身","事不关己高高挂起"。

这三个观点的辩论都是围绕着社会责任的话题,让女孩积极思考一下自己的观点,学做一名有担当、责任心的女性。

本课时还可以引导女孩思考:"少年强则国强",女孩们如何做一个既有人生规划又有社会责任感的女生。

本课时建议女孩们从以下几个角度来思考:

(1)试着对你的人生进行规划;

(2)在选择中要考虑兴趣,这是规划人生的逻辑起点;

(3)也要思考责任,这是规划人生的价值体现。

5. 快乐魔方的设计

本课时设计的活动主题是:暖暖的光芒——手工制作温馨小桔灯

这个活动是借鉴心理表达性艺术的长处,鼓励女生把本堂课的感悟和心愿变成自己的动手行为,桔子皮就是不错的原材料,制作一盏既浪漫温馨又寓意为自己积极的人生态度的小桔灯。

提起小桔灯,让同学们寻找自己心田中发光发亮的理想……

(四)注意事项

1. 拓展事例

本课时例举的女性偶像事例比较单一,也可以另外再拓展例举一些社会积极正能量的事例,不用太过"刻板印象",可以与时俱进,举当下能够引起女生共鸣,具有影响力的新的人物事例,可以是平凡普通人的闪光点等。

2. 多维培育

本课时通过榜样学习,更需要鼓励女生从实践中培养自己的社会责任感,例如,多参加一些社会公益活动或义务劳动,在实践中加深对劳动成果的认识,体会到奉献的乐趣,从而树立帮助他人、服务社会的责任感。

3. 力所能及

青春期女孩年龄小,力量单薄,但是可以为社会做许多力所能及的事情,比如,为贫困儿童献上一份爱心,宣传环保知识、法律知识,扶助老弱病残,等等。通过参加公益活动和义务劳动进一步了解社会,增进关心社会的情感。关心社会发展,关注国家大事,通过读书、看报、看电视、上网了解国内外大事,感受蓬勃发展的生活,增强自己的社会责任感。同时关心祖国的事业、中华民族的伟大复兴,关心身边的实际问题,并积极为解决这些问题献计献策,为社会的发展贡献自己的一份力量。

4. 勇于承担

本课时鼓励女孩敢勇于承担责任,赢得别人的信任,增强自己的信心,能促进自己的成长和发展。在履行责任中增长才干,获得社会的承认和赞誉。人们只有各自承担自己的责任,才能建立良好的人际关系和稳定、和谐的社会秩序,促进社会的文明、进步和发展。

本课时鼓励女孩树立正确的价值观,自尊自爱。拥有强大的内心,乐观地面对生活,具有正能量和社会责任心是一个现代女孩最需要也是最美的品质。

(本节执笔:钟向阳、洪颖馨、陈明扬、戴荣婷、钱海燕,郑晓平、黄培华、刘林梦,陈雅婷、王晶、刘懿、王磊)

后记

　　行文到此，书稿已经写到了最后，但读者不一定最后才读后记。所以有必要在这里把前面没有说和交代清楚的事情做个补充。

　　首先是感谢。感谢上海市教育科学研究院院长桑标教授在百忙之中欣然为本书写序，也在本项目推进过程中给予了专业鼓励与支持。感谢上海市教委江伟鸣调研员在项目整个运行和实施过程中指导与支持，以及在书稿撰写之初和项目总结过程中给予的指正和关注。感谢上海学生心理健康教育发展中心副主任沈之菲教授在项目推进和书稿撰写过程中给予的专业指导和悉心指正。感谢李正云教授、吴增强教授、王婷婷博士等领导和同事对本书出版给予的关心、指正和建议。感谢为本项目推进和书稿撰写过程中提供支持和关心的黄浦区教育学院李峻副院长、静安区教育学院德育室李正刚主任、宝山区教育学院德育室张雯主任、浦东教育发展研究院学生心理中心王伟杰主任。感谢华东师范大学出版社彭呈军编辑团队认真审稿的态度、专业的精神与高效的工作方式。感谢这个项目在运作过程中团队骨干倪京凤、钟向阳、钱锦、吴俊琳、蔡素文等的辛苦付出。感谢书稿各章撰写成员的默默奉献，他们是：杨浦区牛燕华、陈冉苒、朱炜、赵静菡、管霁；宝山区陈琛琪、朱夏艳、王婷婷；浦东新区李文君、沈慧、刘丽秋、李雪、向翔、徐佳、汪海云、盛佳妮、张琪娜、刘月英、张晓冬、曹冬梅；黄浦区丁烨、张依娜、陈嫣、马书臻、姚项哲惠、余珏；静安区陆婷、王景文、赵佳租、戴荣婷、徐芸生、李铭钰、郑晓平、王子浩、陈明扬、戴荣婷、钱海燕、黄培华、刘林梦、洪颖馨、刘懿、王磊、陈联、裴美婷、左霞云……要感谢的人实在太多，这里不一一列举。正是有这些专家、领导、团队成员的支持、鼓励和努力，才使得这本书"艰难"出版。

　　其次是感慨。本书从准备到出版经历差不多三年，在区域心理健康教育特色课程成果的探索与总结中，团队成员相互分享、扶持与鼓励，使得研究的视野与深度进一步拓展,成果也在慢慢的梳理中形成,虽然不是很"丰硕",但我们一路走来,也算是为探索上海区域心理健康教育特色共享课程的建设做出了自己的努力。

最后是展望。在区域心理健康教育特色课程建设与探索的这 5 年中,上海市教委每年都给予本级财政项目经费的支持,彰显了对这方面工作的高度重视和支持。目前这个项目还在继续深化研究中,我们团队成员愿意为后续区域心理健康教育特色共享课程建设做出自己的努力,也希望有更多的区域和同行参与进来,为促进上海中小学生的身心健康成长作出自己的贡献。

本书编写组

2021 年 10 月 11 日